〔大阪市立大学法学叢書(64)〕

独仏法における
法定解除の歴史と論理

杉本好央 著

有斐閣

は　し　が　き

　本書は、筆者がこれまで公表してきた法定解除制度に関する論文のうち、基礎的研究として取り組んだものを一冊にまとめたものである。初出は次のとおりである。

　序　　論　書き下ろし
　第1部
　第1章　「ドイツ民法典における法定解除制度に関する一考察(1)(2)」
　　　　　東京都立大学法学会雑誌41巻2号（2001年）299頁以下、42巻1号
　　　　　（2001年）167頁以下
　第2章　「ドイツ民法典における法定解除制度に関する一考察(3)(4)」
　　　　　東京都立大学法学会雑誌42巻2号（2002年）165頁以下、43巻1号
　　　　　（2002年）463頁以下
　第3章　「ドイツ民法典における法定解除制度に関する一考察(4)(5・完)」
　　　　　東京都立大学法学会雑誌43巻1号（2002年）486頁以下、43巻2号
　　　　　（2003年）257頁以下
　第2部
　第1章　「20世紀前期のフランスにおける裁判解除準則の意義と射程(1)(2・完)」
　　　　　法学雑誌63巻2号（2017年）1頁以下、63巻3号（2017年）1頁以下
　第2章　「20世紀前期のフランスにおける裁判解除準則の意義と射程(2・完)」
　　　　　法学雑誌63巻3号（2017年）22頁以下
　第3章　「仏民一六五七条小論(1)(2・完)」
　　　　　法学雑誌54巻1号（2007年）223頁以下、55巻3・4号（2009年）
　　　　　992頁以下
　結　　語　書き下ろし

　一冊にまとめるにあたって、誤記の訂正あるいは表現の統一といった作業を行った。しかし、それにとどまらず、論旨を明確にするという目的から、部分

的に、収録を見送り、文章を組み替え、相当の加筆と修正を施した。それはとりわけ本書第1部に多く見られる。基礎となる論文の公表から経過した時間がその理由である。もっとも、参考文献を新たに追加するという作業はしていない。

　本書の表題にある法定解除は、2017（平成29）年の民法改正において精力的に論じられた法制度の一つである。もっとも本書は、そこで展開された議論に深く立ち入るのではなく、関連を意識しながらもその背後へと考察を進める。法技術的に言えば要件論において展開される近時の議論は、その基礎においては、契約はなぜ解除できるのかと問うことになる。この問いと対比して言えば、本書は、契約はなぜ解除できるのかと問わねばならないのはなぜかと問い、その問いに歴史的な考察をもって迫ろうとする。当事者の一方が契約を履行しないとき、相手方はその意思表示により契約を解除できる。このような法定解除制度は、明治期に法典継受をしたわが国では所与の存在であった。しかし、それを生み出した19世紀ドイツでは決して自明のものではなかったし、また同時代のフランスでは異なる形式の下にあった。本書では、時の経過によって埋もれてしまったドイツ法あるいはフランス法の経験をたどり、契約の解除を正当化する文脈に視線を向けることで、一般的な法定解除を支える論理を明らかにしようとする。その考察がはたして成功しているかは心許ない限りであるが、今となっては読者の判断に委ねるほかない。

　内容は拙く、成果の乏しい本書であるが、それでも多くの方々のご指導に負っている。龍谷大学法学部において、調べて考えることの面白さを教えてくれたのは牛尾洋也先生だった。友人たちと共に牛尾ゼミの一人となったことが研究を志す契機となった。進学した東京都立大学では、池田恒男先生が指導教授を引き受けて下さった。すべてに真正面から全力で挑まれる先生には、研究の彼此のみならず、大学人として人生を歩むことの厳しさと過酷さを教わった。また、法哲学の名和田是彦先生には外国語を精確に読むという研究の基礎を、法制史の水林彪先生には歴史的に比較するという研究の醍醐味を教わった。さらに、大学院社会科学研究科および人文科学研究科において他分野を専攻する同輩諸氏との議論は、机にむかっての作業では得ることのできない財産であっ

た。今は名称の異なる東京都立大学は、私に、豊潤な恵みを惜しむことなく与えてくれた。

　赴任した大阪市立大学法学研究科の同僚の先生方には、厳しくも優しく、しかしやはり厳しく接して頂いている。この刺激に満ちた研究環境がなければ、本書が伝統ある大阪市立大学法学叢書の一冊として公刊されることはなかった。とくに、民法の先輩同僚である髙橋眞先生には、様々な議論でもって、拙い筆者の研究を一つのまとまりのあるものへと導いていただいた。心から感謝を申し上げる。

　また、大阪市立大学民法研究会に他大学からご参加の先生方にもお礼を申し上げたい。特定の目的なくほぼ毎月開催されるこの研究会は、分野も方法も年齢もそして思想も全く異なる多様な人々の集まりである。本書に収めた基礎的研究は停滞しがちであったが、その状況を打破してくれたのはこの研究会での議論（とその後の酒席）であった。

　もちろん、ある手紙で頂いた一文も、またある会話で頂いた一言も、本書を支えてくれている。その数と性格ゆえここにお名前を挙げることはできないが、心から感謝の意を表したい。

　本書の出版に際しては、有斐閣書籍編集部の一村大輔さん、有斐閣学術センターの田顔繁実さんにお世話になった。とりわけ田顔さんには拙い文章を丹念に読んでいただいた。深くお礼を申し上げる。

　2018 年 3 月

　　　　　　　　　　　　　　　　　　　　杉　本　好　央

本書のコピー，スキャン，デジタル化等の無断複製は著作権法上での例外を除き禁じられています。本書を代行業者等の第三者に依頼してスキャンやデジタル化することは，たとえ個人や家庭内での利用でも著作権法違反です。

v

目　次

はしがき

序　論 ……………………………………………………………………………… 1

第1部　ドイツ法 …………………………………………………… 13

第1章　19世紀前中期の法状況 ……………………………… 17

第1節　19世紀初頭の諸法典 …………………………………… 17

第1款　プロイセン一般ラント法　18

第2款　オーストリア民法典　23

第3款　小　括　26

第2節　普通法（学）……………………………………………… 28

第3節　商法（学）………………………………………………… 43

第4節　ま　と　め ……………………………………………… 64

第2章　一般ドイツ商法典における解除 ……………………… 66

第1節　一般ドイツ商法典の概要 ……………………………… 66

第2節　解除制度の起草過程 …………………………………… 72

第1款　プロイセン草案　72

第2款　第一草案　77

第3款　第二草案　85

第4款　第三草案　93

第5款　小　括　96

第3節　民事法における対応 …………………………………… 100

第1款　普通法的構成の基本的性格　100

第2款　ドレスデン草案　105

　　1　起草の経緯（105）　　2　債務法総則における解除（105）

　　3　債務法各則（売買）における解除（111）　　4　小括（115）

第4節　ま　と　め …………………………………………… 117

第3章　ドイツ民法典の編纂における解除 ……………… 121

第1節　部　分　草　案 ………………………………………… 121

第2節　第　一　草　案 ………………………………………… 128

第3節　第　二　草　案 ………………………………………… 139

第4節　ま　と　め …………………………………………… 148

第2部　フランス法 …………………………………………… 151

第1章　フランス民法典1184条による裁判解除 …………… 156

第1節　裁判官の権能 ………………………………………… 156

　第1款　履行期間の付与　156

　第2款　不履行の評価　161

　　1　破毀院判例の立場（161）　2　履行期間付与との関係（169）

　第3款　ま　と　め　174

第2節　契約による拘束の維持と解消 ……………………… 176

　第1款　拘束の解消　176

　　1　判決による解消と黙示の条件構成（176）　2　黙示の条件構成からの離脱（180）

　第2款　拘束の維持　186

　　1　追履行と裁判解除（186）　2　付遅滞と裁判解除（188）

　第3款　ま　と　め　193

第2章　役務賃貸借における一方的解除 ……………………… 196

第1節　役務賃貸借とその終了 ……………………………… 196

第2節　期間の定めのある役務賃貸借の一方的破棄 ……… 198

　第1款　判例法理の確立　198

　　1　一方的破棄の否定（198）　2　適法な一方的破棄（202）

　第2款　判例法理の諸側面　208

1　正当化の枠組み（208）　　2　妥当範囲（210）　　3　裁判解除準則
との関係（212）

第3款　ま　と　め　214

第3章　フランス民法典1657条による当然解除……………218

第1節　仏民1657条の成立…………………………………………219

第1款　当然解除の起草過程　　219

第2款　裁判解除の適用事例　　224

第3款　小　　括　　231

第2節　仏民1657条の様相…………………………………………233

第1款　適用範囲　　233

第2款　運用状況　　245

第3節　ま　と　め……………………………………………………253

結　　語………………………………………………………………257

索　引（267）

序　　論

　(1)　2017 年 6 月 2 日、民法の一部を改正する法律が公布された。1898（明治 31）年に施行された民法は、およそ 120 年の時を経て、現代社会に対応した姿となる。本書が検討の対象とする、民法 540 条以下で定められた一般的な法定解除も改正の対象項目であり、規定のありようを大きく変えることになる。

　2017 年改正における変更点のうち、理論的に大きな問題を含み、また実際に議論を引き起こしたのは次の 2 点である。すなわち第 1 に、法定解除の要件を重大な不履行又は重大な契約違反（以下、煩瑣を避けるため、「重大な不履行」と称する）とするか否かであり、第 2 に、法定解除の要件として債務者の責めに帰すべき事由を不要とするか否かである。結果から言えば、後者は 543 条但書の削除および危険負担を定める 534 条以下の削除と修正という明確な姿で立法化された。これに対して前者は、議論の経緯から見れば、立法化は見送られたことになる[1][2]。

　この二つの論点を理論的に支えたのは、解除とは契約の拘束力から当事者を解放する法制度である、との理解である[3]。この理解によれば、解除の基本的

---

1 ）重大な不履行に関して、杉本好央「民法改正案における法定解除制度の諸相」龍谷 49 巻 4 号（2017 年）381-383 頁を、また、法制審議会における法定解除の議論を鳥瞰するものとして、石崎泰雄『新民法典成立への道』（信山社、2013 年）155 頁以下、同『新民法典成立への扉』（信山社、2016 年）76 頁以下を参照。

2 ）もっとも、新 541 条但書および新 542 条 1 項において、実質的には、重大な契約違反の一類型が定められたと理解することもできる。潮見佳男『民法（債権関係）改正法の概要』（きんざい、2017 年）241 頁および 242 頁。潮見佳男『新債権総論 I』（信山社、2017 年）558-560 頁も催告解除を定める新 541 条と無催告解除を定める新 542 条とを共に重大な契約違反（重大な不履行）の思想を基礎に据えたものとするが、560 頁注 14 では両解除において重大性の評価が異なることから、新法の解除制度全体を体系的に説明することの困難さが示されている。渡辺達徳「民法改正案における契約解除規定の要件に関する覚書」新報 123 巻 5・6 号（2016 年）919 頁以下および 923 頁注 25 は、新 541 条及び新 542 条の着想の異同を把握し、両者の関係を説明することを、今後の課題とする。

2 　序　　論

な機能が契約からの解放と捉えられ、拘束力を維持して異なる帰結に至る損害
賠償との違いが明瞭となる。この違いが要件面における議論に反映され、一方
では、損害賠償と並列的に求められていた帰責事由は、債権者を契約の拘束力
から解放する機能を正当化する解除の要件として不適当とされる[4]。そして他
方では、債権者を契約から解放すると同時に債務者から契約による利益を剥奪
する帰結を引き起こす解除には、その正当性を判断するための要件として「重
大な不履行」という枠組みが相応しいとされる[5]。

　解除を契約の拘束力からの解放を認める制度と捉え、解除固有の要件を論ず
る以上のような解除制度理解は、2004 年の民法口語化の時点ですでに「有力」
とされていた[6]。この理解の登場は、わが国の学説史という文脈においては、

───────────

3 ）代表的なものとして、潮見佳男「債務不履行の救済手段」同『債務不履行の救済法
　　理』（信山社、2010 年、初出 2009 年）98 頁以下、山本敬三「契約の拘束力と契約責任
　　論の展開」ジュリ 1318 号（2006 年）94 頁以下を参照。
4 ）解除の要件として帰責事由を不要とするもの、あるいは基本的にこの方向に従うもの
　　として、内田貴『民法Ⅱ債権各論』（東京大学出版会、第 3 版、2011 年）89-90 頁、野
　　澤正充『契約法』（日本評論社、2009 年）76-77 頁（ただし立法論）、近江幸治『民法講
　　義Ⅴ契約法』（成文堂、第 3 版、2006 年）80 頁、藤岡康宏ほか『民法Ⅳ債権各論』（有
　　斐閣、第 3 版、2005 年）40 頁〔磯村保〕、潮見佳男『債権総論Ⅰ』（信山社、第 2 版、
　　2003 年）429-433 頁、山田到史子「契約解除における『重大な契約違反』と帰責事由
　　(1)～(2・完)」民商 110 巻 2 号（1994 年）77 頁、同巻 3 号（1994 年）64 頁、とりわけ
　　「(2・完)」92 頁以下、辰巳直彦「契約解除と帰責事由」林良平／甲斐道太郎編『谷口
　　知平先生追悼論文集第 2 巻』（信山社、1993 年）331 頁、とりわけ 399 頁など。加藤雅
　　信『契約法』（有斐閣、2007 年）74-76 頁は、想定される場面を分類して考察し、契約
　　債務未履行の場合にのみ帰責事由を不要とすればよい、とする。
5 ）重大な不履行という枠組みに肯定的なものとして、近江・前掲注 4 ）80 頁、潮見・
　　前掲注 4 ）433-436 頁、山田・前掲注 4 ）「(2・完)」90 頁以下、加藤・前掲注 4 ）
　　77-78 頁（ただし立法論）、大村敦志『基本民法Ⅱ債権各論』（有斐閣、第 2 版、2005
　　年）64 頁以下、曽野裕夫／甲斐哲彦「解除の要件・効果」鎌田薫ほか編『民事法Ⅲ債
　　権各論』（日本評論社、2005 年）80 頁以下〔曽野裕夫〕。
6 ）池田真朗編『新しい民法──現代語化の経緯と解説』（有斐閣、2005 年）44 頁では、
　　民法 541 条に新たに但書において債務者の帰責事由を定めるパブリック・コメント案に
　　対して、「解除は不履行をした債務者に制裁を加えるためのものではなく、不履行の被
　　害にあった債権者を契約から解放するための制度であること等を理由として、債務者の
　　帰責事由は要件とされるべきではないとする見解が近年有力であり、パブリック・コメ
　　ント案の条文案は確立した判例・通説によるものとは言い難い」との指摘があったとす
　　る。

1980 年代に遡ることができる[7]。

（2）　もっとも、契約の拘束力から当事者を解放するという解除の機能について言えば、80 年代にようやく認められたものではない。条文の構造上、当事者の一方による債務不履行があれば（541-543 条）、相手方が契約解除の意思表示をすることで（540 条）、各当事者に原状回復の義務が生じるが（545 条 1 項本文）、論理的には、契約により発生した第一次的な給付義務からの解放がこれに先行するのであり、すでに第二次大戦後まもなくの教科書文献においてもこのような解除の機能は認識されている[8]。

この機能によって、契約を解除される者は、自らが債務を履行しないことが原因であるとはいえ、契約による利益を剥奪される。この帰結との均衡を保つために、541 条による解除であれば、催告要件を厳格に解釈するということも考えられる。しかし、判例は早くから反対の方向に進む。催告において定められた期間が相当でない場合、大審院は、まずはそのような催告を無効としたが（大判大正 6 年 7 月 10 日民録 23 輯 1128 頁、大判大正 11 年 8 月 4 日民集 1 巻 483 頁）、やがて実質的に判例変更をし、一定の日時もしくは期間を明示しない催告も有効であり、催告から客観的に相当な期間を経過すれば解除権は発生すると判示した（大判昭和 2 年 2 月 2 日民集 6 巻 133 頁）。催告要件における「相当の期間を定めて」の意義を緩やかに解する大審院の態度は、最高裁にも受け継

---

7 ）渡辺達徳「履行遅滞解除の要件再構成に関する一考察」新報 105 巻 8・9 号（1999 年）29 頁は、好美清光「契約の解除の効力」遠藤浩／林良平／水本浩編『現代契約法体系第 2 巻』（有斐閣、1984 年）175 頁以下が一つの誘因となって、解除固有の要件に関する議論が活発化したとする。

8 ）例えば、我妻栄『債権各論上巻（民法講義 V₁）』（岩波書店、1954 年）は、契約の解除に関する説明の冒頭にある定義では、各当事者による原状回復を含めて、契約の解除を法律関係の清算とするが（同書 129 頁）、実際上の機能を説明するところでは、損害賠償との対比において、解除をした者が自己の債務を免れることが解除の本質的な特色であるとする（同書 135 頁以下）。また、山中康雄『契約総論』（弘文堂、第 3 版、1953 年）221 頁以下は、自らの研究（山中康雄「解除論（1）（2）（完）」志林 48 巻 2 号（1950 年）2 頁、同巻 3 号（1950 年）30 頁、49 巻 2 号（1951 年）43 頁）を踏まえて、原状回復の効果の発生が有償双務契約における解除の特色であるとしつつも、「自己の負う反対債務を免れるために、解除の制度を必要とする」のであり、継続的契約における解除などの様々な場合について「解除は、契約を将来にむかって消滅する効力をもつという点で、共通の性質をもつ」とする。

4　序　論

がれた（最判昭和 29 年 12 月 21 日民集 8 巻 12 号 2211 頁、最判昭和 31 年 12 月 6 日
民集 10 巻 12 号 1527 頁）。契約の拘束力からの解放という解除の機能は、大正
から昭和初期に形成される法実務では、催告要件の解釈を通じて、より十全に
作用するものとされた[9]。

　契約の拘束力からの解放という解除の機能は、損害賠償との関係でも問題と
なる。解除と損害賠償との関係は、周知のように、解除の効果に関する直接効
果説・間接効果説・折衷説とともに、大正時代のいわゆる学説継受期に議論と
なった論点である[10]。現在の判例および通説は解除とともになされる損害賠
償を履行利益の賠償とする。解除の効果である原状回復との関係を考えれば、
両者の間には「矛盾とは言わないまでも、ある種の緊張関係が伏在してい
る」[11]。また、契約の拘束力からの解放との関係を考えてみても、債権者は、
その拘束力から免れたはずの契約に依拠して、拘束されていたならばあったで
あろう状態を実現するのであり、理論的には、ここにもある種の緊張関係が存
在すると言える。しかし、契約の拘束力からの解放という解除の機能を実践的
側面のみから捉えるとき、立法において併存の認められた損害賠償を履行利益
賠償と解釈することで、解除権を行使する者に生じる不安ないし不利益が一定
の限度で回避される。契約の拘束力からの解放という解除の機能は、損害賠償
との関係においても確保されることになる。

　(3)　解除の機能を擁護する以上のような解釈論は 540 条以下の条文構造を前
提とするが、これは明治期の立法者たちの選択に由来するものである。1890
（明治 23）年に公布された旧民法には次のような規定が存在した（以下の引用で

----

9 ）催告要件に関する以上の記述につき、当時の学説の動向も含め、杉本好央「『債権法
　　改正の基本方針』における法定解除制度と判例・実務・制定法」池田真朗／平野裕之／
　　西原慎治編『民法（債権法）改正の論理』（新青出版、2010 年）606-609 頁を参照。判
　　例は、催告要件の緩やかな解釈とは異なり、実体要件である債務不履行の解釈において
　　は、契約をした目的の達成に必須的である「要素たる債務」と必須的ではない「付随的
　　義務」を区分して後者の場合には解除を認めないという態度によって解除の機能を事後
　　的に制限する（判例の態度につき、杉本・前掲 582 頁以下を参照）。

10）当時の議論状況につき、北川善太郎『日本法学の歴史と理論』（日本評論社、1968
　　年）96-98 頁、北村実「解除の効果」星野英一編集代表『民法講座第 5 巻』（有斐閣、
　　1985 年）125 頁以下を参照。

11）大村敦志『もうひとつの基本民法Ⅱ』（有斐閣、2007 年）166 頁。

は旧字体は適宜改めた）。

　　旧民法財産編 421 条　凡ソ双務契約ニハ義務ヲ履行シ又ハ履行ノ言込ヲ為セル当事者ノ一方ノ利益ノ為メ他ノ一方ノ義務不履行ノ場合ニ於テ常ニ解除条件ヲ包含ス

　　　此場合ニ於テ解除ハ当然行ハレス損害ヲ受ケタル一方ヨリ之ヲ請求スルコトヲ要ス然レトモ裁判所ハ第四百六条ニ従ヒ他ノ一方ニ恩恵上ノ期限ヲ付与スルコトヲ得

　　同 424 条　裁判上ニテ解除ヲ請求シ又ハ援用スル当事者ハ其受ケタル損害ノ賠償ヲ求ムルコトヲ得

　主な特徴を示せば、解除は双務契約に黙示に含まれた解除条件として構成されていること、解除は裁判所に請求されねばならないこと[12]、その場合に裁判所は債務者に履行の機会を与える恩恵上の期限を付与できること、解除を申し立てた者は重ねて損害賠償も請求できること、である。これらの特徴は、いわゆるボアソナード草案[13]に、さらには 1804 年のフランス民法典に由来する。

　旧民法の解除制度は、1898（明治 31）年施行の民法において、大きく変化する。民法 541 条は債務の履行がないことに加えて、相当期間を定めて催告する

12）　文言から直ちに明かとなるのではないが、『〔仏語公定訳〕日本帝国民法典並びに立法理由書第 2 巻』（1891 年〔信山社、1993 年〕）598-599 頁では、解除を裁判所に申し立てることを必要としており、富井政章『民法論綱人権之部下巻』（岡島寶文館、1890 年〔新青出版、2001 年〕）129 頁、磯部四郎『民法釈義財産編第二部人権及ヒ義務（上）』（長島書房、1891 年〔参照したのは『日本立法資料全集別巻 83』（信山社、1997 年）による復刻版〕）1830 頁、井上正一『民法正義財産編第二部巻之一』（新法註釈会、1891 年〔参照したのは『日本立法資料全集別巻 55』（信山社、1995 年）による復刻版〕）734-737 頁などもその旨を述べる。

13）　次のような規定である（G. Boissonade, Projet de code civil pour l'Empire du Japon, tome 2, 2e éd., 1883, p. 362-363）。

　　草案 441 条　すべての双務契約において、自己の債務を履行した若しくはその履行を申し出る当事者のために、相手方がその義務の全てを履行しない場合について、解除条件が常に存在する。

　　　この場合に解除は当然には行われない。解除は損害を受けた者によって裁判所に請求されねばならない。ただし裁判所は第 426 条に従い恩恵上の期限を与えることができる。

　　同 444 条　裁判上の解除を求める者又は当然に生じる解除を援用するものは、さらに、被った損害の賠償を求めることができる。

6 序 論

ことを要件として定める。法典調査会において起草趣旨を説明した穂積によれば、催告要件は「瑞西、モンテネグロ、独逸商法抔ノ規定」を採用するものであるが、内容として見れば旧民法財産編 421 条 2 項後段の定める恩恵上の期限を「実際上ノ便益ハ此規定ニ依テモ得ラレル」という限りで維持するもの[14]である[15]。しかし民法 541 条に基づいて催告を行うのが解除を求める当事者であるのに対し、旧民法財産編 421 条では解除は裁判上請求されねばならず、またそれゆえに恩恵上の期限を与える主体が裁判所である点でやはり異なる。民法修正案の理由書では、「極メテ鄭重確実ナリト雖モ頗ル干渉ニ失シテ其必要ナキノミナラス之レガ為メニ当事者ハ費用及ヒ手数ヲ要シ且ツ人民ハ裁判所ニ出ツルコトヲ厭フカ如キ感覚上ノ理由ニ因リ立法者カ取引ノ便宜ヲ図リテ特ニ認定シタル解除権モ其効用ヲ減殺セラルル」という理由から裁判上の解除という方法を採用せず、むしろ「独乙民法瑞士債務法等ノ主義」に倣い、解除権を有する者が意思表示によりこれを行使する方法を採用し、これによって「実際ノ便宜ニ適セシムルト同時ニ取引ノ確実ヲ失フコトナカラシメ」るとされる[16]。穂積は、意思表示による解除の方法を採用した理由を「自治ニ任セテ置キマスル方ガ一番間違ヒモ少ナイ」からだと説明するが、その説明の基礎には「仏蘭西民法ハ殊ニ人民ノ相互ヒノ間ノ取引等ニ関シマシテハ干渉主義ヲ採ツテ」いるが、本案すなわち現行民法案は「成ルベク人民ノ自治ニ任スト云フ方ノ主義ニ依テ」いるという認識があった[17]。

　わが国の解除制度は、主要な参照国という点でドイツの商法典および民法典草案に範を得て、裁判による解除から催告と意思表示による解除へと変化した。しかし、ドイツの法制を継受するだけではなかった。参照された「多数ノ立法例ニ依レハ解除権ト損害賠償請求権トニ付キ其一ヲ選択セシムル」[18]ものがあ

---

14) 法務大臣官房司法法制調査部監修『法典調査会民法議事速記録三』（商事法務、1984年）805 頁〔穂積陳重〕。

15) 廣中俊雄『民法修正案（前三編）の理由書』（有斐閣、1987 年）519 頁〔459 頁〕では「恩恵期限ヲ許与スルコトハ頗ル妥當ナルノミナラス債務履行ノ見込アルトキハ甚タ便利ナル」と説明される。

16) 廣中・前掲注 15) 518 頁〔458 頁〕。

17) 法務大臣官房司法法制調査部監修・前掲注 14) 801-802 頁〔穂積陳重〕。

18) 廣中・前掲注 15) 522 頁〔462 頁〕。

り、その具体例は当時のドイツ商法典や民法典草案であったが、民法 545 条 3 項では、形式上は旧民法したがってボアソナード草案そしてフランス民法典と同様に[19]、解除権の行使によって損害賠償が妨げられない旨が定められた。

　(4)　明治期の法学者による取捨選択に基づいて現れた民法 540 条以下の解除規定は、その後大正期から昭和初期に示される解釈と相俟って、契約の拘束力からの解放という機能を貫徹させる。この観点から、ドイツ民法およびフランス民法の法定解除を視野に入れるとき、わが国の法定解除は問題のより少ないものとして目に映る。

　このことは、我妻栄『民法講義』の記述からも分かる。同書は、法定解除の社会的機能の説明において、1900 年のドイツ民法典および 1804 年のフランス民法典における解除規定に言及して、「いずれが優れているかは、にわかには断定することはできない」とする[20]。しかし、法定解除の実際上の作用を分析するところでは、解除と損害賠償との並存を認めないドイツ民法について

---

19)　損害賠償が妨げられないという形式は同様であるが、そこで認められる損害賠償の内容が同様であったか否かについては注意を要する。

　　フランス民法典 1184 条 2 項では、解除とともに認められる損害賠償には dommages et intérêts の語が用いられており（条文については、本書第 2 部の冒頭を参照）、これは一般の損害賠償と同様のものである。しかし、ボアソナード草案 444 条では、被った損害の賠償は réparation du préjudice éprouvé であり（条文については、前注 13）を参照）、ボアソナード自らが、解除をした者が合意からの解放と合意から期待した利益とを同時に得ることは理性と衡平に反するものであるので、異なる語句を用いている旨を説明している（Boissonade, supra note 13, n° 399, p. 416-417）。

　　旧民法制定当時の注釈書類を見ると、井上・前掲注 12) 749-751 頁および磯部四郎『民法釈義財産編第二部人権及ヒ義務（下）』（長島書房、1891 年〔参照したのは『日本立法資料全集別巻 84』（信山社、1997 年）による復刻版〕）1843-1844 頁には、ボアソナードの理解を受け継ぐ記述が見られる。しかし、富井・前掲注 12) 134 頁には、ボアソナードの理解を意識的に受けとめる記述は見られない。なお、現行民法 545 条 3 項につき、梅謙次郎『民法要義巻之三』（有斐閣、第 33 版、1912 年〔有斐閣、1984 年〕）454 頁は、415 条の規定する損害賠償と異なることなく、解除権を行使する者は、相手方に対して、不履行から生じる一切の損害の賠償を請求できるとする。

　　以上につき、文献も含めて、杉本好央「ドイツ民法典における法定解除制度に関する一考察（1）」都法 41 巻 2 号（2001 年）323 頁注 32 および 324 頁注 37 を、また、さらにより広く検討を加える鶴藤倫道「旧民法典における解除と損害賠償との関係について（1）〜（2・完）」関東学園 10 巻 1 号（2000 年）69 頁、同巻 2 号（2000 年）227 頁も参照。

20)　我妻・前掲注 8) 131-132 頁。

「立法論として、果たして妥当であるかどうか、甚だ疑問である」、「わが民法の態度の方が妥当なように思われる」と述べ、また、フランス民法については、解除に裁判上の請求を要すること、解除の効果はその判決によって生ずること、催告を要件としていないことの諸点において「わが民法が優れていると考える」とする[21]。

　法比較において我妻の着目した点は、独仏法のその後の展開において改められることになる。2002 年のドイツ新債務法は、解除権発生の要件としての催告および解除権の行使方法としての意思表示という特徴を維持する（323 条 1 項および 349 条）[22]。しかし、1900 年施行のドイツ民法典で定められた解除と損害賠償との択一関係については、その後の判例および学説の成果[23]を踏まえて改められ、解除によって損害賠償が排除されないことが明記される（325 条）[24]。フランスでは、1804 年の民法典から 200 年以上にわたって裁判解除を原則とする規定を維持したが、2016 年のフランス民法典改正[25]により変化が生じる。裁判解除が廃止されるわけではないもの、これと並んで、通知による一方的解除（résolution unilatérale par simple notification）が認められるに至る（1224 条）[26]。

---

21) 我妻・前掲注 8) 139 頁および 144 頁。

22) 2002 年改正に至る法定解除に関する議論の推移につき、潮見佳男『契約法理の現代化』（有斐閣、2004 年）380 頁以下、小野秀誠「給付障害の体系」一橋法学 4 巻 3 号（2005 年）1 頁以下を参照。また、特に催告による解除について、大滝哲祐「ドイツにおける解除制度の発展に関する考察（4・完）」横浜国際社会科学研究 12 巻 4・5 号（2008 年）60 頁以下、遠山純弘「ドイツ法における催告解除と契約の清算 (1)」北園 45 巻 3 号（2009 年）64 頁以下および同「(2)」46 巻 2 号（2010 年）158 頁以下、松井和彦「法廷解除権の正当化根拠と催告解除 (1)」阪法 61 巻 1 号（2011 年）78 頁以下を参照。

23) 鶴藤倫道「契約の解除と損害賠償（2・完）」民商 110 巻 4・5 号（1994 年）269 頁以下を参照。

24) 2002 年改正後の法状況につき、半田吉信『ドイツ新債務法と民法改正』（信山社、2009 年）149 頁以下を参照。

25) 2016 年改正までの経緯および改正部分の翻訳として、荻野奈緒／馬場圭太／齋藤由起／山城一真（訳）「フランス債務法改正オルドナンス（2016 年 2 月 10 日のオルドナンス第 131 号）による民法典の改正」同法 69 巻 1 号（2017 年）279 頁。

26) ごく簡単な記述であるが、杉本好央「20 世紀前期のフランスにおける裁判解除準則の意義と射程 (1)」法雑 63 巻 2 号（2017 年）3-4 頁を参照。

法定解除の現在の姿からすれば、100 年以上も前に、裁判によることなく、また損害賠償の権利を失うことなく、契約の拘束力からの解放を認める一般的な法定解除を作り上げた明治期の立法者たちには、先見の明があったと言える[27]。

　(5)　しかし、そうすると、ここで興味深い問題に遭遇する。明治期の立法者たちは、その当時模範であった独仏法をいわば差し置いて、その後に展開する経済社会において十全に機能する法定解除を作り上げることができたのはどのような思考においてなのか、どのような論理でもってわが国の法定解除は作り出されたのか、という問題である。

　民法 540 条以下で定められた法定解除制度は、主要な参照国であった独仏法に限って言えば、広く債務の不履行を解除原因とする点でフランス民法に、しかし解除権の発生には原則として催告を必要とし、発生した解除権の行使は意思表示によるという点ではドイツ民法に、しかしまた解除権の行使と損害賠償との並存を認めるという点ではフランス民法に由来するというように、独仏法における法定解除制度の一部分を切り取り組み合わせて構成されている。たしかに、わが国の法定解除制度がその後の社会の変化に対応できた理由の一つは、裁判解除に代えて催告と意思表示による解除を採用した点にあると言えるであろう。しかし、その点も含めてわが国の法定解除制度を一つの歴史的な存在として見るとき、独仏のそれと対比して、20 世紀に高度に展開する経済社会により対応できるものであった少なくとも一つの原因は、個々の部品を切り取り組み合わせた明治の起草者たちの思考にあると考えることができる。それは、思考の客体に即して言い換えれば、わが国の法定解除制度を形成し展開させた論理である。わが国の法定解除制度は、その出発点において、いかなる論理をもって構成されていたのであろうか。

　27）北居功『契約履行の動態理論 I』（慶應義塾大学出版会、2013 年）464 頁および
　　469-470 頁注 27 は、結論は留保しつつも、国際物品売買契約に関する国連条約（1980
　　年）、ヨーロッパ契約法原則（2000 年版）、ユニドロワ国際商事契約原則（2004 年版）
　　などの近時の各種立法やモデル立法が、裁判外で行使できる、付加期間経過による契約
　　解除権を認める傾向にあることを指摘した上で、これらとわが国の民法第 541 条とを対
　　比するとき、「我が国で 100 年以上も前に作られた第 541 条の非常に先見の明ある立法
　　が、高く評価されるべきではなかろうか」とする。

10　序　論

　これは過去に対する歴史的な問いであり、行われる考察は直接的には法解釈学上の命題の提示には至らない。しかし、この問いが法定解除に関する現代の法状況と何らかの連関をもつとするなら[28]、取り組む価値のある問いとして現れる。われわれが直面する問題の位置を、したがってまたわれわれ自身の位置を教えてくれるからである。

　(6)　以上のような問題意識のもと、本書では、明治の立法期に時代的に相応する 20 世紀初頭を一応の基準時とし、そこに至るまでのドイツ法およびフランス法における一般的な法定解除の歴史的展開を素材とする考察を行う。やや具体的に述べれば、履行遅滞と催告とを要件に契約を解除する権利が発生し、債権者がこれを意思表示により行使するという構造においてわが国の解除制度の模範となったドイツ民法典の法定解除について、その形成過程である 19 世紀の法展開を対象とした検討を行う（第 1 部）。また、ドイツにおける法展開を相対化して把握するために、裁判解除を原則とするフランス民法典の法定解除について、裁判上の請求を要しない場合も含めて、同時代である 18 世紀末から 20 世紀初頭までの法展開を中心とした検討を行う（第 2 部）。以上の検討に支えられた考察でもって、独仏法における一般的な法定解除の形成と展開を支えた論理を明らかにする。

　この検討においては、先行研究における次のような指摘、すなわち契約に基づく義務からの解放が解除の第一次的機能であり、歴史的に見てもっとも古い課題であったとの指摘が[29]導きの糸となる。しかしまた、解放の対象である義務を生み出す契約の拘束力も、本書の考察を導くもう一本の糸となる[30]。そして、これらの糸を恣意的に手繰ることを防ぐために、そこに絡まる歴史的な事実と文脈に視線が注がれる。

───────────

28）その一端については、杉本・前掲注 1 ）363 頁、とりわけ 387-388 頁。

29）H. G. Leser, Der Rücktritt vom Vertrag, 1975, S. 38 und 87.

30）マルティン・シュミット-ケッセル（中田邦博ほか訳）「ヨーロッパ私法における契約解消と巻戻し」川角由和ほか編『ヨーロッパ私法の現在と日本法の課題』（日本評論社、2011 年）181 頁は「契約には拘束力がある。この認識がまったく一般的に浸透していた期間が、法の歴史において長く続いてきた。そのため、ヨーロッパの法秩序においては、この原則的な契約の拘束力に対して、契約解消の一般原則を持ち出すことは好まれてこなかった」と述べる。

以上の考察は先に述べた問題意識に由来する。したがって、考察の結果として独仏解除法の展開に見出された論理との対比においてわが国の法定解除制度を把握すること、これが次なる課題として現れる。もっとも、わが国の法定解除制度をその出発点において形成し展開させた論理は、その後の法展開との関係を無視して理解できるものではない。第2の課題に一定の精度をもって応えるには、明治期以降のわが国の法展開をより詳細に踏まえた考察を要することになる。しかし本書はこれを欠く。したがって、第2の課題への応答は一つの見通しに過ぎないことを自覚しつつ行われる。

第1部 ドイツ法

（1）　第 1 部の検討の終着点となる 1900 年のドイツ民法典は、その 325 条に
おいて後発的な履行不能を理由とする解除を、326 条において履行遅滞を理由
とする解除を定める。326 条による解除をするには、相当期間の指定と給付受
領拒絶の表示を伴う催告を要する。以上の 325 条および 326 条により損害賠償
と相並ぶ手段として定められた解除権の行使と効果については、327 条におい
て、346 条から 356 条までの約定解除に関する規定が準用される。解除は意思
表示によって行われ（349 条）、これにより各当事者は受領した給付を互いに返
還する義務を負う（346 条）[1]。

1）以下のような規定である（訳出には、椿寿夫／右近健男編『ドイツ債権法総論』（日
本評論社、1988 年）を参考にした）。

　ドイツ民法典 325 条　①　双務契約により当事者の一方が負担する給付がその責めに
帰すべき事由により不能となるとき、相手方は、不履行に基づく損害賠償を請求する
か、又は契約を解除することができる。一部不能の場合において、契約の一部の履行
が相手方の利益とならないときは、相手方は、第 280 条第 2 項により、債務の全部の
不履行に基づく損害賠償を請求するか、又は契約の全部を解除する権利を有する。相
手方は、損害賠償請求権及び解除権に代えて、第 323 条の場合について定める権利を
行使することもできる。
　　②　第 283 条の場合において、期間を経過するまでに給付を行わず、又は一部を行
わないときも、同様である。
　同 326 条　①　双務契約において当事者の一方が自己の負担する給付につき遅滞にあ
るとき、相手方は、給付の履行のために相当の期間を指定して、その期間経過後は給
付の受領を拒絶する旨の表示をすることができる。給付を適時に行わないときは、期
間経過後において、相手方は、不履行に基づく損害賠償を請求するか、又は契約を解
除するかの権利を有する。この場合においては、履行を請求することができない。期
間を経過するまでに給付の一部を行わないときは、第 325 条第 1 項第 2 文の規定を準
用する。
　　②　遅滞のため契約の履行が相手方の利益とならないとき、相手方は、第 1 項に定
める権利を有し、期間を指定する必要はない。
　同 327 条　第 325 条及び第 326 条の定める解除権については、約定解除権に関する第
346 条から第 356 条までの規定を準用する。相手方の責めに帰すべからざる事由によ
り解除を行うときは、相手方は、不当利得の返還についての規定によってのみ責任を
負う。
　同 346 条　契約において当事者の一方が解除権を留保した場合において、解除が行わ
れるときは、各当事者は、受領した給付を互いに返還する義務を負う。給付された労
務及び物の利用の供与については価額を返還し、又は契約において反対給付を金銭で
定めているときはこれを支払わなければならない。
　同 349 条　解除は、相手方に対する意思表示によって行う。

（2）　ドイツ民法典にある法定解除の形成過程については、すでに優れた先行研究が存在し[2]、本書の検討もそれに負うところが大きい。ところで、かつては解除の効果あるいは法的構成に焦点を合わせて形成過程を扱う研究が多く見られた。しかし、20 世紀末頃からの議論状況の変化に相応じて、解除の要件面あるいは解除の機能に焦点を合わせて形成過程を論ずる研究が現れる[3]に至っている。一般的な法定解除を形成させまた展開させた論理の解明を試みる本書の検討では、効果あるいは法的構成のみでなく、また要件あるいは機能の局面のみでもなく、その他関連する諸点を含めて解除制度全体を可能な限りで視野に入れた考察を行う。

（3）　19 世紀ドイツにおける法定解除の法展開に検討を加える文献の多くが、旧商法典である 1861 年の一般ドイツ商法典の解除規定に言及し、1900 年のドイツ民法典における法定解除制度への影響を指摘する[4]。その意味を明らかにするには、前提となる法状況を知る必要がある。そこで、法定解除に関する 19 世紀前中期の法状況を確認することから検討を始める（第 1 章）。次いで一般ドイツ商法典における解除制度の起草過程とその後の理解を取り扱い（第 2 章）、ドイツ民法典の起草過程における解除制度の検討へと進む（第 3 章）。

（4）　最後に訳語について述べる。現在の法律用語として一般に「解除」と訳出されるのは Rücktritt であり、本書でもそのように訳出する。しかし、本書で扱う史資料には、解除に相当しうる多様な語句が登場する。以下では、

2）山中康雄「解除論（1）（2）（完）」志林 48 巻 2 号（1950 年）2 頁、同巻 3 号（1950 年）30 頁、49 巻 2 号（1951 年）43 頁、山下末人「取消・解除における原状回復義務」論叢 61 巻 5 号（1955 年）99 頁、本田純一「近世ドイツ立法史における形成権の基礎」一論 74 巻 2 号（1975 年）222 頁、北村実「ドイツにおける契約解除効果論の展開」龍谷 9 巻 1 号（1976 年）57 頁、鶴藤倫道「契約の解除と損害賠償（1）〜（2・完）」民商 110 巻 3 号（1994 年）31 頁、同巻 4・5 号（1994 年）269 頁など。

3）本書第 1 部の基礎となる拙稿の公表後に現れた、検討素材の観点から関連するものとして、遠山純弘「不履行と解除（1）〜（3・完）」北園 42 巻 3 号（2006 年）1 頁、43 巻 1 号（2007 年）47 頁、同巻 2 号（2007 年）31 頁、大滝哲祐「ドイツにおける解除制度の発展に関する考察（1）〜（4・完）」横浜国際社会科学研究 10 巻 2 号（2005 年）91 頁、11 巻 2 号（2006 年）89 頁、12 巻 1 号（2007 年）61 頁、12 巻 4・5 号（2008 年）55 頁。

4）例えば、わが国でも著名な解除制度研究である H. G. Leser, Der Rücktritt vom Vertrag, 1975, S. 10 は、一般ドイツ商法典において、ドイツ法にとって「決定的な歩み（der entscheidende Schritt）」が現れる、とする。

abgehen は「離脱する」、aufheben は「破棄する」、auflösen は「解消する」、そして Rücktritt の動詞形である zurücktreten は「解除する」と訳し分けている。もっとも、それぞれの言葉が遡及効あるいは原状回復義務の発生といった特定の法的意味に一義的に結びつくのではない点に注意を要する[5]。なお、一般に記述する際には、「解除（する）」の語を用いる。

5）しかしまた、契約の解除はドイツ語において Rücktritt vom Vertrag あるいは vom Vertrag zurücktreten と表現され、契約関係から身を引く（退く）という含意があること（マティアス・ローエ（守矢健一訳）「ドイツ給付障害法の新たな構造」日独法学 20 号（2002 年）33 頁訳注 viii を参照）にも、注意を要する。

第1章　19世紀前中期の法状況

　本章の課題は、1861年の一般ドイツ商法典にある解除制度の画期的意義を明確に把握するために、それ以前の解除制度に関連する法状況を確認することにある。19世紀前中期におけるドイツの領域を法的観点から見れば、普通法の妥当する地域、1794年のプロイセン一般ラント法（Allgemeines Landrecht für die preußischen Staaten. 以下、文脈により「ALR」とする）の妥当する地域、1811年のオーストリア民法典（Allgemeines bürgerliches Gesetzbuch. 以下、文脈により「ABGB」とする）の妥当する地域、1804年のフランス民法典をそのまま施行する地域[1]などで構成されていた[2]。このようなことから、まず、ALRおよびABGBの解除制度を概観することから検討を始める（第1節。なお、フランス民法典については第2部で扱われるため、本章では簡単に言及するに留める）。次に、普通法（学）における理論状況を検討し（第2節）、最後に、一般ドイツ商法典が文字通り商法典であることから、商法（学）におけるそれについても考察を行う（第3節）。

第1節　19世紀初頭の諸法典

　本節では、ALRおよびABGB[3]の定める解除制度を概観する。ナンツ（K.-

1）大木雅夫「独仏法学交流の史的素描」上法19巻2・3合併号（1976年）81頁以下によれば、リューネヴィルの平和条約によってフランス領となったライン左岸、さらにナポレオン侵攻後にはヴェストファーレン王国、アレンベルク侯国、ベルク大公国、フランクフルト大公国、アルンハルト・ケーテン公国、ナッサウ公国、ダンチヒ、ハンブルク、ブレーメンで、フランス民法典が施行された。また、バーデン大公国では500箇所以上もの修正を加えて、フランス民法典が施行された。

2）1870年頃のものであるが、H・シュロッサー（大木雅夫訳）『近世私法史要論』（有信堂高文社、1993年）120頁に法適用の状況に関する地図がある。

3）両法典の特徴を簡単に見ておく。ALRはカズイスティッシュな法典であり、また純粋に私法を対象とするものではなかった。ALRには地方法が特別法として優先し、補

P. Nanz）によれば、ALR および ABGB においてすでに諾成的な、形式および内容の自由を有する近代的な契約概念が定着していた[4]。では、そのような契約概念が認められていたこれらの法典において、解除制度はいかなる内容を有していたであろうか。

第1款　プロイセン一般ラント法

　(1)　次章で検討する一般ドイツ商法典起草作業の基礎には、プロイセンから提出された商法草案が置かれることになる。この草案にある解除規定は、ALR の解除制度が有する難点を克服するために作成される。

　この難点は規定を見れば明らかである[5]。ALR 第1部の第5章「契約について」、第9節「契約の破棄（Aufhebung）」は、第5款「相手方の履行の瑕疵を理由とする」との表題のもとで、393 条以下に解除に関連する規定を置く。規定の内容を順次確認すると[6]、一方当事者の履行拒絶又は不適切な履行に

　　　充的効力を有するに過ぎなかった。ALR の補充的効力は、プロイセン絶対主義の体質的脆弱さ、プロイセン啓蒙の弱さに由来するものであるが、その反面、普遍性ゆえの将来の可能性を示すものでもあった（石部雅亮『啓蒙的絶対主義の法構造』（有斐閣、1969 年）153 頁以下を参照）。これに対して、ABGB は、カズイスティッシュな形式を排除している点、および対象が私法に限定されている点で ALR と異なる（A. Fijal/ W. Ellerbrock, Das Österreichische ABGB vom 1. 6. 1811, JuS 1988, 522）。なお、対象が私法に限定された点については、村上淳一『近代法の形成』（岩波書店、1979 年）163 頁以下、とりわけ 171 頁を参照。

4）　K. -P. Nanz, Die Entstehung des allgemeinen Vertragsbegriffs im 16. bis 18. Jahrhundert, 1985, S. 178 ff., insb. 187.

5）　プロイセン一般ラント法の解除規定の前史に関しては、鶴藤倫道「契約の解除と損害賠償（1）」民商 110 巻 3 号（1994 年）44 頁以下を参照。

6）　関連するのは次のような規定である（Vgl. H. Hattenhauer/ G. Bernert, Allgemeines Landrecht für die Preußischen Staaten von 1794, Textausgabe, 1970 S. 81 f.）。

　　ALR 第1部第5章393条　当事者の一方が契約の履行を拒絶したこと、又は適切に給付しなかったことにより、相手方には原則として契約自体から再び離脱する権限は与えられない。

　　同394条　むしろその当事者には、他方に対して、約束された履行および法律により認められる賠償を、裁判官を通じて求めることが許されるのみである。

　　同395条　両当事者が契約で引き受けた債務の本来の意味および範囲に一致のないとき、争いは裁判官により判断されねばならず、そしてその判断に従って履行が給付されかつ受領されねばならない。

よって相手方には契約から離脱する（abgehen）権利は原則として与えられず（393条）、ただ約定の履行および法律による賠償を裁判官を通じて求めることができるのみである（394条）。履行を請求する訴訟において、契約の内容が明白でない場合にはまずこの点について裁判官が審理し（395条）、そして契約の内容は明白であるが原告の履行が契約に従ったものでないことを理由として被告が自らの履行を拒絶すると、その正当性が裁判上審理される（396条）。この拒絶の抗弁が認められないことが確定すると、原告には、履行およびその他の損害賠償を請求するか、あるいは契約を解除する（zurücktreten）かの選択権が与えられる（397条）。解除が選択される場合には、被告は、自らの拒絶によって生じた損害を賠償し、さらに受領物については悪意占有者の責任を負うことになる。逆に、被告の履行拒絶抗弁が裁判所によって認められる場合、解除を選択する権利が被告に与えられ（399条）、この場合に被告は受領物については善意占有者の権利を有することになる（400条）。

　以上のような ALR の規定によれば、不履行を被った当事者はまずもって履行を請求せねばならず、訴訟において契約内容および相手方の不履行の当否が判断された後にようやく契約を解除することができたのであって、相手方の履行拒絶又は不適切な履行を理由として直ちに契約を解除することはできなかった。そして、解除が認められる場合には、当事者間のその後の関係は所有者占有者関係として規律された。

　同396条　契約の内容は明白であるが、当事者の一方がその契約で引き受けた債務の履行を拒絶し、それが相手方が債務を適切に履行していない又は履行できないとの理由であった場合には、この拒絶理由が裁判上審理されねばならない。
　同397条　この拒絶の理由が法的拘束力をもって（rechtskräftig）棄却されるとき、履行を申し立てた者は、さらに履行を請求しかつ根拠のない拒絶から生じた損害の賠償でもって満足するか、又は契約を完全に解除するかの選択を有する。
　同398条　契約が解除されるときは、法的根拠なく契約による義務の履行を拒絶した者は、その拒絶によって生じた損害の賠償に加えて、契約に基づいて受領した物を返還する場合には悪意占有者の負担すべてを引き受けねばならない。
　同399条　しかし、履行を求められた者の拒絶が法的拘束力のある判決によって相当のものであると判断されるときは、裁判官により定められた限りでの履行を求めるか、あるいは契約から完全に離脱するかは、この拒絶者による。
　同400条　履行を拒絶した者が契約の解除を選択する場合において、契約に基づいてすでに受領した物を返還するときは、善意占有者の権利すべてを有する。

20   第1章　19世紀前中期の法状況

(2)　もっとも、ALR には、以上のような原則に対する例外が幾つか存在する。例えば、同章同款には、行為を主たる対象とする契約についての特則があり[7]、この契約において相手方が契約に従った給付をしないとき、直ちに契約から離脱することが認められる（408条）。もっとも、契約から離脱する者はこれを自らの危険で行うのであり、裁判において離脱が根拠のないものであることが明らかとなれば、相手方に対する賠償責任を負担せねばならない（409条）。

特定の売買契約についても特則が存在する[8]。引取期限の定めのある安価な動産の売買あるいは現金払いの売買について、買主による引取あるいは代金支払のないとき、売主に契約を解除する権利が認められる（第1部第11章229条および230条）。しかし、その他の場合には原則として履行を求めねばならず（231条）、契約の解除を求める場合には先に見た第5章396条以下によることになる（232条）。

また、契約の破棄に関して定める第5章第9節は、第2款「履行の不能を理由とする」との表題の下で、当事者の一方が自らの責めによって相手方に約束

---

7) 次のような規定である（Vgl. Hattenhauer/ Bernert, oben Fn. 6, S. 82）。
　　ALR 第1部第5章408条　行為を主たる対象とする契約において、相手方がいままで履行を契約に従って給付していない、又は給付することができないと主張する者は、直ちに自己の危険で契約から再び離脱できる。
　　同409条　しかしこの者は、裁判所の審理において先の申立てが根拠のないものであることが明らかとなるときは、相手方に完全な賠償をしなければならない。
　　同410条　これに対して、先の申立てが根拠のあるものであると判断されるときは、相手方は、契約の破棄とは別に、契約に違反する自己の行為から解除の意思表示の時点までに発生した損害のすべてについて契約離脱者を満足させねばならない。
8) 次のような規定である（Vgl. Hattenhauer/ Bernert, oben Fn. 6, S. 136）。
　　ALR 第1部第11章229条　50ターラー以下の動産の売買では、売主は、商品の引取のために定められた時期が過ぎれば直ちに契約から離脱する権利を有する。
　　同230条　また売主は、引渡しのときに売買代金を現金で給付するよう約束した買主がその支払いを行わないときは、引渡しを拒絶して契約を破棄することができる。
　　同231条　これらの場合を除いて、契約の履行が法的な理由なく拒絶されている、又は適切に給付されていないと主張する者は、原則としてただ履行を訴えることができるのみである。
　　同232条　ただし、法律が契約当事者の一方に相手方の履行拒絶を理由とする契約の解除の権利を認める場合には、詳しく定められた効果と同様のことが売買契約についても生じる（第5章396-407条）。

第1節　19世紀初頭の諸法典　**21**

のものを与え又は給付できない場合には、その責めの程度に応じて賠償責任を追わねばならないこと（360条）、当事者の一方が相手方によって履行を不能とされた場合には自らの債務を免れて賠償を請求できること（361条）、そして偶発的な不能の場合には契約は破棄されたと見なされること（364条）、を定める[9]。サヴィニーの教え子であり、1848年にはプロイセンの司法大臣となるボルネマン（W. Bornemann）は、この不能に関する規定について言及するなかで、偶発的な不能によって契約が破棄されるのであるから、当事者の一方は相手方の責めに帰される履行不能によっても契約の破棄が認められねばならない旨を述べる[10]。

　このように、ALRには、確かに、相手方からの適切な履行のないことを理由にして契約の解除を認める幾つかの規定が存在した。しかしそれらは、要件あるいは適用対象という点で限定されていた。契約一般を対象とする第1部第5章の規定は、当事者の一方が履行を拒絶しあるいは履行を行わない場合に相手方に契約から離脱する権利を直ちに与えるものではなく、まずは履行を求めることを原則とするものであった[11]。

　（3）不履行の場合に履行の請求を原則とし、契約の解除を直ちに認めないALRの解除制度は、19世紀に入ると否定的に評価されることになる。例えば、19世紀に入って行われるALRの改訂作業では、当事者の一方の不履行によっ

9）次のような規定である（Vgl. Hattenhauer/ Bernert, oben Fn. 6, S. 80）。

ALR第1部第5章360条　約束をした者が約束したものを自己の責め（Schuld）により相手方に与え又は給付できないときは、この者は自己に発生した過責（Verschuldung）の程度に応じて利益（Interesse）について責任を負う。（277条以下）

同361条　しかし、約束をした者が相手方により約束の履行を不能にされた場合には、この者は自己の義務から免れ、その場所において賠償を請求することができる。

同364条　締結された契約の履行不能が偶然の出来事あるいは不可抗力により生じるとき、契約は破棄されたと見なされる。

10）W. Bornemann, Systematische Darstellung des Preußischen Civilrechts, Band 2, 2. Ausgabe, 1842, §. 164, S. 360. なお、ボルネマンは、遅滞の法的効果を論じる箇所で、遅滞によって履行が不能となる場合あるいは明瞭な取引目的が無に帰する場合にのみ解除が許される、とする（a. a. O., §. 154, S. 326）。このような理解は、次節でみる普通法（学）におけるそれと類似したものであり、詳しくはそこで検討する。

11）C. F. Koch（hrsg.）, Allgemeines Landrecht für die Preußischen Staaten, 1. Band, 7. Ausgabe, 1878, S. 259 Fn. 100.

22 第1章 19世紀前中期の法状況

て相手方に契約の解除を求めることを認める試みがなされる。1830年に公表された草案では、契約の対象が行為以外の場合にはなおも契約からの離脱を請求する権利は認められていなかった[12]。しかし、審議を経て1842年に公表された草案では、当事者の一方が契約を履行しない場合、又は法律もしくは意思表示により定められた時期を超えて履行が遅延する場合には、相手方は損害賠償と並んで履行を請求するか、それとも契約を解除するかの選択を有する旨の規定が設けられた[13]。

この草案は実際に施行されることはなかった。しかし、ALRの解除制度には、さらに、主に商取引を念頭に置いた批判が加えられた。すなわち、商取引では債務の迅速の履行が要求されるのであるから、権利者に履行の訴えを強制したり、また適切な時期に遅れた履行を受領するように強いることは是認できない、といった内容の批判が行われた[14]。本款の冒頭で言及したプロイセン

---

12) W. Schubert (hrsg.), Gesetzrevision (1825-1848), 2. Abteilung: Öffentliches Recht, Zivilrecht und Zivilprozessrecht, Band 3: Obligationenrecht, 1983, S. 55 f. にある 373 条以下を参照。

13) 草案第1章「契約一般について」、第7節「契約の破棄」、第4款「相手方の履行の瑕疵を理由とする」の下に置かれた、次のような条文である (Schubert, oben Fn. 12, S. 966)。

　草案377条　契約が当事者の一方により履行されないとき、又は法律もしくは意思表示により定められた時期を超えて履行が遅延するときは、相手方に完全な賠償と共に履行を請求するか、又は契約を完全に解除するかを選択できる。

　同378条　しかし、当事者の一方が履行を何の留保もなくすでに部分的に承認した場合には、瑕疵を理由とする解除の権利のない限りで、履行の訴えのみが認められる。

　同379条　解除が適法に行われると、相手方は、契約に違反する自己の行為から解除の意思表示の時点までに発生した損害のすべてについて契約離脱者を満足させねばならず、契約に基づいて受領した物を返還する場合には悪意占有者の負担すべてを引き受けねばならない。

14) Vgl. W. Gelpcke, Der Rücktritt von einem zweiseitigen Vertrage, und die Differenzklage in Handelssachen, in: Zeitschrift für Handelsrecht mit Hinblick auf die Handelsrechts = Praxis in Preußen, und auf die Grundsätze des Königlichen Ober = Tribunals zu Berlin in Handelssachen, 1. Heft, 1852, S. 3 ff.; A. Pauli, Ueber das Recht zum sogenannten Rücktritte vom Kaufe, namentlich bei Lieferungsgeschäften; mit besonderer Berücksichtigung der darüber in dem „Entwurfe eines deutschen Handelsgesetzbuches" enthaltenen Bestimmungen, in: Neues Archiv für Handelsrecht, Band 3, 1862, S. 124.

第1節　19世紀初頭の諸法典　　**23**

提出の商法草案でも、その理由書において、遅れた履行や不適切な履行の場合には契約の目的全体が無に帰せしめられ、後から強制された履行は権利者にとっては価値のないもの、それどころか不利益なものとなる、とされた[15]。

こうして、19世紀末には、ALRに関するデルンブルク（H. Dernburg）の教科書[16]と並び称される[17]フェルスター／エキウス（F. Förster/ M. E. Eccius）の著作において、ALRの解除制度は実務に関係のないものであると説明された[18]。

第2款　オーストリア民法典

（1）　以上のようなプロイセン一般ラント法の規定は、逆から見れば、かなり限定的な形ではあるが、契約一般について解除の権利を認めていた、ということもできる。これに対して、1811年のオーストリア民法典では、第17節「契約一般について」の「契約の消滅」の項目の下に、解除を明示的に否定する次のような規定が存在する。

> ABGB 919条　当事者の一方が契約を全く履行しない、また適切な時期、適切な場所、取り決められた方法で履行しないとき、相手方は法律で定められた場合あるいは明示的な留保を除いて、契約の破棄（Aufhebung）を求める権利はなく、契約の正確な履行と賠償のみを請求する権利を有する。

一見して明らかなように、契約の破棄すなわち解除を求める権利を否定して

---

15) W. Schubert（hrsg.）, Entwurf eines Handelsgesetzbuchs für die Preussischen Staaten. Nebst Motiven（1857）, Nachdruck 1986, S. 130（Motive）.

16) H. Dernburg, Lehrbuch des Preußischen Privatrechts und der Privatrechtsnormen des Reichs, 3 Bände. ちなみに、a. a. O., 2. Band, 5. Aufl., 1897, §. 45, S. 111-112 und Fn. 9 では、相手方の不履行に基づく契約解除の権利には双方的な債務の相互性（Zusammengehörigkeit）の思想の現れがみられるが、一般ラント法の準則はこれと異なる旨を述べる。

17) W. Wagner, Die Wissenschaft des gemeinen römischen Rechts und das Allgemeine Landrecht für die Preussischen Staaten, in: H. Coing/ W. Wilhelm（hrsg.）, Wissenschaft und Kodifikation des Privatrechts im 19. Jahrhundert, 1974, Band 1, S. 144 f. ワグナーによれば、後注に挙げるフェルスター／エキウスの著作はエキウスの改訂によってより実務に傾斜したものであったが、前注で挙げたデルンブルクの教科書はアカデミックな教育活動から生じたものであり、まずは学生（Studierende）のためのものであった。

18) F. Förster/ M. E. Eccius, Preußisches Privatrecht, 1. Band, 6. Aufl., 1892, §. 87, S. 532.

いる[19]。ABGB の実質的な起草者と言えるツァイラー（F. v. Zeiller）の注釈書では、時代的に先行して現れていた ALR およびフランス民法典の解除制度を意識しながら、それでもオーストリア法では、契約侵害の場合に履行および損害賠償を請求することを準則に採用した、とされている[20]。

---

19) この規定は、次のような前史を有している（Vgl. L. Pfaff, Der Codex Theresianus und seine Umarbeitungen, in: Juristische Blätter 16, 1887, S. 476; K. O. Scherner, Rücktrittsrecht wegen Nichterfüllung, 1965, S. 131 ff.）。

　当初は当事者の一方の不履行を理由とする解除を認める方向にあった。すなわち、テレジアヌス法典の簡素化のためにホルテン（J. B. Horten）により起草された草案（1774年）の第3編第1章「契約およびそこから生じる義務一般」第73条では「当事者の一方が自らの負担する義務を自らの責めによりもはや履行できないとき、相手方には、それにより失われた収益および発生した損害を賠償しなければならない。双務契約（zweibändigen Vertägen）において、契約当事者の一方が義務を履行したが、相手方が契約をその責めにより履行できない、又は履行する意思のないとき、前者の者には、契約にとどまり相手方に賠償を訴えるか、又は契約全体から離脱して相手方に与えたものの返還を求めるかを選択できる」と定められていた（条文は P. H. von Harrasowsky (hrsg.), Der Codex Theresianus und seine Umarbeitungen, 4. Band, 1886, S. 325）。また、ウィーン大学で自然法の講座を担当していたマルティニ（Carl Anton von Martini）による草案（1794年）も、第3編第5節「交換」第29条において「当事者の一方が取り決められたものを与え、又は取り決められたことを行ったが、相手方が認めた約束を取り決められた方法で履行しないとき、契約の破棄および完全な賠償を求めるか、あるいは裁判所法（Gerichtsordnung）の規定に従って違反者に約束の履行を促すかは、前者の者の意思による」と定めていた（条文は P. H. v. Harrasowsky (hrsg.), Der Codex Theresianus und seine Umarbeitungen, 5. Band, 1886, S. 177 f.）。

　しかし、マルティニの弟子であり ABGB の実質的起草者であるツァイラーが異議を唱える。マルティニ草案第3編第5節「交換」の第28条——当事者の一方が金銭以外の何かを与えもしくは為し他方も何か為す、又は双方が何かを為すというような交換取引が双務契約の一般原則により判断される旨を定める（Harrasowsky, a. a. O., Band 5, S. 177）——に関連してであるが、ツァイラーは、1805年2月4日の会議において、おおよそ次のように述べる。すなわち、第28条の原則が徹底されるなら、当事者の一方による主要な点の不履行を理由に相手方は契約から離脱できるという結果となるが、この不履行が故意による拒絶の点で根拠づけられるのか、過失によるのか、それとも不可抗力によるのかを区別していない。このように厳しくかつ一般的な原則は、グロチウスを除いてどの法学者によるものでなく、またいかなる立法でも確立されておらず、そしてオーストリアでも妥当していない。

　こうして、当事者の一方による不履行のみを理由として即座に契約を解除できるという準則は、ツァイラーによって否定され、ABGB 919条の規定が現れることになる。

20) F. v. Zeiller, Commentar über das allgemeine bürgerliche Gesetzbuch für die

第1節　19世紀初頭の諸法典　**25**

(2)　ABGB において、一方では解除は原則として否定されるが、しかし他方で多くの例外が存在する。法律による例外としてツァイラーの挙げるところによれば、978 条（使用貸借契約）、1117 条および 1118 条（賃貸借契約）、1154条および 1166 条（有償労務契約）、1210 条（財産共有契約）、1264 条（夫婦財産契約）である[21]。

　また、ツァイラーは、契約解除の権利を否定する 919 条の注釈の最後に、おおよそ次のように述べる。すなわち、契約の意味が疑わしいがゆえに、あるいは原告こそが契約をあるべき形で履行しなかったのだと被告が主張するゆえに、契約違反があったかどうかが疑わしい場合がしばしばあり、このときまずはこの問題について判断されるべきであり、事案の状況に応じて、契約の履行あるいは解除（Rücktritt）あるいは損害賠償あるいはまたそれらを併せての判決を下さねばならない、と[22]。この叙述によれば、当事者が契約の解除を求めることはできないものの、裁判所の判断により契約の解除は可能であったと言える。

(3)　ABGB 919 条の定める解除否定の原則に対しては、19 世紀中葉になると、ALR の解除制度に関する検討で述べたような、商取引を念頭に置いた批判が向けられた[23]。また、ウィーン大学のローマ法教授であったドボルザク（J. F. Dworzak）は、ABGB 919 条に関する検討において、契約から離脱する権利を認めようとした。すなわち、ドボルザクは、普通法理論[24]を検討した上で、当事者の一方の有責的な不履行によって相手方は利益を請求する権利を有し、そしてその利益には契約から離脱することも含まれるとして、相手方の悪意（dolus）あるいは重過失（lata culpa）の場合には無条件に、そして軽過失（levis culpa）の場合には離脱することが本来的な損害填補（eigentliche Schad-

---

　　gesammten Deutschen Erbländer der Oesterreichischen Monarchie, 3. Band, 1. Abtheilung, 1812, S. 116 f. また、F. X. Nippel, Erläuterung des allgemeinen bürgerlichen Gesetzbuches für die gesammten deutschen Länder der österreichischen Monarchie, 6. Band, 1833, S. 151 も参照。

21)　Zeiller, oben Fn. 20, S. 117 f. また、Nippel, oben Fn. 20, S. 152 も参照。

22)　Zeiller, oben Fn. 20, S. 118.

23)　前注 14) の文献およびそれに対応する本文を参照。

24)　普通法理論の状況については、次節で検討する。

26　第1章　19世紀前中期の法状況

loshaltung）となる限りで、契約からの離脱権を有する、とした[25]。

19世紀初頭に解除否定の原則を示したABGB 919条は、20世紀となった1916年には改正される[26]に至る。これにより、契約当事者の一方が契約の履行をしないとき、相手方には、追完のための期間を定めて契約を解除する旨の意思表示をする権利が認められることになった[27]。

第3款　小　括

以上、ALRおよびABGBの解除制度を概観した。両法典とも契約一般に妥当する解除を原則として認めておらず、契約当事者の一方に相手方の不履行を理由として契約の解除を直ちに求める権能を与えていなかった。しかし、契約の解除を否定する両法典の立場は19世紀の時の経過の中で批判に晒され、結

25）J. F. Dworzak, Ueber das Prinzip des §. 919 des allg. bürgerlichen Gesetzbuches, in: Oesterreichische Vierteljahresschrift für Rechts= und Staatswissenschaft, 2. Band, 1858, S. 199 ff. もっとも、M. Schuster/ C. Schreiber, Commentar zum österreichischen allgemeinen bürgerlichen Gesetzbuche von Moriz von Stubenrauch, 2. Band, 5. Aufl., 1888, S. 266 Fn. 3 では、ドボルザクの見解はABGBの命じるところと矛盾する、とされる。W. Ogris, Die historische Schule der österreichischen Zivilistik, in: Nikolaus Grass und Werner Ogris（hrsg.）, Festschrift Hans Lentze zum 60. Geburtstage dargebracht von Fachgenossen und Freunden, 1969, S. 465 ff. によれば、シュスターとシュライバーにより補訂されるストゥーベンラウホの注釈書は新旧学派を結び付けるものであり、彼は著名なウンガー（J. Unger）によって隠れてしまっているが、19世紀オーストリアにおける歴史法学派の先達（Wegbereiter）とされるべき人物である。

26）この改正作業は1904年のウンガーの提唱に始まるものであり、デレマイヤーによれば、改正作業に基準を与えたのは、経済的変化、社会的変遷、民法学の進歩という各要素であった。この作業についてさらに詳しくは、B. Dölemeyer, Die Revision des ABGB durch die drei Teilnovellen von 1914, 1915 und 1916, in: H. Coing（hrsg.）, Ius commune, Band 6, 1977, S. 274 ff. を（言及した事柄については、275頁および282頁を）参照。

27）現在では、AGBG 918-921条において解除制度が定められる。中心規定である918条1項は「有償契約が当事者の一方により適切な時期に、適切な場所で、又は取り決められた方法で履行されないとき、相手方は履行および遅延を理由とする損害賠償を要求するか、追完（Nachholung）のための適切な期間を定めて契約を解除する意思表示をすることができる」と定める。U. Floßmann, Österreichische Privatrechtsgeschichte, 3. Aufl., 1996, S. 245 は、1916年の改正により、債権者は給付の遅延に関する債務者の過責（Verschulden）に左右されない解除権を持つようになった、とする。現在のオーストリア民法学における解除制度の理解についてさらに詳しくは、Vgl. H. Koziol/ R. Welser, Grundriß des bürgerlichen Rechts, Band 1, 10. Aufl., 1995, S. 232 ff., insb. 240 ff.

局、ALR の解除制度はドイツ民法典のそれに取って代わられ、ABGB の解除規定は 20 世紀初頭に改正されることになる。

これら両法典の解除制度と対蹠的な地位にあるのが、同じく 19 世紀初頭のドイツの領域で妥当したフランス民法典の解除制度である。フランス民法典 1184 条では、あらゆる双務契約について、契約当事者の一方が相手方の不履行を理由として契約を解除することが、裁判上の請求という限定の下ではあるが、認められる[28]。フランス民法典 1184 条は、両法典の規定と異なり、200 年の月日を耐え、21 世紀まで維持されることになる。

このように、19 世紀初頭の法典には、当事者に解除の請求を原則として認めるフランス民法典と、これを原則として認めない ALR および ABGB が存在した。もっとも、ALR では裁判手続を経るなかで解除の選択が当事者に許されており、また ABGB においてもツァイラーの注釈によれば裁判所の判断により契約の解除が認められることもあり得るものであった。それゆえ、これらの法源における解除制度には、裁判手続を経るという共通の特徴が存在していたと言える。

---

28) 1804 年のフランス民法典に修正を加えて 1810 年に施行されたバーデンのラント法でも同様であり、第 1184 条第 2 項では契約の履行を受けることができなかった当事者は損害賠償と共に契約の破棄を求める（Aufhebung nebst der Entschädigung zu fordern）ことが可能であることを定め、同条第 3 項において契約の破棄が裁判上請求されねばならない（Diese Forderung muß gerichtlich geschehen）、とする（条文につき、Code Napoléon mit Zusäzen und Handelsgesezen als Land=Recht für das Großherzogthum Baden, 1809, Nachdruck 1986, S. 319 f.）。後者の点は、注釈書である J. N. F. Brauer, Erläuterungen über den Code Napoléon und die Großherzoglich Badische bürgerliche Gesezgebung, 3. Band, 1810, Rn. 111, S. 134 でも強調して確認されている。

第2節　普通法（学）

　第1章の課題は、1861年の一般ドイツ商法典出現前の、解除制度に関連する法状況を確認することにある。一般ドイツ商法典では、契約から離脱する（vom Vertrag abgehen）、すなわち契約を解除する権利が規定されるに至るが、それは遅滞を要件とする。そこで本節では、遅滞効果論を対象に、普通法（学）における理論状況を確認する。なお、普通法（学）では一般に、履行遅滞（mora solvendi）ないし債務者遅滞（mora debitoris）と受領遅滞（mora accipiendi）ないし債権者遅滞（mora creditoris）とが区別して論じられるが[1]、以下では、本章の課題に即して、前者について検討を進める。

　(1)　検討の出発点を18世紀末に現れたグリュック（C. F. v. Glück）の注釈書に求めよう。グリュックは、債務者遅滞の効果として、次の六つを挙げる[2]。第1に、債務者の義務が遅延（Verzögerung）によって永久化される。これによって、債務者は物の滅失の際にも自己の義務から免れることはなく、利益（Interesse）を賠償する義務を負う。第2に、果実や利息だけでなく、その他根拠のある利益すべてを債権者に賠償しなければならない。第3に、約束の履

---

1 ）いま一つの大きな区分として、人による遅滞（mora ex persona）ないし主観的遅滞（suvjektiver Verzug）と物による遅滞（mora ex re）ないし客観的遅滞（objektiver Verzug）というものも見られる。前者は遅滞の発生のために催告（interpellatio）を要するものであり、後者は「期日は人に代わって催告する（dies interpellat pro homine）」という格言に従うもので、催告の必要はなく期日の経過によって遅滞が発生する。この区別は、註釈学派（Glossatoren）および後期註釈学派（Postglossatoren）の大多数によって承認され、そしてまた現代的慣用（Usus modernus）においても支配的な学説によって受け容れられた（H. Coing, Europäisches Privatrecht, Band 1, 1985, §. 85, S. 436 f.; Ders., Europäisches Privatrecht, Band 2, 1989, §. 93, S. 464）。必要とされる催告の形式に関しては争いがあり、フランスでは裁判上の催告を必要としたが、ドイツの現代的慣用においては、裁判外の一回の催告で十分なものとされた。遅滞における催告要件に関しては、北居功「遅滞論のシンメトリー」法研72巻12号（1999年）296頁以下〔同『契約履行の動態理論Ⅰ』（慶應義塾大学出版会、2013年）271頁以下〕が詳しい。

2 ）C. F. v. Glück, Ausführliche Erläuterung der Pandecten nach Hellfeld, 4. Theil, 1. Abtheilung, 1796, §. 330, S. 411 ff.

行が定められた時期に行われない場合について違約金が留保されているとき、それが支払われることになる。第4に、物の危険が債務者に移転する。第5に、例えば履行地などにつき債務者のために取り決められていた選択権に代えて、債権者がこれを選択できることになる。そして第6に、契約全体が無効（ungültig）になる、である。

　この第6に挙げられた遅滞の効果が後の展開につながる。グリュックは、このような効果が生じる場合として、明示的に取り決めのなされている場合と、約束した者にとって契約の履行がもはや何ら利益のない（nichts mehr nütze）ゆえに契約の履行を求めて訴えることができない場合とを挙げる。そして脚注では、D 18, 1, 56、D 18, 3, 6 および C 4, 54, 6 の法文を引用する[3]。

　ティボー（A. F. J. Thibaut）もまた、債務者遅滞の効果[4]を挙げるなかで、契約が債権者にとって無益（unnütz）となった場合には契約から完全に離脱する（abgehen）ことができる、とする。そしてグリュックと同じく C 4, 54, 6 の法文を挙げると同時に、D 45, 1, 135, 2 を引用する[5]。

　ヴェニング＝インゲンハイム（J. N. v. Wening = Ingenheim）も、債務者遅滞によって債権者はただ単に反対給付を留保するのみではなく、それどころか時として取引から離脱する（abgehen）ことができる、とする[6]。そして、脚注で参照が指示された箇所では、履行の遅滞だけでは相対立する債務を一方的に解除することは通常は正当化されないのであるが、例外が存在するとして、D 19, 2, 24, 4 の法文を挙げる[7]。

　以上のように、19 世紀初期のグリュック、ティボー、ヴェニング＝インゲンハイムの著作では、債務者遅滞の効果として債権者に契約の解除を認めるよ

---

3 ）Glück, oben Fn. 2, §. 330, S. 417 und Fn. 63.

4 ）A. F. J. Thibaut, System des Pandekten=Rechts, 1. Band, 8. Aufl., 1834, §. 99, S. 83 f.

5 ）Thibaut, oben Fn. 4, §. 99, S. 83 und Fn. s.

6 ）J. N. v. Wening-Ingenheim, Lehrbuch des Gemeinen Civilrechtes, nach Heise's Grundriß eines Systems des gemeinen Civilrechts zum Behufe von Pandecten-Vorlesungen, 2. Band, 5. Aufl., 1837, §. 242 （§. 105）, S. 154. 本文のことは、債務者遅滞の一般的効果について述べた後に、債務者にとってとりわけ不利益な効果として言及されている。

7 ）Wening-Ingenheim, oben Fn. 6, §. 254 （§. 129）, S. 181 und Fn. x.

30　第1章　19世紀前中期の法状況

うであるが、詳しい記述は見られない。

　(2)　債務者遅滞のこのような効果について詳しく論じるのが、マダイの遅滞論（C. O. v. Madai, Die Lehre von der Mora, 1837. 以下、本文で参照箇所を示す）である。マダイは、「遅滞の誤解された効果（Vermeintliche Wirkungen der Mora)」とされる章で、法文理解を通じて、先に見た論者の見解を批判する。

　まず、ヴェニング＝インゲンハイムが依拠するD 19, 2, 24, 4[8]について、マダイは、遅滞固有の効果を述べるものではない、とする。この法文によれば、賃貸人が賃借人の土地の利用を妨げた場合において、賃借人による一方的な契

─────────

8）次のような法文である（原文は、T. Mommsen/ P. Krueger/ A. Watson, The digest of Justinian, vol. 2, 1985, p. 565 を参照した。また、訳出にはその対英訳のほか、K. E. Otto/ B. Schilling/ K. F. F. Sintenis, Das CORPUS IURIS CIVILIS, Band 2, 1831 (Neudruck 1984), S. 443 の独訳を参考にした）。

D 19, 2, 24, 4: Paulus libro trigesimo quarto ad edictum.

Colonus, si ei frui non liceat, totius quinquennii nomine statim recte aget, etsi reliquis annis dominus funci frui patiatur: nec enim semper liberabitur dominus eo, quod secundo uel tertio anno patietur fundo frui. nam et qui expulsus a conductione in aliam se coloniam contulit, non suffecturus duabus neque ipse pensionum nomine obligatus erit et quantum per singulos annos compendii facturus erat, consequetur: sera est enim patientia fruendi, quae offertur eo tempore, quo frui colonus aliis rebus illigatus non potest. quod si paucis diebus prohibuit, deinde paenitentiam agit omniaque colono in integro sunt, nihil ex obligatione paucorum dierum mora minuet. item utiliter ex conducto agit is, cui secundum conuentionem non praestantur quae conuenerant, siue prohibeatur frui a domino uel ab extraneo quem dominus prohibere potest.

　〔試訳〕　農地賃借人が農地の収益を許されないとき、彼は、農地所有者が残る数年の収益を認めるとしても、5年間全部の名義で直ちに訴えることができる。農地所有者は2年目又は3年目の農地の収益を認めても、自らの義務から免れることにはならない。賃借地から追い出されて他の賃借地に入った者は、二つの賃借を一度に利用することはできないからである。賃借人は、（追い出された）農地の賃料の支払いについて義務を負わず、それどころか、（その農地から）年々得られたのと同じだけの利益を手に入れることになる。農地の収益を認めることは、農地賃借人が他の事柄に従事していて、それができないときに提供されるのでは、もう遅いのである。（しかし）農地所有者が数日間だけ（農地の収益を）禁じたが、その後に後悔し、そしてすべてが農地賃借人にとって何も変わっていないときには、数日の遅滞は（賃料支払いの）義務を減じない。また（冒頭の場合と同様に）、賃借人は、合意されていたことが合意どおりに履行されないとき、又は所有者もしくは所有者の制止できる第三者が収益を妨げるときにも、賃貸借に基づいて訴えることができる。

第 2 節　普通法（学）　**31**

約破棄は認められず、賃借人は損害賠償を請求できるのみである。また、賃借人は賃貸人から賃料の支払いを請求されることはないが、それは契約が解除されるからではなく、賃料の支払を求める賃貸人の訴権が、賃貸人自身が賃借人の利用を無に帰せしめたという悪意の抗弁（exceptio doli）でもって拒絶されるからであり、契約自体は存続する（§. 55, S. 392 f.）。

　次いで、グリュックとティボーが依拠する D 18, 3, 6[9]および C 4, 54, 6[10]に

9）次のような法文である（Mommsen/ Krueger/ Watson, supra note 8, p. 530 を参照した。また、訳出にはその対英訳のほか、Otto/ Schilling/ Sintenis, oben Fn. 8, S. 373 の独訳を参考にした）。

D 18, 3, 6, pr-2: Scaeuola libro secundo responsorum.

De lege commissoria interrogatus ita respondit, si per emptorem factum sit, quo minus legi pareretur, et ea lege uti uenditor uelit, fundos inemptos fore et id, quod arrae uel alio nomine datum esset, apud uenditorem remansurum. Idem respondit, si ex lege inempti sint fundi, nec id, quod accessurum dictum est, emptori deberi. Post diem lege commissoria comprehensum uenditor partem reliquae pecuniae accepit. respondit, si post statutum diem reliquae pecuniae uenditor legem dictam non exercuisset et partem reliqui debiti accepisset, uideri recessum a commissoria.

〔試訳〕　解除約款に関して問われて、彼（スカエボラ）は次のように答えた。その約款に従わないことが買主によるものであり、売主が約款の実行を決めるとき、土地は売却されなかったとされ、そして、手付あるいはその他の罰金の名義で与えられたものは、売主のところに残るだろう。また（スカエボラは）、この約款に基づいて土地の売買がなかったとすると、契約時に土地に付属すると言われた物は買主のものではない、と答えた。（さらに）解除約款に定められた期日が経過した後に、売主が残額の一部を受け取る（とする）。彼（スカエボラ）は次のように答えた。取り決められた期日の後に売主が残金について言及された約款を実行せず、残りの債務の一部を受け取るとき、解除約款を放棄したものと見なされる。

10）次のような法文である（P. Krueger, Corpus Iuris Civilis, vol. 2, 11. Aufl., 1954, Nachdruck 1989, S. 184 を参照した。訳出には、K. E. Otto/ B. Schilling/ K. F. F. Sintenis, CORPUS IURIS CIVILIS, Band 5, 1832（Neudruck 1984）, S. 658 の独訳を参考にした）。

C 4, 54, 6: Imperatores Carus, Carinus, Numerianus.

Cum te fundum tuum certae rei contemplatione inter vos habita exiguo pretio in alium transtulisse commemoras, poterit ea res tibi non esse fraudi, quando non impleta promissi fide dominii tui ius in suam causam reverti conveniat. Et ideo aditus competens iudex fundum cuius mentionem facis restitui tibi cum fructibus suis sine ulla ludificatione sua autoritate perficiet, praecipue cum diversa pars receptis nummis suis nullam passa videri possit iniuriam.

〔試訳〕　あなたが、あなたたちの間で生じた何事かを考慮して、自分の土地を僅か

32　第1章　19世紀前中期の法状況

ついては、確かにこれらの箇所では契約を解除する一方当事者の権利について論じられているが、そのような権利は遅滞それ自体に基づくのではなく、特別に取り決められたものである、とする（§. 55, S. 394）。

さらに、ティボーの引用する D 45, 1, 135, 2[11] については、この箇所は利息

の金額で相手に譲渡したと申し立てるとき、約束の誠実な履行がない場合にあなたの土地支配が以前の状態に戻されることによって、その何事かがあなたに不利益をもたらさないこともあるだろう。したがって、権限ある審判人は、自らの権限に基づいて、あなたの申立てにあった土地が何らの嘲笑なく収益と共にあなたに返還されるとするだろう。とりわけ、相手方が（再び）金銭を受け取ることで、何らの不法を被らないように見えるからである。

11）次のような法文である（T. Mommsen/ P. Krueger/ A. Watson, The digest of Justinian, vol. 4, 1985, p. 674 を参照した。また、訳出にはその対英訳のほか、K. E. Otto/ B. Schilling/ K. F. F. Sintenis, CORPUS IURIS CIVILIS, Band 4, 1831（Neudruck 1984), S. 661-662 の独訳を参考にした）。

D 45, 1, 135, 2: Scaeuola libro quinto responsorum.

Seia cauit Lucio Titio, quod mandante eo hortos emisset, cum pretium omne cum usuris ab eo recepisset, se in eum proprietatem hortorum translaturam: deinde in continenti inter utrumque conuenit, ut intra kalendas Apriles primas uniuersam summam mandator numeraret et hortos acciperet. quaeritur, cum ante kalendas Apriles non omne pretium cum usuris a Lucio Titio Seiae solutum sit, interposito tamen modico tempore reliquum pretium cum usuris Seiae Titius soluere paratus fuerit neque Seia accipere uoluit et usque in hodiernum per Titium non stet, quo minus reliquum solueret, an nihilo minus Lucius Titius, si Seiae uniuersam pecuniam soluere paratus sit, ex stipulatu agere possit. respondit posse, si non multo post optulisset nec mulieris quicquam propter eam moram interesset: quod omne ad iudicis cognitionem remittendum est.

〔試訳〕　セイアはルキウス・チチウスに、彼（チチウス）の依頼により庭園を購入した後に、代金全額を利息と共に彼から受け取り、庭園の所有権を彼に譲渡することを約束した。その後、両者の間で、4月1日の前に依頼者（チチウス）が代金全額を支払い、（セイアが）庭園を獲得することが約束された。質問されたのは次のようなことであった。4月1日以前には売買代金が利息と共にルキウス・チチウスからセイアに支払われず、その後すぐに売買代金を利息と共にチチウスからセイアに支払う準備がなされたのであるが、セイアは受け取る意思がなく、それでもこの時に残額の支払のないことがチチウスの責めに帰されないという場合に、ルキウス・チチウスが仮に全額を支払う準備をしていたならば、問答契約に基づいて訴えることができるかどうか、である。もしチチウスが即座に提供して、女性（セイア）には彼の遅滞がほとんど関係のないものであったなら可能である、と（スカエボラは）答えた。すべてが審判人の判断に委ねられるべきである。

を合わせた売買代金の完済が条件づけられた事案であり、定められた期限の経過でもって随意的な条件が成就すると権利者の請求権がすべてなくなり、契約も無効（unwirksam）となるのであって、遅滞に基づく一方的な契約解除は問題となり得ない、とする（§. 55, S. 395）。

こうしてマダイは、ヴェニング＝インゲンハイム、グリュック、ティボーの挙げる論拠でもって、彼らによる共通の主張すなわち遅滞により契約が無益となる場合に債権者が契約から離脱できるという命題は正当化されないと結論づける（§. 55, S. 395 f.）。そして、これに続けて、次のように述べる。

> 「このような見解は、遅滞のそのような効果が生じるのは、当事者たちの特別な付随的契約すなわちいわゆる解除約款（Lex commissoria）によってそれが取り決められている場合のみである、という事態と決定的に矛盾する。」（§. 55, S. 396）

逆から言えば、特別な取り決めが存在しない場合には、原則として、債務者遅滞を理由として債権者が契約を解除することは認められないのである[12]。しかし、さらに続けて、次のように述べる。

> 「たしかに、債務者遅滞の結果として債権者に給付される損害賠償が、その最終の帰結において、契約の完全な破棄と同様であることもあるが、それでも、債権者の一方的な意思による解消と、言及したような裁判官の判断を通じての解消とは幾分異なる。後者の場合には解消は常に損害賠償の性質を有しており、したがってここでは一方的な解除の場合には排除されるに違いない諸々の請求権がなおも考慮される。」（§. 55, S. 396）

原則としては、特別の取り決めがなければ、契約の解除は認められない。しかし、マダイは、そのような取り決めがない場合でも、債権者は、損害賠償を通じて、契約解除が行われるのと同様の結果に至ることができる、と考えていた。

12）マダイは、債務者遅滞の一般的な効果を債務の永久化としており（C. O. v. Madai, Die Lehre von der Mora, 1837, §. 43, S. 271 ff.）、遅滞によっても、契約により生じた債務は存続するままであると考える。特別の取り決めの存在しない場合に遅滞を理由とする一方的な契約解除を否定することは、債務者遅滞の一般的な効果に関する彼の理解と整合するものである。

34　第1章　19世紀前中期の法状況

(3)　このようなマダイの考え方は、ヴォルフの遅滞論（C. W. Wolff, Zur Lehre von der Mora, 1841. 以下、本文で参照箇所を示す）にも見て取ることができる。主観的遅滞と客観的遅滞との区別[13]を重視するヴォルフの理解に即して、以下、検討を進める。

ヴォルフによれば、主観的遅滞は過失の一種、より言うなら重過失（culpa lata）であり、過失に基づいて損害賠償が義務づけられることが一般原則となる（§. 20, S. 261 und §. 37, S. 441）。もっとも、主観的遅滞の一般的効果に関する記述には、契約の解除への言及は見られない（Vgl. §. 37 ff., S. 441 ff.）[14]。

客観的遅滞とは、債務を実現しないことであり、過失を要しない（§. 1, S. 16）。この客観的遅滞の契約上の効果として、ヴォルフは、解除約款に言及する。解除約款は条件ではなく独立した契約であり（§. 5. S. 77）、そこで定められていたことに基づいて直ちにその約款の付された主たる契約自体が解除されることになる（§. 5, S. 83 ff.）。

それでは、解除約款のような特別の取り決めが存在しない場合には、遅滞による契約の解除はおよそ認められないのであろうか。ヴォルフは、客観的遅滞による法定の効果について論じるなかで[15]、給付が適切な時期に行われず、後からの給付は権利者にとって無益である（nutzlos）場合には契約当事者の一方が契約から離脱してよい、という見解に関して、次のように述べる。

「たしかに契約不履行抗弁（exceptio non impleti contractus）を原告に対して提出することが可能である……。しかし、給付が行われるはずであった者の請求は、反対給付を拒絶するこのような権利に限定されるものではなく、合意されていた反対給付よりも代償利益（Surrogat=Interesse）の額が

---

13)　この区別については、前注1）を参照。

14)　C. W. Wolff, Zur Lehre von der Mora, 1841, §. 40, S. 468 では、双務契約における当事者の一方が遅滞にある場合に相手方が履行を行わないことで解除権に類似する契約不履行抗弁（exceptio non adimpleti contractus）について、主観的遅滞とは全く無関係であるとされる。

15)　ヴォルフは、客観的遅滞の法定の効果として代償利益を請求する権利を挙げており（Wolff, oben Fn. 14, §. 6, S. 88）、その権利は、①為さざる債務、②為す債務、③特定の場所で履行される債務、④その実現が当事者の意図に従って特定の時期についてのみ行われる債務、の四つの場合に生じるとして、各々の場合について詳論していく（a. a. O., §. 7, S. 92 ff.）。以下の本文で述べるのは、④の場合に関するものである。

上である場合には、この剰余分を請求することもできるのであり、しかもそれは契約訴権でもってなされる（……[16]）。したがって、代償利益に関するこのような権利はまさに契約によって根拠づけられており、それゆえに相手方が契約から離脱してもよいという理解は正当なものではないであろう。」（§. 7, S. 123）

　ヴォルフは契約から離脱する権利を明確に否定する。しかし、反対給付額を差し引いた代償利益に関する請求が契約によって根拠づけられ、これにより契約から離脱したのと同様の帰結に至ることができることになる。この代償利益に関する権利は、客観的遅滞における法定の効果として認められるものであるが、一般的には訴訟上の権利であって、代償利益の金額は訴訟の経過においてようやく突き止められることになる（§. 7, S. 90 f.）。

　以上のように、ヴォルフは、主観的遅滞および客観的遅滞の法定の効果として契約を解除する権利を認めない。客観的遅滞の場合についてはその理解が具体的に示されている。それによれば、遅滞が生じても契約それ自体は存続し、代償利益に関する権利がその契約に基づいて与えられ、そして利益の範囲を確定する際に訴訟手続において債権者のなすべき反対給付を差し引くことができる。したがってヴォルフは、客観的遅滞の効果として債権者が契約から離脱することを明示的に否定するが、裏を返せば、代償利益に関する権利によって結果的に解除が認められたのと同様の帰結に至ることを黙示的に認めていた、と言える。

　（4）　モムゼン（F. Mommsen, Beiträge zum Obligationenrecht, 3. Abtheilung: Die Lehre von der Mora, nebst Beiträgen zur Lehre von der Culpa, 1855. 以下、本文で参照箇所を示す）もまた、マダイおよびヴォルフと同様に、遅滞の効果としての債権者の解除権を否定する。わずか数頁の叙述であるが、後の展開において影響力を有することになるので、やや詳しく見ておく[17]。

16）ここで、D 19, 2, 24, 4 が引用されている。この法文については、前注 8 ）を参照。

17）モムゼンは、先のマダイおよびヴォルフに共通して見られたように、債務者遅滞の際に債権者に与えられる解除の権利を、取り決めに基づくものとそれ以外のものとで区別して理解し、前者に関しては禁止立法などに矛盾しない限りで有効であると注釈するので十分である、とする（F. Mommsen, Beiträge zum Obligationenrecht, 3. Abtheilung: Die Lehre von der Mora, nebst Beiträgen zur Lehre von der Culpa, 1855, §. 27, S. 256）。

36　第1章　19世紀前中期の法状況

　まず、モムゼンは、遅滞が債権者に契約を解除する権利を与えるか、という問いを投げかけるとき、債権者が債務者の遅延した給付を拒絶することによって自らの義務も免れることができるか否かが問題であり、しばしば引用される法文——以上の(1)から(3)で問題とされたもの——は遅滞とは全く関係ないものであるので[18]、この問題は、ローマ法の一般原則に従って答えられねばならない、とする（§. 27, S. 257）。ここでローマ法の一般原則が如何なるものであるかは示されていない。しかし、モムゼン自身による問題設定から、彼にとっての解除権とは、債権者が債務者の給付を拒絶し、自らの反対給付義務から免れる権能である、ということが明らかとなる。

　では、どのようにして、債権者は債務者の給付を拒絶し、また、自らの反対給付義務から免れうるのか。モムゼンは、債権者が債務の客体を通じて目指しておりかつ適時の履行において達成することができたはずの目的が債務者の遅滞によって挫折する場合、あるいは債権者が債務者の遅滞をきっかけとしてその目的の達成のために他の方法をとり、その結果、債権者にとってその客体が今や無益である場合には、債権者は、後から提供された給付を受け取る必要はなく、まさに給付自体の等価物について訴える権利[19]を有する、とする（§.

　　以下の本文では、本書の課題に即して、後者に関してのみ見ていく。

18) Mommsen, oben Fn. 17, §. 27, S. 257 Fn. 3 では、D 19, 2, 24, 4 については、特定の時期に関する給付が問題とされており、したがってその場合に真正の（eingentlich）遅滞は問題とはなり得ない、とする。D 18, 3, 6 および C 4, 54, 6 については、売買契約に付加された解除条件が問題とされており、売買契約に基づく権利の喪失は債務者遅滞の結果としてではなく、解除条件の成就の結果として援用される、とする。そして、D 45, 1, 135, 2 については、停止条件のもとで締結された問答契約（Stipulation）が問題とされており、契約当事者が問答契約に基づく権利を取得しないのは、この条件が成就しないゆえである、とする。各法文については、前注8）から11）までを参照。

19) 債権者のこのような権利は、債務者遅滞の一般準則によるものではない。モムゼンによれば、債務者遅滞とは、債務者が自らの認識ある債務上の義務の履行を意識的（willkürlich）かつ違法に遅延することであり（Mommsen, oben Fn. 17, §. 3, S. 24）、ここで意識的ということの一つの意味は、遅滞の際には債務者がなおも給付が可能であることにある（F. Mommsen, Beiträge zum Obligationenrecht, 1. Abtheilung: Die Unmöglichkeit der Leistung in ihrem Einfluß auf obligatorische Verhältnisse, 1853, §. 23, S. 264）。そのため、一般的には、債務者は遅滞を終了させることができる。遅滞の終了は一般的には債務の元々の客体を提供することで十分であるが、しかし債務によって達成するつもりであった目的が給付の遅延によって完全に無に帰することになる場合は例外として

第 2 節　普通法（学）　37

27, S. 257 f.）。

　もっとも、債務者の側から見れば、本来の給付に代えてこの等価物を債権者に給付することで、自らの目的である反対給付を獲得できる、と考えることもできる。しかしモムゼンは、債権者はこの等価物を押しつけられるべきではない、とする（§. 27, S. 258）。すなわち、先に述べたような場合には、債権者には、給付に代わる等価物を求める権利が認められるのみならず、さらに進んで、債務者からの等価物の給付であってもこれを拒絶する権利が認められる。

　それでは、債権者の負担する反対給付はどのように扱われるのか。モムゼンは反対給付の提供の有無で区別する。

　　「債権者が反対給付をまだ提供していない場合、債務者には、債務が自らにもたらす利益（Vortheile）、すなわち反対給付に関する権利を取得するための手段がない。——債権者が反対給付をすでに提供した場合には、事態は異なる。債権者は反対給付そのものの返還を求めることはできない。債務それ自体は債務者遅滞にもかかわらず続けて効力のあるものだからである。しかし、給付が債権者にとって無益となったときは、本書第二分冊（26 頁）において示した原則に従い、疑わしい場合には、利益給付に代えて、反対給付の回復を求めることができるであろう。」（§. 27, S. 258）

　債権者が反対給付をまだ提供していない場合について、モムゼンは、債務者には、反対給付に関する権利を取得する手段がないとする。これは、債権者からの反対給付を獲得するために債務者が自己の給付を行おうとしても、先に見たように、債権者の給付拒絶によって阻まれるからである。この給付拒絶によって債権者はもはや反対給付の提供を強いられることはなくなるのであり、したがって少なくとも実際上は反対給付義務から免れることになる。

　これに対して、債権者が反対給付をすでに提供した場合、モムゼンは、反対

　　取り扱われ、その場合には、債務者が後から元々の給付客体を提供しても債権者はそれを甘受しなければならないのではなく、利益を給付するように要求することができる、とする（Mommsen, oben Fn. 17, §. 34, S. 323 f.）。

　　このように、モムゼンは、本文で述べられた権利を遅滞の終了という遅滞理論の一般法理に対する例外として理解する。このことは、以下の本文で述べるように、債務者の給付を拒絶する権利としての解除権が、遅滞の効果として理解されないことに対応するものである。

38   第1章　19世紀前中期の法状況

給付そのものの返還請求を否定しつつ、利益給付に代わるものとしての反対給付の回復を肯定する。ここで引用される第二分冊の該当箇所では、おおよそ次の二つのことが述べられる[20]。すなわち、第1に、モムゼンは、債権者が履行に関して有する利益が反対給付額よりも少ないこともあるが、想定される価値を超える反対給付について義務を負う者はあまりいないのであるから、この場合には給付について債権者の有する利益が反対給付の価額と同じであると想定することもできるのであり、それゆえ債務者は利益給付に代えて反対給付の返還を請求されることも甘受せねばならない、とする。第2に、モムゼンは、しかしながら、以上のことから、反対給付それ自体が債権者の履行利益と密接な関係にあるとの結論を導き出してはならない、とする。なぜなら、履行利益に関する請求は常に債務が有効であり、債務者を継続的に義務づけていることを前提とするのに対して、反対給付そのものの返還請求は、この反対給付の根拠となる債務が存在しない、あるいは少なくとも原告がその債務を取り消す権利を有することを前提としているからである。以上のモムゼンによる叙述から、ここで認められる反対給付の回復は債権者の給付拒絶によっても存続する債務に基づくものとして構成されていることが分かる。

　こうしてモムゼンは、債権者が反対給付義務を免れることで、あるいは反対給付の回復を求めることで、少なくとも実際上は契約が解除されたのと同じ帰結に至ることを認める。それでは、このために用意される根拠付けはいかなるものか。モムゼンは、契約を解除する債権者の権利に関する以上の叙述の最後に、次のように述べる。

　　「反対給付がまだ提供されていない限りで、特定の事情のもとで債務者遅滞によって契約を解除する債権者の権利が根拠づけられる、ということもできる。しかしこの権利は遅滞の特別の効果として援用することはできない。なぜなら、確立された原則はむしろ、相対する債務関係（gegenseitige Obligationen）の、および遅滞により生じた利益給付に対する債務者の義務の一般的性質から明らかとなるからである。」（§. 27, S. 258）〔強調は原文〕

20）以下につき、F. Mommsen, Beiträge zum Obligationenrecht, 2. Abtheilung: Zur Lehre von dem Interesse, 1855, §. 2, S. 25-26.

第2節　普通法（学）　39

　ここで、相対する債務関係あるいは遅滞により生じる利益給付義務の一般的
性質とは何かにつき、詳しく述べられてはいない。しかし少なくとも、契約解
除の権利が債務者遅滞の効果として考えられていないことは明らかである。引
用した文章の末尾には、次のような注釈が付されている。

　　「債権者が、債務者遅滞発生後に債務の目的を他の方法で達成する機会を
　　提供されて、疑わしい場合には、この機会を利用して債務の客体を自分に
　　とって無益とする権能を、また債務者から後に提供された給付を拒絶する
　　権能を有すると見ざるをえない限り、債権者のそのような権利を債務者遅
　　滞の特別の効果として語ることができるかもしれない。しかし、債権者が
　　ここでその給付を拒絶することができる理由は、実のところは、遅滞に
　　よって根拠づけられた契約解除の権利にあるのではなく、給付が債務者遅
　　滞により債権者にとって無益（nutzlos）になったことにある。」（§. 27, S.
　　258 Fn. 5）

　債権者が債務者からの給付を拒絶できる根拠は、債務者遅滞ではなく、遅滞
によって当該給付が債権者にとって無益になったことに求められる。債権者が
債務者からの給付を拒絶し、自らも反対給付の義務から免れる権能である、と
いうモムゼンにとっての解除権について、彼自身は、「遅滞によって給付が債
権者にとって無益となる」という根拠付けを用意していた、と理解できる[21]。

21）この根拠付けはモムゼンの不履行論においてどのように理解できるか。この問題の前
　　提として、モムゼンにおける不能と遅滞との関係が問題となる。この点については、例
　　えば、給付の「部分」という表現で給付客体の属性あるいは給付の場所や時間といった
　　一定の給付態様に関連するものが把握され、その限りで時間的不能が一部不能として見
　　なされる（J. Himmelschein, Erfüllungszwang und Lehre von den positiven Vertragsver-
　　letzungen, AcP 135, 1932, S. 292 ff., insb. 297）、「遅滞と不能とは一応別個独立の法制度
　　であるとしながらも、基本的には不能に関する責任論を遅滞においてもあてはめる」
　　（能見善久「金銭債務の不履行について」加藤一郎編『民法学の歴史と課題』（東京大学
　　出版会、1982 年）207 頁）、また、「体系的に遅滞＝不能説が貫徹されて」おらず、「履
　　行しえないこと」と「履行しようとしないこと」という「不履行の二類型と不能・遅滞
　　法という二重構造、とくに『履行しえない』類型が遅滞と交渉する構成……に不透明な
　　点」がある（北川善太郎『契約責任の研究』（有斐閣、1963 年）17 頁以下）、などの理
　　解がある。
　　　最後に述べた理解に見られるように、モムゼンは、不能・遅滞というドイツ民法典に
　　後に採用されるに至る債務不履行責任の客観的要件の二項対立とは別に、不履行一般に

40　第1章　19世紀前中期の法状況

　以上のようなモムゼンの理解を整理すると、次のようになる。すなわち、債務者の遅滞の結果として給付が債権者にとって無益となったとき、債権者は、給付自体の等価物について訴える権利、すなわち損害賠償の権利を通じて、遅滞にある債務者からの現実の給付もこれに代わる等価物の給付も拒絶することができる。この権能は債務者遅滞の効果として理解されるのではなく[22]、その発生には遅滞の結果として債権者にとって給付が無益になることを必要とする。給付が無益となる場合に認められる損害賠償の権利を通じて、債権者は、実際上、時には反対給付義務を免れ、時には反対給付の回復を求めることができる。

関する次のような類型分けを行う（Mommsen, oben Fn. 17, §. 2, S. 17 ff.）。すなわち、「(1) 債務者が履行しようとしないこと」と「(2) 債務者が履行しえないこと」とが区別され、さらに後者は「(a) 法によって真正不能とは認められない給付の不能」と「(b) 法によって真正不能と認められる給付の不能」とが区別される。

　このような区分を見るとき、不能と遅滞との関係自体をどのように理解するのかという問題の他に、それらの概念と、以上のような不履行類型論とがどのように関連するのか、という問題が存在することになる。森田修「ドイツ民法典における不能・遅滞二分法成立史の再検討」法協 103 巻 12 号（1986 年）2453 頁以下〔同『契約責任の法学的構造』（有斐閣、2006 年）28 頁以下〕は、モムゼンの不能概念につき、「諸種の不履行態様の中から不能についての法源をとりだし、それを債務不履行賠償一般の理論的説明の根拠付けに採用したために、またその限りにおいて、モムゼンはすべての不履行態様を不能として表示する、文言上の不能一元論を採用し」たと理解した上で、不履行類型については、モムゼン自身が先の不履行類型では給付の時に関わる不履行を度外視する（Mommsen, a. a. O., §. 2, S. 17）ことを踏まえ、「遅滞を除くすべての有責な後発的不能は、三類型論においては (2) の (b) に整理されていると一応は考えられる。これがモムゼンの文言上の不能一元論で」あるとし、それでも不能概念に包摂されない不履行態様がモムゼンの考えに見られることに検討を加え、その理由を、モムゼンにおいては「我々と異なり『契約責任の客観的要件についての総則的観念』が成立してはいなかった」ことに求める。

　以上の先行研究の成果によれば、少なくとも、モムゼンは不能と遅滞とによって不履行類型のすべてを汲み尽くそうとしたのではなさそうである。そうすると、不能でも遅滞でもない「第三の領域」が存在しうることになり、本文に述べたような「遅滞によって給付が債権者にとって無益となる」という枠組みは、遅滞にも不能にも直接的には関係づけられない根拠付けであると理解できることになる。

22）以上で見た Mommsen, oben Fn. 17, §. 27 の表題は「遅滞のみせかけの効力（vermeintliche Wirkung)」である。北川善太郎「損害賠償論の史的変遷」論叢 73 巻 4 号（1963 年）42 頁を参照。

第2節　普通法（学）　41

（5）　以上、一般ドイツ商法典出現前の解除制度に関連する普通法（学）の理論状況を、遅滞効果論を通じて概観した。ここでその概観を整理しておく。

グリュック、ティボー、ヴェニング＝インゲンハイムといった19世紀初期の著作に見られた「債務者遅滞によって債権者にとって給付が無益となる場合には契約を解除することができる」という理解は、マダイ、ヴォルフ、モムゼンの遅滞論に関する著作で批判された。契約で取り決められた場合を除いて、遅滞によって契約自体を一方的に解除する——すなわち契約を消滅させる——権利は債権者には与えられない、とされたのである。

しかし、契約を解除することによって得られる帰結、具体的には、債権者は債務者の遅延した給付を拒絶し[23]、反対給付の履行を免れる[24]という実際上の帰結自体が否定されたのではない。このような帰結には、契約を存続させたままで、すなわち契約に基づいて認められる損害賠償という手段を通じて至ることができると考えられた[25]。そして、このような手段を債権者に認めるには、債務者が遅滞にあることではなく、その遅滞によって債務者の給付が債権者にとって無益となることが必要とされた。

こうして一般ドイツ商法典出現前の普通法（学）では、典型的にはモムゼンにみられたように、「遅滞によって給付が無益となるとき、契約に基づく損害賠償を通じて、解除と同様の帰結に至る」という理解を確認することができ

23）K. O. Scherner, Rücktrittsrecht wegen Nichterfüllung, 1965, S. 149 は、この側面を見て、解除権は給付拒絶権の形式において承認されたのであって、返還請求権の形式において承認されたのではない、とする。J. Harst, Rücktritt und Schadensersatz, 1984, S. 116 も参照。

24）H. G. Leser, Der Rücktritt vom Vertrag, 1975, S. 38 und 87 は、この側面を解放効（Befreiungswirkung）と呼び、歴史的な観点から見た解除の最も古い課題あるいは解除の第一次的な機能であったと理解する。レーザーによれば、この機能は、現在のドイツ法における解釈論では、差額説（Differenzhypothese）における全体差引相殺（Gesamtabrechnung）に解消されており、第一次的な解除固有の機能ではない。Vgl. Leser, a. a. O., S. 128 ff. und 142 f.

25）損害賠償を介して契約の解除を認めたのと同様の帰結に至ろうとする考え方は、本文で検討したほかにも、例えばプフタにも見られる。プフタは、遅滞により既存の債務に基づいて損害賠償の義務を負うことを述べ、脚注において D. 19, 2, 24, 4 を引きながら、そのような利益が契約の破棄にあることもある、とする（G. F. Puchta, Pandekten, 4. Aufl., 1848, §. 268, S. 389 und Fn. e）。

42 第1章 19世紀前中期の法状況

る[26]。逆に言えば、債務法ないし契約法一般のレベルでは、法定解除はなお
も一つの独立した法的手段あるいは法制度として形成されてはいなかった。

　このような普通法（学）の理論状況を基礎としながらも、異なる理解を示す
のが、次に検討する商法（学）における取り扱いである。

---

26) D. Beinert, Wesentliche Vertragsverletzung und Rücktritt, 1979, S. 178 は「原則として、
　解除権は、普通法では、まさに損害賠償の一つの特別の形式に他ならなかった」とする。

第3節　商法（学）

　以上の第1節および第2節における検討は、現在から見れば民法の領域に属する素材を対象としたものである。しかし、一般ドイツ商法典が商法の法典であることから、商法および商法学についても、検討の対象とされねばならない。この作業が本節で行われる。

　ところで、ここで扱われる19世紀前中期ドイツでは、そもそも「商法」とはどのように理解されていたのであろうか。周知のように、1807年のフランス商法典は商行為主義あるいは客観主義と、そして1900年のドイツ商法典は商人主義あるいは主観主義と性格づけられる[1]。本節の検討対象は、時代的には両法典の狭間にあり、それゆえこれら両法典に関する性格付けの文脈で捉えることもできる。しかし本節では、この文脈における位置付けに深く立ち入るのではなく、解除制度形成過程を明らかにする限りでの19世紀前中期ドイツ商法（学）に見られる諸特徴を示す、という方向で検討を行う。その検討に続いて、解除制度に関連する具体的な議論を見る。

　⑴　まず、19世紀前中期ドイツにおける商法理解の位置を明確なものとするために、時代的に先行するプロイセン一般ラント法の商法規定およびフランス商法典を一瞥する。

　プロイセン一般ラント法は独立した商法典ではないが、素材としては商法に属する事柄を規定している。それは第2部第8章「市民身分について」の第7-15節[2]に見られる[3]。第7節が商人について定めており[4]、その冒頭に置か

1）例えば、大隅健一郎『商法総則』（有斐閣、新版、1978年）8頁以下、鴻常夫『商法総則』（弘文堂、新訂第5版、1999年）80頁注1など。

2）各節の表題は次のようなものである（Vgl. H. Hattenhauer/ G. Bernert, Allgemeines Landrecht für die Preußischen Staaten von 1794, Textausgabe, 1970, S. 467 ff.）。第7節「商人について」、第8節「手形について」、第9節「取引証書および裏書について」、第10節「仲介業者について」、第11節「船頭、船員および荷主について」、第12節「海損について」、第13節「保険について」、第14節「船舶抵当賃貸について」、第15節「運送業者について」。

れた第475条は「自己の本業として商品および手形でもって商業を営む者が商人と呼ばれる」とする。ALRにおける商人規定の体系的位置からすでに明らかなように、商人は市民身分（Bürgerstande）の一つである。民法と商法との関係について数多くの業績を残すライシュ（P. Raisch）によれば、この475条にある商人概念は、18世紀においてなおも各地で存在していた商人ギルドという身分的に組織された商人の現象形態と結びついている[5]。また、ALRの

3）プロイセン一般ラント法序章第1条は「この一般法典は、特別の法律による定めのない限りで、国家の住民の権利義務を判断する規定を含む」とし、同章第21条は「個々の争点の判断において、一般的法律は地方の法律に、地方の法律は特別の規約に、そして特別の規約は他の方法で取得された権利に劣る」とする。したがって、一般ラント法の規定には地方の法律などの特別規定が優先することになり、一般ラント法は二次的・補充的な効力を有するのみとなる。もっとも、百瀬房徳「プロシア一般国法における『商人の法』の位置付け」経済学研究（獨協大学）53号（1989年）72頁は、ALRの商法規定は、国家がツンフトの地域的な拡大過程の中でそれに対する監督・規制を掌握する結果、第一次的な規範として通用した、とする。一般ラント法の二次的・補充的な効力は、諸身分および諸団体の既得権擁護を大前提として法典編纂が行われたプロイセン社会の身分的構成に基づくものであり、逆に、このような社会ないし国家の存立にかかわるのであれば、一般ラント法の規定が例外的に原則法となることもある（石部雅亮『啓蒙的絶対主義の法構造』（有斐閣、1969年）149頁以下を参照）。プロイセン一般ラント法の商人規定もまたこのような場合に該当するものであったと考えられる。

4）第7節は次のような項目を有する（Vgl. Hattenhauer/ Bernert, oben Fn. 2, S. 467 ff.）。第1款「商人の権利が与えられる者」、第2款「商業を営む女性について」、第3款「支配人および主任について」、第4款「商業使用人および徒弟について」、第5款「使用人による商品の引取について」、第6款「商業帳簿について」、第7款「商事会社について」、第8款「商事利息について」、第9款「報酬」、第10款「商人の推薦について」。

5）P. Raisch, Die Abgrenzung des Handelsrechts vom Bürgerlichen Recht als Kodifikationsproblem im 19. Jahrhundert, 1962, S. 38 f. ライシュは、ALR 479条および480条が商人ギルドの存在を前提としていること、また485条および486条により農民、手工業者、小商人が475条の商人概念から排除されていることを根拠とする。ここで言及された規定は次のようなものである（Vgl. Hattenhauer/ Bernert, oben Fn. 2, S. 467）。
ALR第2部第8章479条　商人ギルト又はインヌング（Innunger.）が存在するところでは、これに加入する構成員は、修業年限その他インヌング規約の諸要件を満たさねばならない。
同480条　このようなインヌングが存在するところでは、その加入者のみが商人の権利を有する。
同485条　平地の住民、農業経営の方法により加工する生産者、手工業者および自らの制作物でもって取引に従事する製造業者は、商人とみなすことはできない。

第 3 節　商法（学）　45

立法過程では、商人階級の意見が領主層の利益と合致する限りで採用された、とされる[6]。以上のようなことから、ALR の商法規定は商人を取り巻く当時の実情を比較的素直に反映したものであり、またそれは「農民法および貴族法と並ぶところの市民階級の一部属たる商人階級の法という立場を脱していな」[7]いものであった、と言えるであろう。

　ALR 商法規定のこのような立場は、立法形式上の視点から見れば、商人主義又は主観主義を採用したものと言うこともできる。これに対して 1807 年のフランス商法典は、その第 1 条で「商人は商行為を行いかつそれを平常の職業とする者である」と規定し、商人概念の実質的内容を商行為に譲る。そして商行為が、商法適用の責務を担う商事裁判所の管轄権判断に基準を与える。このような立法形式上の観点から、フランス商法典は商行為主義又は客観主義を採用したと言われる。

　もっとも、その意味を先の ALR との対比で考えるには、立法形式上の観点のみでは不十分である。1801 年に裁判所の鑑定に付するために公開された商法草案[8]の序論では、次のように述べられている。

　同 486 条　村落の小売商人（Krämer in Dörfern und Flecken）、行商人、古物商人および共同の食料品商人は、商人の権利を有さない。

　なお、以上の 479 条および 480 条で現れるインヌングとは、ヨーゼフ・クーリッシェル（松田智雄監修、諸田實ほか訳）『ヨーロッパ近世経済史Ｉ』（東洋経済新報社、1982年）202 頁によれば、都市経済から国民経済への移行によって手工業生産物の販売市場が拡大し、それに対応して同業者達が地方を越えて集結した統一的組織であり、「各地に分散して生活する、同じ手工業者を営む営業者たちが、相互に結び付き、かなり広い領域にまたがって広く拡延された、共通の金庫と共通の長や裁判官を備え」、「特定の場所、特定の時期に自分たちの寄合いを開く」というものである。

6）石部・前掲注 3）188 頁は、「商業資本家の利益を考慮に入れることは、プロイセンの領主層が穀物輸出にあたりこれら商人層と提携するかぎりにおいて、また領主層の利益と合致するところであり、それゆえに、ハンブルク・ケーニヒスベルク・ベルリーンの商人たちは、一定の範囲において、法典にその要求を直接に盛りこむことができた」とする。

7）西原寛一『近代的商法の成立と発展』（日本評論新社、1953 年）33 頁。また、服部栄三「商人主義・商行為主義とドイツ旧商法」鈴木禄弥／五十嵐清／村上淳一編『概観ドイツ法』（東京大学出版会、1971 年）122 頁、岩崎稜「商法の適用範囲と商人概念」竹内昭夫／龍田節編『現代企業法講座第 1 巻』（東京大学出版会、1984 年）87 頁なども参照。

46　第1章　19世紀前中期の法状況

　「アンシャン・ロワは商事裁判所の管轄権を人の属性によって判断し、そこから取引を困惑させる多くの紛争が生じた。商事裁判所の管轄権は、当事者の属性（qualité）ではなく、紛争の原因となる行為（fait）によって定めることができる。商事裁判所の本当の権限を回復することにより、われわれは、商人のために存在していた、今日のわれわれの法律では許容され得ない区別を打破するのである。」[9]

　商事裁判所の管轄権を人的属性でもって定めることは、革命によって克服されたはずの身分的思考の採用を意味するものであり、それゆえに行為によって定めることが構想される[10]。このような考えを基礎とする限りで、商行為もしくは客観主義を採用したフランス商法典は、商人もしくは主観主義の立場にあるプロイセン一般ラント法と対比して、近代的な商法典と称されることになる[11]。

8）J. Hilaire, Introduction historique au droit commercial, 1986, n° 43, p. 83. イレールによれば、フランス商法典の起草作業は、共和暦10年に草案が作成され、各裁判所の鑑定に付するために公表されるまでの段階と、国務院（Conseil d'État）による草案の審議との二段階に分けられる（イレールが起草作業をこのように分ける理由は、1804年に民法典が現れたこと（*op. cit.*, n° 44, p. 85-86）、国務院における議論では商人ではなく法律家が中心であったこと（*op. cit.*, n° 48, p. 91）にあるようである）。本文で言及する草案は第一段階のものである。

9）J. G. Locré, Esprit du code de commerce, tome 8, 1813, p. 209-210.

10）服部・前掲注7）123頁。また、服部栄三『商法総則』（青林書院新社、第3版、1983年）91頁。

11）たしかに、立法形式上、1807年のフランス商法典が商行為もしくは客観主義を純粋に貫いているのではない。例えば、商行為を列挙する632条は、次のような631条を前提とする。

　フランス商法典631条　商事裁判所が管轄権を有するのは、次のものである。

　1. 卸売商人（négocians）、小売商人（marchands）、銀行家の間の約束又は取引に関する紛争

　2. すべての者の間での、商行為に関する紛争。

　ここで明らかなように、商事裁判所の管轄権は、もっぱら「行為」によって判断されるのではなく、人的属性もまた考慮されている。また、裁判管轄権の限界を定める638条では、次のように規定されている。

　フランス商法典638条　土地所有者（propriétaire）、農民、ブドウ栽培者に対して提起された、彼らが生産した作物（denrées）の売却についての訴訟、商人に対して提起された、彼ら個人が使用するために購入された作物および商品（denrées et mar-

第3節　商法（学）　　47

(2)　では、19世紀前中期のドイツでは、商法はどのように理解されていたのであろうか[12]。まず、当時の教科書文献の幾つかを見る。

---

chandises）の支払についての訴訟は、商事裁判所の管轄ではない。

…〔第2項、略〕…

ここでも、人的属性が考慮されている。このようなことから、立法直後は、フランス民法典は、商事裁判所の管轄権を時には人的にそして時には物的に判断する体系、いわば混合体系を採用したという認識が示された（Locré, supra note 9, p. 234-236）。その後、フランス商法学では、商行為概念を中心に商法を理解する客観説が支配的な見解として確立するが、19世紀末には反転し、商行為のみならず商人概念をも中心に置いて商法を理解する主観主義的な見方が支配的なものになっていく（簡単にではあるが、J. Calais-Auloy, Grandeur et décadence de l'article 632 du Code de commerce, in: Études de droit commercial à la mémoire de Henry Cabrillac, 1968, p. 37 et s. がこの変遷をスケッチする。また、概説書であるが、P. Didier, Droit commercial, tome 1, 3e éd., 1999, p. 15-16 も参照）。そして、今日では、フランス商法典を客観主義を採用したものとする見方には消極的な態度がとられる（例えば、J. v. Ryn/ J. Heenen, Principes de droit commercial, tome 1, 2e éd., 1976, no 9, p. 16 および G. Ripert/ R. Roblot, Traité de droit commercial, tome 1, 13e éd., 1989, no 8, p. 5-6 は、1807年のフランス商法典を、革命前の商法規範とあまり変わらないものと考える）。

また、商事裁判所の管轄権を行為に着目して判断する方法は、なにもフランス商法典の登場を待たねばならなかったのではない。例えば、すでに1673年の商事王令でも事物を理由とする管轄権規定が構想されており、革命以前にも「人的属性」ではなく「行為」を問題とする動向が見られる（詳しくは、Hilaire, supra note 8, no 76-78, p. 143-147 を参照）。

しかし、以上の諸事実が、1807年のフランス商法典を商行為もしくは客観主義と性格付づけ、それによって近代的な商法典としてその画期性を承認することを否定するものではないと思われる。革命前には、商法は、職能団体制度に規定された身分法であり、また1763年の商事王令（あるいは1681年の海事王令）に見られるように、ポリツァイの法であった。しかし、フランス革命を契機に——人格の平等という法思想とそれを支える法＝政治社会としての市民社会の成立を通過することで——、職能団体に関連していた商法は新たに厳密な意味での商法（droit commercial proprement dit）として理解され、そしてポリツァイの法である商法から民法に対する特別法としての商法となる（Hilaire, supra note 8, no 44, p. 85-86 を参照）。換言すれば、商法は、市民社会の基本法である民法と同一軸にある、しかし階層の異なる法規範として、位置づけられた。

商行為もしくは客観主義というフランス商法典の性格付けは、以上のような商法規範の位置付けを貫徹するために「人的属性」ではなくまずもって「行為」に着目したということの表現であり、人的属性という基準を完全に排除する法技術ないし立法形式がその性格づけの概念的中核なのではない、と考える。フランス商法典は客観主義を貫くことができなかったとの認識を示しながら、それでもなお「商行為主義が商法を身分法か

48   第1章　19世紀前中期の法状況

　ドイツ商法学の一つの画期をなすマルテンス（G. F. von Martens, Grundriß des Handelsrechts, insbesondere des Wechsel- und Seerechts, 3. Aufl., 1820. 以下、本文で参照箇所を示す）[13]は、その著作の冒頭にある「商法の概念」の項目の下で、商法独自の学は商業（Handel）を考慮して生じる法の編成からなる、とする（§. 1, S. 1）。この定式の一つの要素である「商業」については[14]、自己の有利な営業のために商品の調達でもって行われる営業を指す本来の意味での商業と、問屋営業、運送取扱営業、運送営業、保険業のように、商品の調達に役立つ補助営業を指すより広い意味での商業が区別される（§. 8, S. 13）。

　　ら国民法に転換させることにより、近代商法のモデルを生み出した」（岩崎・前掲注7）
　　89頁）とされるとき、このような連関を意識してのことであろうと思われる。
12）K. O. Scherner, Die Wissenschaft des Handelsrechts, in: H. Coing（hrsg.）, Handbuch der Quellen und Literatur der neueren europäischen Privatrechtsgeschichte, 2. Band, 1. Teilband, 1977, S. 797 ff.; S. Lammel, Die Gesetzgebung des Handelsrecht, in: H. Coing（hrsg.）, Handbuch der Quellen und Literatur der neueren europäischen Privatrechtsgeschichte, 2. Band, 2. Teilband, 1976, S. 571 ff., insb. S. 622 ff.
13）J. Rückert, Handelsrechtsbildung und Modernisierung des Handelsrechts durch Wissenschaft zwischen ca. 1800 und 1900, in: K. O. Scherner（hrsg.）, Modernisierung des Handelsrechts im 19. Jahrhundert, Beiheft 66 der ZHR, 1993, S. 41 f. は、18世紀末の法学者ルンデ（J. F. Runde）に見られる、商法の身分法的な扱い方（Vgl. a. a. O., S. 31）と比べて、マルテンスの「商業は一般に、法律が制限しない限り、国家の構成員すべてに開かれている」（G. F. v. Martens, Grundriß des Handelsrechts, insbesondere des Wechsel- und Seerechts, 3. Aufl., 1820, §. 9, S. 14）という文章に、身分法から離れて一般的な自由に商法を結びつける新たな理解を見て取る。もちろん、当時の現実の社会において職能団体が完全に崩壊していたのではない。そのためか、慎重にも、リュッケルトは「イデオロギー的には」という限定を付している。
　　また、J. K.-H. Montag, Die Lehrdarstellung des Handelsrechts von Georg Friedrich von Martens bis Meno Pöhls, 1986, S. 7 ff. は、マルテンスの商法に関する叙述体系を、19世紀初頭に見られる旧来からの著作に依存しておらず、当時すでに現れていたプロイセン一般ラント法の商法規定からも影響を受けていない、とする。
　　なお、マルテンスの経歴については、Montag, a. a. O., S. 12 f.を参照。
14）マルテンスの定式に見られるいま一つの要素である「編成（Zusammenstellung）」に関連して、Rückert, oben Fn. 13, S. 25 f. は、現実に妥当するものの探求に基づいて、法律や条令や慣習などの具体的な素材の中から法を実証経験的に編成する、いわゆるゲッティンゲン・スタイルが問題となる、とする。リュッケルトはマルテンスを方法的には近代的ではない（nicht modern）とするが、その意味も含めて、そこで引用される F. Wieacker, Privatrechtsgeschichte der Neuzeit, 2. Aufl., 1967, §. 20, S. 354 f. und 379 を参照。

第3節　商法（学）　49

　ベンダー（J. H. Bender, Grundsätze des deutschen Handlungs-Rechts, 1. Band, 1824. 以下、本文で参照箇所を示す）[15]は、学として扱われる商法とは、商業の経営において特別に適用することのできる法準則の総体である、とする（§. 8, S. 27）。そして商業とは、狭義では、商品の取引（Umsatz）を変化のない形で営業として行うことであり、広義では、商業の補助営業も含む、とされる（§. 7, S. 25）。狭義の商業の要件としては、第1に商品の調達と譲渡、第2にいかなる加工も行われないこと、第3に利潤（Gewinn）を獲得するためのものであること、第4に営業が通常の仕事として行われること、の4点を挙げる（§. 7, S. 25 f.）。

　また、ペールス（M. Pöhls, Darstellung des gemeinen Deutschen und des Hamburgischen Handelsrechts für Juristen und Kaufleute, 1. Band, 1828. 以下、本文で参照箇所を示す）[16]によれば、商法とは商業に必要な様々な行為に適用される法規範の総体である（§. 2, S. 5）。そこで商業に関する説明を見ると、まず、商業でもって、手工業に属しない営業が理解されるべきである旨が説かれ、そして商業は単に商品の取引（Umsatz）だけを含むのではなく、取引を可能とする行為もそこに属するとして、個々人のために加工する手工業者と異なり多売のために原材料を加工する工場、金融取引、商品輸送を目的とする営業などが挙げられる（§. 1, S. 3 f.）。さらに、この商業概念が商人概念も規定する（§. 31, S. 81）[17]。

15）ベンダーの経歴については、服部栄三「19世紀中葉におけるドイツ商法学界の趨勢」同法8巻1号（1956年）4頁注2、および Montag, oben Fn. 13, S. 15 f. を参照。
　　なお、ベンダーの著作の冒頭で献辞が示されているハイゼ（G. A. Heise, Heise's Handelsrecht, nach dem Original-Manuscript, 1858）も、基本的にはベンダーと同様の考えを示している。すなわち、商法とは、商業において特別に生じる法規範すべての総体であり（a. a. O., §. 1, S. 1）、そして商業は狭義と広義とに分けられ、狭義の商業は商品の取引を、変化のない形で、営業として行うことである（a. a. O., §. 8, S. 15）。ハイゼの経歴については、Montag, oben Fn. 13, S. 13 ff. を参照。ちなみに、ハイゼ自身による序論では、マルテンスの著作（初版は1797年）をローマ法の正確な知識を欠くものの、明快かつ実践的であり、商法の最良の教科書であるとしている。
16）ペールスの経歴については、Montag, oben Fn. 13, S. 16 ff. を参照。
17）商人は商業を自己の計算のために営業として行う者である、とする。なお、商行為概念について総則的に触れるところはない。

50 　第 1 章　19 世紀前中期の法状況

　商業概念を基礎に置く以上のような商法理解は、19 世紀ドイツ商法学の重要人物であるテール（H. Thöl, Das Handelsrecht, 1. Band, 2. Aufl. 1847. 以下、本文で参照箇所を示す）[18]に受け継がれる。やや詳しく紹介しよう。

　商法とは商業に属する法制度（Rechtsinstitut）である（§. 3, S. 12）。商業概念は、真正の商業（eigentlicher Handel）と不真正の商業（uneigentlicher Handel）とに分けられる。真正の商業とは、営業として行われる（als Gewerbe betrieben）、本質的な変化のない形（wesentlich unveränderte Form）での物の取引（Umsatz）である（§. 12, S. 49）。不真正の商業とは、金融業、問屋業、陸運又は海運業など、真正の商業を助けるものである（§. 13, S. 54）。

　真正の商業の要素である「取引」とは、調達と譲渡（通常は購入と売却、まれに交換）とが常に一方が他方を意図して相互に関係するものであり、すなわち売りのための買い、買いのために売りである。この意図でもって、「取引」は、単なる売却又は単なる購入と区別される（§. 12, S. 50）。「本質的な変化のない形」という文言の意味は、調達されたのと同じ物が譲渡されるということであり、この指標でもって商業は農業者、製造工場業者、手工業者といった生産者による譲渡および調達と区分される（§. 12, S. 50）。「営業として行われる」とは、継続的な生活源として行われることであり、これにより、利潤の意図（Absicht des Gewinnes）すなわち投機（Speculation）が商業にとって本質的なものとなる（§. 12, S. 50 f.）。ここで投機とは、異なる場所あるいは異なる時期での物の調達と譲渡との差額を期待するものであり、価格の多様性あるいは価格の変化に投機することである（§. 12, S. 51）。

　このような内容を有する商業概念が、商人および商行為の概念を規定することになる。すなわち、真正の商業を営む者が商人であり（§. 12, S. 52）、ある個人による真正の商業の営みがその総体であるところの個々の取引が真正の商行為であるとされる（§. 12, S. 53）。

---

　18) テールについて更に詳しくは、服部栄三「ドイツ近代商法学の樹立者としてのハインリッヒ・テェール（Heinrich Thöl）」同法 10 号（1951 年）163 頁を参照。他にも、服部栄三「テェールの商法論について」我妻栄／鈴木竹雄編『商法の基本問題』（有斐閣、1952 年）119 頁があるが、そこでは一般ドイツ商法典成立後の教科書（1879 年の第 6 版）が検討の素材とされている。

第3節　商法（学）　51

　以上のように[19]、19世紀前中期の商法理解は「商業」概念を基礎とし、その商業は狭義ないし真正のものと、広義ないし不真正のものとで区別された。そして、商業概念の中心にある前者の意味での商業とは、「売りのための買い」又は「買いのための売り」として定式化されるような、換言すれば「投機」や「利潤」を要素とする取引を行うものであった[20]。

　(3)　立法状況に目を転じると、19世紀前半のドイツでは、商事立法又はその試みが領邦レベルで行われたが[21]、それを越えたドイツ連邦（Deutscher Bund）[22]レベルでの試みとして、1848/49年のフランクフルト国民議会による、ドイツのための一般商法典草案（Der Entwurf eines allgemeinen Handelsgesetzbuches für Deutschland. 以下、「フランクフルト草案」とする[23]）を挙げることが

---

19)　19世紀前中期ドイツ商法学の展開については、G. Köbler, Die Wissenschaft des gemeinen deutschen Handelsrechts, in: H. Coing/ W. Wilhelm（hrsg.）, Wissenschaft und Kodifikation des Privatrechts im 19. Jahrhundert, Band 1, 1974, S. 279 ff. も参照。

20)　H. Coing, Europäisches Privatrecht, Band 2, 1989, § 109, S. 537.

21)　各領邦レベルにおける商事立法に関連する動向については、T. Baums,（hrsg.）, Entwurf eines allgemeinen Handelsgesetzbuches für Deutschland（1848/49）, Beiheft 54 der ZHR, 1982, S. 18 ff. が、プロイセン、バーデン、ヴュルテンベルク、ナッサウ、バイエルン、ザクセン、ルクセンブルク、オーストリアについて言及している。

　　各領邦を越えるレベルでは、本文で取り上げるものの他に、1848年の一般ドイツ手形条例（Allgemeine Deutsche Wechselordnung）を挙げることができる。この法律は、1847年にライプチヒで開かれた関税同盟会議で審議され、翌年にラント法として幾つかの地域で施行されていたものを、フランクフルト国民議会が施行法と共に1848年11月27日に帝国法としてそのまま公布したものである（塙浩（訳）「P・レーメ『商法史概説』（4・完）」神戸33巻2号（1983年）311頁以下）。当時のドイツ連邦は立法権限を欠いていたので、これを可決したフランクフルト国民議会は権限を越えていたのではないかとの問題があるが（詳しくは、U. Huber, Das Reichsgesetz über die Einführung einer allgemeinen Wechselordnung für Deutschland vom 26. November 1848, JZ 1978, 785 ff. を参照）、いずれにしても、一般ドイツ手形条例は各ラントの法律として効力を有した。

22)　1815/16年のウィーン会議に由来する Deutscher Bund という国制は、歴史学では一般に「ドイツ連邦」と訳され、これに対して法学では「ドイツ同盟」と訳されている。訳語におけるこの区別は、主権がブントに存在するのか、それともラントに存在するのか、という差異を考慮してのことである（例えば、C・F・メンガー（石川敏行ほか訳）『ドイツ憲法思想史』（世界思想社、1988年）310頁にある「訳者あとがき」を参照）。本書では歴史学における通例に倣い「ドイツ連邦」とするが、この差異を軽視するものではない。

できる。この草案は、1848年革命の政治的結末のゆえに法律として公布および施行されるに至らなかったのであるが、ここでは、当時の商法に関する理解を本書の考察に関連する具体的な点について確認する目的で取り上げる[24]。

---

23) フランクフルト草案の条文および理由書は、Baums, oben Fn. 21 所収のものを参照した。

24) フランクフルト草案の起草を担当した委員会は、委員長のヴィデンマン（C. Widenmann）、ブロイヒャー（J. K. A. Broicher）、グリム（F. F. Grimm）、そしてすでに本文で言及したテールで構成された。ヴィデンマンは、当時フランス商法典が妥当していた地域であるデュッセルドルフ出身の弁護士（Advokat）である。ブロイヒャーとグリムはケルンの控訴裁判所顧問官（Appellations-Gerichtsrat）であり、彼らもまたフランス商法典の妥当する地域の出身であり、共に注釈書を手がけてもいた（彼らのさらに詳しい経歴も含めて、Baums, oben Fn. 21, S. 36 ff.）。この中で唯一の学者であり、フランス法地域の出身ではないテールは、草案作成作業の途中でこの委員会からの脱会を求めることになる。彼にとって、フランス商法典の翻訳以外のなにものでもないような草案を作成しようとする他の起草委員と共に作業することは苦痛であったようである。Baums, oben Fn. 21, S. 40 f.

起草委員会は、具体的な草案を起草する前に、そのための基本原理を公にした。そこでは、商人階級にある者の意識のなかですでに法と見なされうるものを法律上の規範とする以上に新しい法を作り出さないという基本的観点が示されている。また、起草される商法典は、商人が自らの商業経営から生じる権利義務を確実に見通す可能性を開き、紛争を確実にそして商事事件に必要な迅速性と調和して判断できるものであることが望まれている。Baums, oben Fn. 21, S. 54.

具体的な起草方法について、とりわけ商法の基礎となる債務法に関しては、プロイセン一般ラント法、オーストリア民法典、フランス民法典および個々のラントに存在する特別法などを比較して、商法の統一性に矛盾する差異を廃棄した規定が起草されるべきである、とする。そして固有の商法に関しては、プロイセン一般ラント法にある商法規定、個々のラントの商法草案、イギリスの商事慣習、フランス商法典とその判例を考慮する旨が示されている。Baums, oben Fn. 21, S. 55 f.

以上のような基本原理に基づいて、起草委員会は、関連する法律、法典、草案などを報告するよう各ラントに要請した。Baums, oben Fn. 21, S. 39.

これに続いて起草作業が開始された。作業は、起草委員会の構成員が個々の部分についての提案を作成し、それを共同で審議するというものであった。1849年3月には、第1章「商人および商行為について」、第2章「契約の形式、商事事件における証明方法一般、とりわけ商業帳簿について」、第3章「商事会社について」、第4章「取引所および仲介人について」、第5章「問屋、運送取扱業、運送営業について」の5章の起草と審議が済み、さらに売買と委任に関する章が作業中であった。Baums, oben Fn. 21, S. 40.

しかし、この作業は、テールの辞任とそれに続くガーゲルン内閣の撤退でもって休止

第3節　商法（学）　53

　まず、フランクフルト草案の基本的な商法理解を見る。草案第1章「商人および商行為について」の冒頭規定である第1条は、商人となる者を列挙する。この限りで、立法形式上は、商人主義又は主観主義を採用している。もっとも、草案に付された理由書の序文を見ると、商営業（Handelsgewerbe）を基礎として、商人および商行為概念を定める考えが示されている。この点で、基本的には、当時のドイツ商法学における商法理解の枠組みを踏襲していると言える[25]。

　具体的な条文を見ると、第7条では非商人が行っても商行為となる行為、いわゆる絶対的商行為が列挙されている。そして第10条では、この第7条で挙げられたうち、第1号の「動産をそのままで若しくは加工して売却又は賃貸するための購入と賃借」、および第2号の「この目的〔第1号の行為：筆者〕のために動産を調達して供給することの引受け」については、当事者の一方についてのみ商行為である場合にも商法に従って判断されることが、すなわちいわゆる一方的商行為に商法が適用される旨が規定される[26]。理由書では、第7条

───────────

　　し、再開されることはなかった。Baums, oben Fn. 21, S. 41.

25) Baums, oben Fn. 21, S. 64. なお、フランクフルト草案第1章の起草を担当したのはテールであるが、先に見たように、彼は商法理解の基礎に「商業（Handel）」概念を置いていた。しかしここでは、商業ではなく「商営業（Handelsgewerbe）」が基礎に置かれている。この点につき理由書で明示的な説明はない。具体的な条文を見ると、商人類型を列挙する第1条の冒頭に置かれた第1号では、商人とは営業上「動産を購入し、又はその他の方法で調達し、そのままで若しくは加工して譲渡又は賃貸する者」であるとする（Baums, oben Fn. 21, S. 62）。テールのいう「真正の商業」は「本質的な変化のない形で」の転売を指すのに対して、ここでは「加工して」転売する者、すなわち営業者（Gewerbsleute）も商人とされており、ここに「商業」ではなく「商営業」を基礎に置く意味があると思われる。もっとも、このような差異のある者を商人として同視することについて、第1条の趣旨説明では、この営業者が単に加工という労働に対して報酬を支払わせるのみでなく、それを越えて、材料の費用を自らが取得したよりも高い金額で請求することで材料の「取引」から利潤を引きだそうとするところに理由が求められている（Baums, oben Fn. 21, S. 66）。以上から、フランクフルト草案でも、商法概念の中心に真正の商業が置かれている、と言える。

26) 第7条および第10条につき、Baums, oben Fn. 21, S. 62 f. なお、第10条では、一方的商行為について商法の適用を認めながら、人的拘束（Personalarrest）に関する特別規定は除くとする。理由書の序文では、人的拘束が行われることが、商営業したがってまた商行為という概念を立てる実務上の意義の一つとされている（Baums, oben Fn. 21, S. 65）。したがって、人的拘束は商法に特徴的なものであるが、しかしその商法が適用

第1章　19世紀前中期の法状況

第1号の行為は投機購入（Speculationskauf）と呼ばれ、売主が投機の意図を知っていること、あるいはこの意図を看過しえない状況であることを求める。同条第2号の行為は投機売却（Speculationsverkauf）と呼ばれ、供給取引（Lieferungsgeschäft）という表現も用いられるとする[27]。そして、これらの行為について民法（Civilrecht）に従って判断されるのかそれとも商法によるのかという問題については、この行為が投機によって商人的な性格を有するゆえに、また投機を行う者の意図が相手方に当然に理解されるので不利益とはならないゆえに商法の適用が正当化される、とする[28]。このようなことから、適用されるべき法が民法なのかそれとも商法なのかを判断する際に、先に確認した商業の一要素である「投機」が重要なものとして作用しており、それはまた商法の本質的要素であったことが分かる。

　並んで注視されるべきは、第6条において、商行為から不動産取引が排除されていることである[29]。理由書では、不動産取引を促進する必要はなく、不動産流通が活発でないほうがむしろ幸福をもたらすこと、不動産に関する権利について妥当する法原則は商法典にその場所を見出すことはできず、その知識や正しい適用を商人である裁判官仲間（Richtercollegium）に期待できないことが述べられる[30]。また、農業、ブドウ栽培業、林業、鉱業などのような不動産生産物を取得する営業は商営業ではない、とされる。生産者と消費者との媒介という商業の概念を完全にではないにせよ廃棄することになり、またこれらの人々を商法の下に置く必要はないからである[31]。

　このフランクフルト草案には、商法学者ブリンクマン（C. H. L. Brinckmann）

　　される場合でも非商人には用いられないことになる。C. v. Rotteck/ C. Welcker（hrsg.），Das Staats-Lexikon, 1. Band, 1845, S. 695 ［C. Welcker］によれば、拘束（Arrest）は民事手続では執行手段として存在するが、普通法によれば、人的拘束としてではなく、物的拘束（Realarrest）としてのみ存在する。

27）以上につき、Baums, oben Fn. 21, S. 79.

28）Baums, oben Fn. 21, S. 81 f.

29）Baums, oben Fn. 21, S. 62.

30）Baums, oben Fn. 21, S. 78 und 68. なお、理由書では、自己の土地に家屋を建てて売却する者、動産を取得して他人の土地に家屋を建てる者についても、本文で述べたことから商法が適用されないことを述べる。

31）Baums, oben Fn. 21, S. 78 und 69.

第 3 節　商法（学）　55

が即座に詳細な批判を加えた[32]。その批判は、一言で言えば、この草案が商
人概念を中心に置く点に向けられているが、先に指摘した具体的な二点につい
ては賛意が示されている。すなわち、一方的商行為の場合であっても特定の取
引には商法が適用される点については、条文で定められた取引が商法上の判断
に服し、供給取引[33]に関する商法典の規定が適用されることは望ましいもの

---

32) C. H. L. Brinckmann, Würdigung des Entwurfes eines allgemeinen Handels-
　gesetzbuches für Deutschland, welchen die durch das Reichsministerium der Justiz
　niedergesetzte Kommission veröffentlicht hat, AcP 32, 1849, S. 356 ff. ブリンクマンの経
　歴については、服部・前掲注 15) 13 頁注 1 を参照。
　　ブリンクマンは、フランクフルト草案に対する批判の後に、エンデマンの追補を経て
　刊行された教科書（C. H. L. Brinckmann/ W. Endemann, Lehrbuch des Handels=Rechts,
　1853-1860）では、典型的にはテールに見られた商法理解を批判する。その批判は商業
　概念とりわけ「本質的な変化のない形」という要件にも向けられる。すなわち、工業の
　躍進によって商人階級ではすでに異なる見解が生じており、ある商品を変化のある形で
　（例えば原材料を調達しそれを加工した上で）譲渡するために調達する者（例えば製造
　業者（Manufaktur））は商人ではなくとも、彼による調達行為は商行為である、とする
　（a. a. O., §. 1, S. 2 f.）。もっとも、製造業者による生産のための調達行為と手工業者
　（Handwerker）によるそれとは「商品を再び譲渡する意図」で区別され、それは商事
　購入又は商事交換の指標となる（a. a. O., §. 1, S. 2 und §. 2, S. 4 Fn. 1）。従来の商業な
　いし商法理解に異議を唱えたブリンクマン／エンデマンにおいても、先の本文で見た
　「売りのための買い」という基準が生きている。
33) ブリンクマン／エンデマンの理解によれば、供給取引とは、Kauf auf Lieferung,
　Lieferungshandel, Lieferungskauf と呼ばれる取引と同様のものであり、供給について
　の期限が定められたものである。もちろん、通常の売買においても期限が取り決められ
　るのであるが、そのような売買とは権利義務の関係でも、供給や受領における遅滞との
　関係でも区別される。この区別のための確たる基準を設けるのは困難であるが、通常は
　市場価格（Marktpreis）のない取引は技術的な意味での Kauf auf Lieferung ではなく、
　市場価格のある商品の取引は原則として Kauf auf Lieferung となる（Vgl. Brinckmann/
　Endemann, oben Fn. 32, §. 71, S. 286 und §. 89, S. 359 ff.）。なお、以上の理解で重要な
　位置を占める「市場価格」とは、ある商品について公の商取引（商人市場や取引所での
　取引）においてある特定の時期に要求されかつ承認される価格である。これは商取引に
　おける価値（Werth）と理解され、生産費用や通常の利潤に規定される商品価格
　（Preis einer Waare）とは区別される（Vgl. a. a. O., §. 69, S. 270 Fn. 4）。
　　ここでいう「市場価格」とは、「市場」という概念との関係でどのように理解される
　べきであろうか。山口重克編『市場経済』（名古屋大学出版会、1994 年）21 頁以下によ
　れば、「市場」概念は、物理的に現存するか入手可能である財をめぐって売り手集団と
　買い手集団とが出会い、慣習または法に従って交換を行う「場所としての市場」と、価
　格形成を行う「システムとしての市場」とで区別され、そして前者はさらに、地域での

56 第1章 19世紀前中期の法状況

である、とする[34]。そして、不動産に関する契約が商行為でないという点については、フランクフルト草案の理由書にあるような経験に基づく理由から、この準則を共有できる旨を示す[35]。

(4) 以上で確認した商法理解の諸特徴を念頭に置きながら、先にも取り上げたテールの教科書（H. Thöl, Das Handelsrecht, 1. Band, 2. Aufl., 1847. 以下、本文で参照箇所を示す）を素材に、解除制度に関連する具体的な法状況を見てみよう[36]。

テールは、解除制度に関連する問題を、価格差額の訴え（Klage auf die Preis-differenz）について言及するなかで取り扱っている。売買代金額と目的物価格との差額の支払を求めるこの法的手段は、1820年代に、国債（Staatspapier）の取引に関連して問題となったものである。当時、ナポレオン戦争後の復興問

食糧の配分方式の一つとして形成される「地域市場」と、遠隔地からの財の獲得と結びついて形成された「外部市場」という類型に区別される。歴史的には、先行して現れている「地域市場」と「外部市場」とが、国家の重商主義政策を通じて解体・統合されて全国的市場を形成し、「システムとしての市場」が一般化することになる。

本書が対象とする、そしてブリンクマン／エンデマンの見解が属する時代には、この「システムとしての市場」がかなり一般化している——問題となるのは、いわゆる擬制商品である「労働力」と「土地」であるが、すでに見たように当時の商法規範はこれらの商品を対象の外に置いているので、その限りで「システムとしての市場」が一般化している——と言える。そのため、ここで「市場価格」というときの「市場」は、「場所としての市場」と「システムとしての市場」という二重の意味を有することになる。しかし、ここで主に念頭に置かれているのは、「場所としての市場」である。というのは、「システムとしての市場」を中心においてここでの「市場価格」を理解するなら、ブリンクマン／エンデマンの「市場価格」の説明において、その価格を有する商品とそうでない商品とが区別されること、また市場価格が「商人市場や取引所での取引」における商品の価格とされることが整合的に理解できないからである。

34) C. H. L. Brinckmann, oben Fn. 32, S. 399 und 396.

35) C. H. L. Brinckmann, oben Fn. 32, S. 395 und 375 f. ただし、不動産と関係することになる建築人の動産購入が商法の適用範囲となるか否かについては、フランクフルト草案の理由書で示された考え方（前注30）を参照）と異なり、商品を加工して転売するための購入も商行為の基準を満たすことから、商法の適用を肯定する。

36) テールは、一般ドイツ商法典の審議に始めから終わりまでほとんど参加したと自ら述べており（Vgl. H. Thöl, Zur Geschichte des Entwurfes eines allgemeinen deutschen Handelsgesetzbuches, 1861, Vorwort）、その熱心さがうかがえる。実際、以下に見るテールの考え方は、次章で見る一般ドイツ商法典の解除制度に現れることになる。

題処理にあたった各国政府は、それに要する膨大な資金を調達するために国債の発行を行った。この国債が取引所で投機の目的をもって取引された[37]。通常の売買契約では、その履行を目的として当事者たちが契約を締結する。しかし、取引所で行われる国債の売買では、通常の売買のように契約目的物それ自体の引渡しあるいはそれと引き換えに行われる代金の支払いが目的とされず、契約締結日に合意された売買代金額と、締結日以後のある特定の期日での国債の価格との差額が目的とされる。法技術的視点から言えば、売買契約の現実の履行という第一次的な義務から免れることが必然であり、また必要不可欠な取引であった。

　このような取引はいわば将来の相場での賭博であるとも言えるものであり、当時、国債取引の適法性が疑問視された[38]。しかし、参照することのできた当時の文献では、この取引を前提とする価格差額の訴えは否定されておらず、むしろ適法であることを認めた上で、その法的構成が論じられている[39]。テールもまた、売買の形式の下に隠された差額取引に法的保護をあてがうことにならないかとの憂慮は正当ではないとして（§. 86, S. 302 Fn. 3)[40]、価格差額の訴えを適法とする。

37）この国債取引に関して、詳しくは、諸田實『ドイツ関税同盟の成立』（有斐閣、1974年）149 頁以下を参照。

38）諸田・前掲注 37）199 頁以下では、国債の投機的取引に対する当時の肯定および否定の両立場からの時論が紹介されており、状況を理解することができる。また、19 世紀末の状況を見ながら執筆された、マックス・ウェーバー（中村貞二／柴田固弘訳）『取引所』（未来社、1968 年）は、取引所で行われるこのような取引が賭博的なものである、という考えが誤解であることを広く国民に向けて説明することを目的に書かれたものであり、この取引の態様を知ることができる。

39）以下の文献を参照した。Seuffert, Bemerkungen über Lieferungsgeschäfte in Staatspapieren, AcP 9, 1826, S. 432 ff.; E. F. Souchay, Ueber die Klage des Verkäufers von Staatspapieren auf Zeit gegen den säumigen Käufer, in: Zeitschrift für Civilrecht und Prozeß, 2. Band, 1829, S. 448 ff.; Linde, Beiträge zur rechtlichen Beurtheilung des Verkehrs mit Staatspapieren, in: Zeitschrift für Civilrecht und Prozeß, 2. Band, 1829, S. 468 ff., und Band 3, 1830, S. 15 ff.

40）このような憂慮が不当である理由として、テールは、売買の形式の下で隠れて行われる差額取引が仮装のものであるという推察はこの訴えを適法とする判断に影響を与えないこと、差額取引は不適法と見なされるべきではないことを挙げている（H. Thöl, Das Handelsrecht, 1. Band, 2. Aufl., 1847, §. 86, S. 302 Fn. 3)。

58   第1章 19世紀前中期の法状況

　それでは、どのようにして法的に構成されるのか。彼は、まず、この訴えの要件が遅滞であることを明言する（§. 86, S. 302）。その上で、この訴えを、行われなかった給付を理由とする利益（Interesse）に関する訴えと理解し、この理解に従って、次の二つが前提となるとする。第1に、この利益が給付のなかったことを理由とするものであること、第2に、遅滞発生後には債権者は自らの給付の履行を拒絶し、相手方からの給付の受領を拒絶する権限を有すること、である（§. 86, S. 302 f.）。以下、これらの前提に関して、彼の説くところを見よう。

　まず、第1の前提に関してである。差額を構成する価格は状況により様々である。一方には取り決められた売買価格があるが、これは必ずしも締結日の市場価格（Marktpreis）[41] あるいは相場の価格であるのではなく、そして他方には供給日のあるいはその他の日の市場価格があるが、売主が裁判上の競売や自助売却により商品を売却した価格であることもある（§. 86, S. 301 Fn. 2）。これらの価格を基礎とする差額が、行われなかった給付を理由とする利益とされるのであるが、買主側と売主側とでは事情が異なる。

　買主は、商品を金銭に評価してその価値を手にしたであろうから、ヨリ高額の市場価格を請求できるのであり、したがって売買価格とヨリ高額の市場価格との差額が利益となる（§. 86, S. 303 f.）。このとき、買主が特別な状況ゆえにその商品を売り払うことができなかったかもしれないとか、後になってヨリ低い価格でしか売却できなかったかもしれないという事情は重要なことではなく、反対証明の対象とはならない（§. 86, S. 302 Fn. 6）。

　以上に対して、売主は、買主が遅滞にあるならば遅延利息を合わせて売買代金を請求すればよく、差額を請求する余地がないのではないかとの疑念が生じる。ここでテールは、売主は売買代金と遅延利息とを合わせた額以上の請求が認められると考え、買主が売買代金の支払を遅滞する場合には売主は買主による代金の支払まで保持できる商品を転売したり、自己の計算で引き受けたりし

　41）テールによれば、市場価格とは、個々の売主および買主の好みとは無関係に構成される価格の一種であり、様々な事情に応じて定まるのであるが、まずは需要と供給の関係により定まるものである（Thöl, oben Fn. 40, §. 64, S. 223）。なお、テールが述べる「市場価格」の意味についても、前注33）で述べたことが妥当すると考える。

第3節　商法（学）　59

て、その時の価格と売買代金との差額を請求できることになる、とする（§. 86, S. 304 und 304 Fn. 7）。しかし、売主が商品をすでに引き渡しており、かつ所有権も移転していると事情は異なる。この場合、差額ではなく、売買代金と遅延利息が請求されることになる（§. 86, S. 304 Fn. 8）[42]。

　第2の前提に関しては、三つの場合に分けて、差額の訴えの法的構成が展開される。第1に、遅滞にない当事者は相手方の遅滞の場合にはもはや契約に拘束されないとの取り決めのある場合である。このような取り決めはいわゆる消滅条項（Erlöschungsclausel, Resolutivclausel）[43]であり、この条項がある場合には債務は将来について消滅することになる。遅滞にない当事者は契約の不履行を理由とする利益を請求することが可能であり、請求を受けた被告は、原告がまず履行すべきであるとの抗弁を有することはない。差額の訴えは以上のような消滅条項の結果として単に遅滞によって根拠づけられ、そして遅滞の終了（purgatio morae）の可能性を排除する（§. 87, S. 305）。第2の場合は、遅滞発生後に、契約当事者たちが、差額のみを支払い、本来の履行を行わないことを合意した場合である。この場合には、差額の訴えは新たな取り決めに基づくものとなる（§. 87, S. 305 f.）。第3の場合は、以上のような取り決めのない場合である。ここでテールは、支払遅滞および受領遅滞、そしてとりわけ遅滞の終了に関する一般原則が考慮されねばならず、そしてその原則が思慮深い適用によって諸関係に結びつけられねばならない[44]、と述べて、履行について特定の

42）テールは、この場合には売主は履行を取り消す（rückgängig machen）ことはできない、とする。もっとも、所有権が移転しておらず、売主が商品を再び自らのものとするときは、全く供給されなかったのと同様である、とする（Thöl, oben Fn. 40, §. 86, S. 304 Fn. 8）。すなわち、転売をしたり、差額を請求したりすることができることになる。

43）消滅条項とは、債務証（Engagementsbrief）や決算伝票（Schlußzetteln）にしばしば見られるものであり、「何年何月に債務は消滅する」というような文言である。Thöl, oben Fn. 40, §. 87, S. 305 のほか、Souchay, oben Fn. 39, S. 465 ff.; Linde, oben Fn. 39, 3. Band, S. 25 ff. を参照。

44）ここでテールは「すべてが審判人の判断に委ねられるべきである（omne ad judicis cognitionem remittendum est）」とする、D 45, 1, 135, 2 の法文を引用する（Thöl, oben Fn. 40, §. 87, S. 306 Fn. 2. 法文については、前章第2節注11）を参照）。この法文は遅滞の効果としての契約からの離脱についてティボーが依拠するものであるが、ここに、テールが商法の基礎に（民事）普通法を置くのと同時に、ハイデルベルク時代にティボーの影響を受けたこと（U. Falk, Thöl, Heinrich（1807-1884）, in: M. Stolleis（hrsg.）,

60　第1章　19世紀前中期の法状況

時期の定めのある場合とない場合とをさらに分けて論じる（§. 87, S. 306）。

　期日の定めのある場合には、その期日の遵守は厳格なものであったと考えられるべきであり、その結果として、特定の期日になされるべきであった履行はその期日の経過後には不能となり、利益すなわち差額についての債権を有することになる。買主が差額を請求する場合、遅れた供給は合意された供給とは異なるものであり、その供給が無益である（unnütz）との証明でもって根拠づける必要はない。売主による差額の訴えは、遅滞にある買主は売主に対してもはや履行を請求できないということでもって根拠づけられる（§. 87, S. 309）[45]。以上を要するに、疑わしい場合には、定められた期日でもって遅滞にある当事者の履行に関する権利は消滅し、遅滞にない当事者は即座に利益を請求できる（§. 87, S. 310）。

　期日の定めのない場合には、個々の諸関係が、遅滞にない当事者にとって遅滞発生後に相手方から追履行のないことこそが利益であるということを証明するものでなければならない。そのような利益が存するのは、遅滞にない当事者が買主であれば、商品を所持することがもはや自分の目的に相応しいものではない場合であり、買主は自己の取引状況や動機を表明することを避けることはできない（§. 87, S. 306）。遅滞にない当事者が売主であれば、後から引き渡すための商品を買主の計算で用意し保管することで自己の状況が悪化する場合である（§. 87, S. 306）。売主のこのような状況は商品の転売によって回避できるのであるが、売主はこの転売の前にこれに着手することを買主に通知（Androhung, Verwarnung, denunciatio）せねばならならず、また商品の売却は買主の遅滞の結果であり[46]、他の理由から行われたのではないことを要する（§. 87, S. 307）。売却が遅滞の結果として行われたことは、それが遅滞後であったことで

───────────────

　　Juristen, ein biographisches Lexikon, 1995, S. 612）が見て取れる。

45）テールはここで、売買における両当事者の権利の同等性という根拠から、買主に認められた利益の訴えが売主にも認められると説明し、これにローマ法の類推という根拠付けを——解除約款（lex commissoria）の章では、この約定を付与された売主がすでに引渡しをしている事例のみが念頭に置かれていることを指摘しつつ——援用する（Thöl, oben Fn. 40, §. 87, S. 309 und Fn. 10）。

46）テールは、遅滞がなければ違法となるであろうような売却が遅滞でもって正当化されうることは疑いない、とする（Thöl, oben Fn. 40, §. 86, S. 306 Fn. 3）。

第3節　商法（学）　　61

証明され、他の理由に基づくものであったことは反対証明に属する。しかしま
た証明はこの売却が供給日に行われたことでもよく、この場合、遅滞後ではな
かったことは反対証明に属する[47]（§. 87, S. 308）。

　以上に見たテールの理解を整理すると、次のようになる。まず、差額を利益
と考えることで、価格差額の訴えが、行われなかった給付を理由とする利益す
なわち損害賠償の訴えと理解される。この訴えによって、結果として、債権者
は自らの給付を拒絶し、同時に、遅滞にある債務者からの追履行を拒絶する権
能を獲得することになる。特別の取り決めあるいは事後の取り決めが存在しな
いとき、この権能を正当化するために用いられるのが、遅滞である。ただし、
遅滞が発生するのみでよいのではなく、個々の事案において、遅滞発生後に給
付を受け取ることが債権者にとって無益なものであることを要する。ここに、
先に見た普通法（学）と類似の枠組みを見て取ることができる[48]。

　しかし、普通法（学）に見られた理解と全く同様なのではない。すなわち、
給付が無益になるという抽象的な枠組みが、商業ないし商法の特質を反映して
より具体化されている。期日の定めのある場合にはそれは厳格なものであると
の推定を通じて、遅滞後の給付は原則として無益なものとされる。商業の本質
である「投機」によって獲得されるべき「利潤」である差額の発生にとって、
期日の定めが決定的に重要なものとされている。

　ところが、期日の定めのない場合には、実際に商品を獲得する買主はともか
くも、売買代金を取得する売主については、代金の支払が無益なものとなるこ
とは想定しがたい。そこでテールは、無益性という包括的な枠組みに、売主が
遅滞後も商品を用意し保管することで被る不利益を読み込む。商人である売主
にとって、そのような不利益はしばしば生じるものであり、また重大なもので
ある。こうして売主は買主の遅滞によってほとんど自動的に利益すなわち損害
賠償の権利を取得し、同時に、自らの履行義務から免れる権能を獲得する。こ
の権能は、事前の通知という要件の下で、転売によって具体化される[49]。「買

47）遅滞にない当事者の証明をあまり厳格にすべきではないからである（Thöl, oben Fn.
　　40, §. 87, S. 308 Fn. 6）。

48）前注44）およびそれに対応する本文を参照。

49）テールの商法理解に批判を加えた者として先にその見解を見たブリンクマン／エンデ

62 第1章 19世紀前中期の法状況

いのための売り」によって「利潤」を獲得するのが常である商人にとって、このような権能は必要不可欠のものであったと思われる[50]。

(5) 本節の考察を簡単にまとめておく。

フランス商法典はいわゆる商行為主義又は客観主義を採用しており、その歴史的な画期性ゆえに近代的な商法典であると言われる。これに対して商業概念を中心にすえる19世紀前中期ドイツの商法理解は、身分制的基礎をそのまま反映した商人主義又は主観主義を思わせるものがある。しかし商法は、取引の性質から捉えられた商業を基礎として理解されている。それゆえ、フランスほどドラスティックではないものの、ここでも、身分法としての商法を脱していると考えることができる[51]。

このような商法理解の中心に置かれた商業とは、「売りのための買い」又は「買いのための売り」として定式化されるような、換言すれば「投機」と「利潤」を要素とする取引を行うものであった。フランクフルト草案において、いわゆる一方的商行為の場合に商法が適用されるものに投機売却又は投機購入という表現が与えられていることは、このことを示している。

商業ないし商法の理解に見て取ることのできるこれらの特徴は、具体的な法的構成にも影響を与えている。解除制度に関連するものとして本節で取り扱った価格差額の訴えは、その典型と言える。価格差額の訴えに用いられた、遅滞の場合に通知をさせることで可能な限り素早く転売の権能を認め、このために必要な証明を容易なものとする法的構成は、財貨を流通させることで「投機」し「利潤」を獲得するという観点から見れば、極めて自然なものであったと言えよう。

ところで、以上のような商法理解を生み出していた、19世紀前中期ドイツ

マンは、より率直に、買主遅滞の効果として、売主に転売の権限および差額請求の権利を認める。Brinckmann/ W. Endemann, oben Fn. 32, §. 100, S. 377.

50) 実務にも、テールの見解への依拠が見られる。事案の詳細は明らかではないが、OAG Lübeck, v. 27 September 1845（SeuffArch. 8, 530）; OAG Lübeck, v. 30 April 1851（SeuffArch. 5, 765）の判決を参照。もっとも、テールはリューベック裁判所の文書を自らの著作の資料としているのであるから（テールの教科書の序文を参照）、逆に、テールが実務に依拠していると言うべきかもしれない。

51) Vgl. Coing, oben Fn. 20, §. 109, S. 532. また前注13）および25）も参照。

第3節 商法（学） 63

における商業の実情はいかなるものであったのか[52]。この時期はドイツの商業が大きく変遷を遂げる時期である。18世紀までは、商業は大商人による卸売業や金融業を中心とするものであり、それは大都市を結ぶ遠隔地商業であった。これに対して大陸内部の小都市や農村では、手工業者による小売りが行われるのみの比較的自給的な生活が行われ、地元の手工業生産物以外のものを手に入れようとする場合には、行商人から購入するか、定期市に赴くかであった。しかし、19世紀に入り、交通手段の発達などを背景として、商業は飛躍的に発展する。商業は手工業を抱え込んだ形態へと移行し、また各都市には小売りの商店が設けられることになる。こうして産業革命に突入していく。

　このような状況において、本節で見たような、すなわち「売りのための買い」又は「買いのための売り」として定式化され、「投機」と「利潤」を要素とするような商業概念又は商法理解の念頭にあったのは、その中心に置かれたのが真正又は狭義の商業であったことからも明らかなように、典型的には、大商人による商取引であったと言えるであろう。

---

52) 当時の商業の状況については、諸田・前掲注37) 284頁以下のほか、柳澤治『ドイツ三月革命の研究』（岩波書店、1974年）87頁以下、J・H・クラパム（林達監訳）『フランス・ドイツの経済発展 1815-1914年（上巻）』（学文社、第2版、1976年）133頁以下、ヨーゼフ・クーリッシェル（松田智雄監修、諸田實ほか訳）『ヨーロッパ近世経済史II』（東洋経済新報社、1983年）263頁以下などを参照。

第4節 ま と め

　本章で確認されたことを、次章における考察に向けて、まとめておく。

　まず、一般的に言えば、解除制度もしくはそれに関連する法状況のあり方は各法源で多様であった。プロイセン一般ラント法、オーストリア民法典、フランス民法典では解除制度に関する規定が置かれていたが、その形態は、明文でもって解除を否定するオーストリア民法典、履行請求を原則とし、裁判を経ることでようやく解除が認められるプロイセン一般ラント法、裁判上請求させるという形式の下で解除を肯定するフランス民法典と様々であった。普通法（学）では、以上と異なり、解除は独立した法的手段ではなく、これに相当するものとして、遅滞にある給付の無益性を理由とする損害賠償という法的構成が見られた。そして商法（学）では、この法的構成を基礎に置きながらも、商法あるいは商業の性質に相応しい、より具体的な考え方が示されていた。

　しかし第2に、そのような多様性にもかかわらず、どの法源においても、契約解除と同じ帰結——何らかの不履行を理由として、当事者の一方が相手方の履行を拒絶し、自らが負担する反対給付義務から免れるという帰結——に至ることが可能であった。

　そこで第3に、その多様性の内容が問題となる。プロイセン一般ラント法、オーストリア民法典、フランス民法典、普通法（学）では、契約の解除に対して消極的あるいは制限的な態度が取られていた。もっとも、解除権行使のイニシアチブすら債権者に与えないという構成は、19世紀の時の経過の中で維持されるものではなかった。このことは、プロイセン一般ラント法の解除制度はドイツ民法典の制定前にすでに実務に関係のないものとされ、またオーストリア民法典のそれは20世紀初頭に改正されるという、両法典における解除制度の辿った運命が示している。

　これら両法典に対して、フランス民法典の解除制度は、解除権行使のイニシアチブを債権者に与えていた。それでも、ここで規定された権利は裁判上行使されねばならなかった。すなわち、債務者の不履行によって債権者には契約の解除を申し立てる権利が与えられるが、その権利の効力が実際に生じるには裁

判所の判決を要するのであり、債権者が債務者に一方的にこれを強制する権能として法律に定められているのではなかった。

　普通法（学）でも、フランス民法典の解除制度はすでに知られていたであろう。しかし、普通法（学）では、それは独立の法制度とはされず、損害賠償の特別な形式という構成の下で、契約の解除と同様の結果を導き出していた。この結果に至るためには単なる遅滞のみでなく、遅滞にある給付が債権者にとって無益になることを要し、またその法的構成において契約は存続するままであるとされた。

　以上に対して、商法（学）では、契約の解除に対して積極的な態度が取られていた。すなわち、遅滞にある給付の無益性という普通法（学）と同様の枠組みが取られながらも、その要件は商法ないし商業の性質を反映して、緩和されていた。これによって、債権者は、実際にはほとんど遅滞発生と同時に、利益すなわち損害賠償を請求する権利を有した。そしてこの権利は同時に、事前の通知というさらなる要件の下で、債権者に、自らの反対給付義務から免れ、自己の保持する商品を転売する権能を与えるものであった。

　このような法状況の中、1861 年の一般ドイツ商法典において、ドイツ民法典の淵源と言える解除制度が規定されるに至る。この解除制度が如何にして現れ、またそれは如何なるものであったのか。それは次章で検討される。

第 2 章　一般ドイツ商法典における解除

　本章の課題は、1861 年の一般ドイツ商法典（Allgemeines Deutsches Handels-gesetzbuch. 以下、文脈により「ADHBG」とする）の解除制度がどのような議論を経て現れ、またどのような内容のものであったのかを明らかにすることにある。一般ドイツ商法典の概要を確認した後（第 1 節）、本章の中心をなす起草過程の検討に進む（第 2 節）。最後に、商事法典たる一般ドイツ商法典において現れた解除制度の意味を明らかにするため、当時の民事法における議論に立ち入る（第 3 節）。

第 1 節　一般ドイツ商法典の概要

　(1)　一般ドイツ商法典の成立に至る具体的な起点は、1856 年 2 月 21 日の連邦議会においてバイエルンから提出された商法典起草委員会設置の提案に求めることができる[1]。当初プロイセンは態度を留保していたが、連邦内での孤立化を防ぐというビスマルクの勧めに基づいて、条件付きで、この提案を受け入

---

1) 成立史に関する以下の記述については、西原寛一『近代的商法の成立と発展』（日本評論新社、1953 年）41 頁以下、堢浩（訳）「P・レーメ『商法史概説』（4・完）」神戸 33 巻 2 号（1983 年）313 頁以下、F. Laufke, Der Deutsche Bund und die Zivilgesetzgebung, in: P. Mikat (hrsg.), Festschrift der Rechts- und Staatswissenschaftlichen Fakultät der Julius-Maximilians-Universität Würzburg zum 75. Geburtstag von Hermann Nottarp, 1961, S. 8 ff.; A. Laufs, Die Begründung der Reichskompetenz für das gesamte bürgerliche Recht, JuS 1973, 740 ff.; D. Bühler, Die Entstehung der allgemeinen Vertragsschluß-Vorschriften im Allgemeinen Deutschen Handelsgesetzbuch (ADHGB) von 1861, 1991, S. 31 ff. を、また、W. Schubert (hrsg.), Protokolle der Commission zur Berathung eines allgemeinen deutschen Handelsgesetz-Buches, Band 1, 1984 および W. Schubert (hrsg.), Entwurf eines Handelsgesetzbuchs für die Preussischen Staaten. Nebst Motiven (1857), Nachdruck 1986 所収のシューベルトによる序論を参照した。

第1節　一般ドイツ商法典の概要　　67

れた。その条件の一つが、審議の基礎には、起草委員会で新たに作成される草案ではなく、既存の草案が置かれるべきである、ということであった。これを受けてプロイセンは商法草案を作成し、商人や実務家などによる会議を経た後に、公表した（以下、「プロイセン草案」とする）。

　このプロイセン草案を基礎に、1857年1月からニュルンベルクで審議が開始される（以下、「ニュルンベルク会議」とする）。まず、プロイセン草案の第一部から第三部（内容的には、商人の地位、商事会社、商行為）が取り扱われ（第一読会）、これを受けて編集委員会が草案を起草した（第一草案）。続いて、この草案に対する審議が1857年9月から行われ（第二読会）、ふたたび草案が作成された（第二草案）。

　この時点で、第二草案をそのまま法律とするか、それともさらに第三読会を行うのか、また行うとしてどのような方法でかが問題となる。結局、第二草案に対して各領邦から出される異議に限定して第三読会を行うことになるが、提出された異議は極めて多様なものであり、ニュルンベルク会議の存続すら危機に陥れるほどのものであった。そこでプロイセンはオーストリアとバイエルンに協力を呼びかけ、これら三領邦は異議の取扱方法に関する同内容の文書を、ニュルンベルク会議に代表者を選出している領邦政府に送付した。このような下交渉によって危機を回避し、第三読会が行われた。

　第三読会終了後、1861年に第三草案が公表された（これが本書でいう「ADHGB」である）。当時のドイツ連邦は商法に関する立法権限を欠いていたので、この草案は各領邦でラント法として施行された。連邦議会は、連邦構成国に対して、できるかぎり即座にかつ変更することなくこの草案に法的効力を与えるよう求めたが、実際には即座に導入されなかったり、修正が加えられたりした。ADHGBの統一的な妥当は1869年の北ドイツ連邦法としての[2]、ま

　2）1867年4月16日の北ドイツ連邦憲法4条13号は、連邦の立法事項として「債務法、刑法、商法、手形法、裁判手続に関する共通の立法」を挙げる（E. R. Huber (hrsg.), Dokumente zur deutschen Verfassungsgeschichte, Band 2, 2. Aufl., 1964, S. 229）。この立法権の承認に基づく1869年6月5日の法律（BGBl. 1869, S. 379 ff.）の第1条で、ADHGBが、ドイツ手形条例およびニュルンベルク修正条項と並んで連邦領域全体で連邦法となることを定める。もっとも、第2条では、ADHGB等の導入時又はその後にラント立法により公布された規定はそれがADHGB等の変更ではなく単なる補充である

68　第2章　一般ドイツ商法典における解除

た、1871 年の帝国法としての承認を待たねばならなかった。

　(2)　ADHGB の特徴を、先にフランクフルト草案について見た諸点[3]に即して、確認しておく。

　まず、立法形式を見ると、フランクフルト草案は、第 1 章「商人および商行為について」の冒頭規定である第 1 条で商人類型を列挙しており、その限りで商人主義又は主観主義の立場にあると言えるが、理由書を見ると、商営業概念を基礎として商人および商行為概念を定める考え方が示されていた。ニュルンベルク会議第一読会の基礎に置かれるプロイセン草案も、基本的にはこの立場と考え方に従っている[4]。

　しかし、プロイセン草案の立場は第二読会で批判を浴び、商行為主義又は客観主義の方向に修正される。ADHGB 4 条は、「この法典における商人とは営業として商行為を行う者である」と規定し、その実質的な内容を商行為に委ねる。商行為規定を見ると、同 271 条では絶対的商行為が、同 272 条では営業的商行為が定められている。ADHGB はフランス商法典が商行為一般を列挙したのに対して、絶対的商行為と営業的商行為とを区別した点で、客観主義にありながらも主観主義により近いところにあり、折衷主義であるとされる[5]。

　(3)　次に、具体的な条文に関して言えば、フランクフルト草案 6 条に規定されていた、不動産取引の商法からの排除は、プロイセン草案 211 条 4 項を介して[6]、ADHGB 275 条でそのまま維持されている[7]。したがって、次節で見る

　　かぎりでラント法上の規定として妥当することが認められており、また第 3 条では、ADHGB 等の導入に関連するラント法上の規定でそのまま効力を有する事項が列挙されている。この法律の審議過程については、W. Schubert, Die Einführung der Allgemeinen Deutschen Wechselordnung und des Allgemeinen Deutschen Handelsgesetzbuchs als Bundesgesetze（1869）, ZHR 144, 1980, S. 484 ff. を参照。

　3）　前章第 3 節(3)を参照。

　4）　W. Schubert（hrsg.）, Entwurf eines Handelsgesetzbuchs für die Preussischen Staaten. Nebst Motiven（1857）, Nachdruck 1986, S. 1（Entwurf）und S. 5（Motiv）.

　5）　服部栄三「商人主義・商行為主義とドイツ旧商法」鈴木禄弥／五十嵐清／村上淳一編『概観ドイツ法』（東京大学出版会、1971 年）126 頁以下のほか、大隅健一郎『商法総則』（有斐閣、新版、1978 年）9 頁以下、西原寛一『商行為法』（有斐閣、第 3 版、1973 年）60 頁、岩崎稜「商法の適用範囲と商人概念」竹内昭夫／龍田節編『現代企業法講座第 1 巻』（東京大学出版会、1984 年）89 頁以下などを参照。

　6）　条文については、Schubert, oben Fn. 4, S. 41（Entwurf）を参照。理由書は、不動産

第 1 節　一般ドイツ商法典の概要　　69

ニュルンベルク会議の審議で念頭に置かれるべきは動産取引、それも商取引の性質を鑑みると代替物又は種類物の取引ということになる。

　他方、一方的商行為の事案における対応は、フランクフルト草案と ADHGB とで異なる。フランクフルト草案では、投機を目的とする購入と売却についてのみ、非商人も民法ではなく商法に服する旨が定められていた。プロイセン草案 212 条にも同様の規定が見られる[8]。以上に対して、ADHGB 277 条は商法の適用領域を拡大し、一方的商行為の事案では原則として商法（商行為規定）が妥当する旨を定める[9]。

　ADHGB 277 条による商法規範の拡大ないし原則化については、当時のドイツ連邦の下では統一的な民法典の編纂が不可能であったために商法の名のもとで——とりわけ債務法および動産物権法について——法統一が行われ、その規

　　に関する契約は商業には縁遠いものであって、商業はその概念に従って商品すなわち商取引（Handelsumsatz）のための動産にのみ関係すること、確かに近時は土地の細分化により投機は不動産の取引（Umsatz von Immobilien）にも向けられたが、この立法にとってはそのような取引を商業と同視する契機は存在しないこと、不動産に関する契約に不可欠の形式性によって、また抵当権ないしその他の物権によって生じる第三者との錯綜した法関係によって、不動産取引への商法の適用は不可能であろうことを述べる（Vgl. Schubert, a. a. O., S. 102 f.（Motiv））。

7 ）条文については、W. Schubert（hrsg.）, Protokolle der Commission zur Berathung eines allgemeinen deutschen Handelsgesetz-Buches, Band 11, 1984 所収の Entwurf eines allgemeinen deutschen Handelsgesetz-Buchs, S. 62 を参照。ゴルドシュミットは、不動産が頻繁な交換の対象となることは不動産の性質に逆らうものであること、動産取引のために形成された商法の準則は不動産の流通とは矛盾するものであり、不動産取引はまわりくどい（umständlich）取引形式を必要とすること、商事裁判所の役割や経験は不動産紛争の判決に適うものではないことを述べて、商法規範が不動産取引を規律しないことを承認している（Vgl. L. Goldschmidt, Handbuch des Handelsrechts, 1. Band, 2. Aufl., 1875, Neudruck 1973, § 41, S. 430）。テールは、このゴルドシュミットの記述を適切なものとして引用する（Vgl. H. Thöl, Das Handelsrecht, 1. Band, 5 Aufl., 1875, §. 35, S. 120 f. Fn. 1）。

8 ）条文については、Schubert, oben Fn. 4, S. 41（Entwurf）を参照。

9 ）次のような条文である（Schubert, oben Fn. 7 所収の Entwurf eines allgemeinen deutschen Handelsgesetz-Buchs, S. 62 を参照）。

　ADHGB 277 条　契約当事者の一方において商行為であるすべての法律行為において、第四編の規定〔商行為の規定：筆者〕が両当事者に等しく適用される。ただし、この規定自体から、両当事者のうち取引が商行為である者にのみ特別の定めが関係することが明らかである場合は除く。

70 第2章 一般ドイツ商法典における解除

定が政治的障壁を越えた統一取引法としての機能を発揮するために商行為概念
を拡張して商法適用の機会をなるべく多くする必要があったからである、と説
明される[10]。このような説明からは、ADHGB の解除制度はもっぱら民法典の
欠如という事情ゆえに商法典において規定されたのか、という問題が生じる。
民法と商法との関係にかかわるこの点は、本章における検討の重要な一視角を
構成する[11]。

----

10) P. Raisch, Die Abgrenzung des Handelsrechts vom Bürgerlichen Recht als
Kodifikationsproblem im 19. Jahrhundert, 1962, S. 131 f., 岩崎・前掲注5）84 頁および
同「現代にとって商法とは何か」現代法ジャーナル創刊号（1972 年）28 頁を参照。
　　なお、ADHGB による商法規範の拡大ないし原則化の理由を起草過程から読み取るな
ら、立法技術上の困難さということになる。すなわち、ニュルンベルク会議でも、絶対
的商行為の対をなす相対的商行為の場合に適用されるのは商法と民法のいずれであるか
が一つの問題たり得ることが意識されていたが、すでに第一読会で原則として商法を適
用することが決議され、第二読会で示された理由によれば、どのような場合に商法ある
いは民法を適用するかを条文で定めるのは困難である、ということであった。Vgl. W.
Schubert (hrsg.), Protokolle der Commission zur Berathung eines allgemeinen
deutschen Handelsgesetz-Buches, Band 1, 1984, S. 541 und 543; ders., a. a. O., Band 3, S.
1284.

11) 一方的商行為の事案における、商法の民法に対する拡大ないし原則化は、他にも、興
味深い問題を含んでいる。19 世紀ドイツと同じく、民商法の区分が明瞭な形で存在し
たフランスでは、いわゆる一方的商行為の場合について、原告が商人であり被告が非商
人である事案では、商事裁判管轄が排除され一般の民事裁判管轄が妥当する旨を規定し、
商事ではなく民事の問題となる（フランス商法典 638 条。また、前章第3節注 11）を
参照）。ここに、水林彪「ナポレオン法典における civil と commercial」飯島紀昭ほか
編『市民法学の課題と展望』（日本評論社、2000 年）133 頁以下は、商（commercial）
に対する民（civil）の優位という思想を見出す（民商対立の視点を支える基礎認識に関
して、同「国制の比較史的研究のための枠組について」および「比較国制史・文明史論
対話」鈴木正幸ほか編『比較国制史研究序説』（柏書房、1992 年）〔同『国制と法の歴
史理論』（創文社、2010 年）98 頁以下〕も参照）。これに従えば、ADHGB 277 条にお
ける一方的商行為の取り扱いは、フランスと比べてドイツでは民の優位性の程度が低い
ことを示している、と評価することもできる（なお、現行法における両者の関係につい
ては、M. Kort, Zum Begriff des Kaufmanns im deutschen und französischen
Handelsrecht, AcP 193, 1993, S. 472 f.を参照）。
　　もちろん、一方的商行為の際の法的処理という一点のみを取り上げて、ドイツにおけ
る民の優位性の程度について一般的に語ることはできない。例えば、ADHGB 成立後の
1869 年には連邦上級商事裁判所に関する法律が制定されるが、この裁判所の管轄権を
定める 13 条（杉本好央「ドイツ民法典における法定解除制度に関する一考察（3）」都

第 1 節　一般ドイツ商法典の概要　**71**

法 42 巻 2 号（2002 年）172 頁注 9 を参照）の基礎となる草案について述べられた理由
を見ると、立法形式について、①当事者間の商行為から生じる法関係に由来するすべて
の紛争、②商取引に基づく商人の義務に関するすべての紛争、およびある行為が非商人
にとって商行為である場合におけるその商行為に基づく非商人の義務に関するすべての
紛争、③商人に対する、その者の商行為に基づくすべての紛争、という当時のドイツに
見られたものが挙げられ、①については、商人が顧客に対して行う訴えが管轄権に属す
ることになりあまりに大きく拡大されることになる、②については、商人でない者の行
為がその者にとって商行為であるかどうかを判断するのはしばしば困難であるので適切
ではない、と述べて、③の形式が選ばれている（W. Schubert, Die deutsche Gerichts-
verfassung（1869-1877), 1981, S. 268 f.）。その意図は、連邦上級商事裁判所の管轄権に
服するのは、訴えが商人に対して提起された限りであって、商人が非商人に対して訴え
を提起する場合をそこから排除するところにあり、当時のフランスにおける民商関係に
類似しているからである。なお、このような枠組みは、1877 年の裁判所構成法にも受
け継がれる。すなわち、1877 年裁判所構成法では、商事裁判所は廃止され、商事部
（Kammern für Handelssachen）が第一審級の一部として設けられるに至るが（その経
緯について W. Silberschmidt, Die deutsche Sondergerichtsbarkeit in Handels- und
Gewerbesachen insbesondere seit der französischen Revolution, Beilageheft 55 der ZHR,
1904, §. 66-67, S. 197 ff.を、また 19 世紀ドイツにおける商事裁判所の状況について
Schubert, a. a. O., S. 181 ff.を参照）、商事部の管轄権を規定する 101 条 1 号では、当事者
双方にとって商行為である取引に基づく、商人に対する訴えを挙げている。

　民法と商法との関係の全体像を論じること、すなわち民法とは何か（あるいは何だっ
たのか）という問題に商法との対比から迫るということは、（近代）民法の姿を明らか
にする一つの有力なアプローチとなるであろうが、いずれにせよ、後日の課題とせざる
を得ない。しかし、視点を移動させて言えば、本書第 1 部の検討は、解除制度という狭
い領域でこの課題の一部を果たそうとするものである。それは「フランス民法典と同様、
パンデクテン法学の社会像も、基本的には、小商品生産者を中心にした商品交換社会を
範型にしていたとみることができ」、「直ちに資本制社会と同義とはいえ」ず、「社会経
済の発展と法の関連を考察しようとするならば一般私法の次元にとどまっていることは
できないであろう」（石部雅亮／笹倉秀夫『法の歴史と思想』（放送大学教育振興会、
1995 年）117 頁以下〔石部雅亮〕）という指摘に示唆を受けたものでもある。

72 第2章 一般ドイツ商法典における解除

第2節 解除制度の起草過程

第1款 プロイセン草案

(1) ニュルンベルク会議の基礎となったプロイセン草案から検討を始める[1]。プロイセン草案では、解除制度は、第3編「商行為」、第1章「商行為一般」、第5節「商行為における不履行を理由とする契約の破棄」で規定されている。第5節は4箇条からなるが、主要なものは次の2条である[2]。

プロイセン草案250条 当事者の一方あるいは双方にとって商行為である双務契約において、契約当事者の一方が履行について遅滞にあるとき、又は契約に従って履行しないときは、相手方は契約の履行および遅れた履行を理由とする賠償をするよう求めるか、又は裁判所で契約の廃棄（Aufhebung）および損害賠償を求めるかの選択を有する。

同251条 履行の訴えがなされるとき、相応しい場合であれば、原告には、相手方の給付すべきものをその者の費用で調達する権限が判決によって与えられる。

契約が破棄されるときは、各当事者はすでに給付されたものを相手方に返還しなければならない。この関係は、契約に解除条件が付されていたかのように生じる。

---

1) プロイセン草案については W. Schubert（hrsg.）, Entwurf eines Handelsgesetzbuchs für die Preussischen Staaten. Nebst Motiven（1857）, Nachdruck 1986（以下、「Entwurf für Preussischen Staaten」で引用する）を、ニュルンベルク会議での議事については W. Schubert（hrsg.）, Protokolle der Commission zur Berathung eines allgemeinen deutschen Handelsgesetz-Buches, Band 1-11, 1984（以下、「Protokolle des ADHGB」で引用する）を参照した。

2) Schubert, oben Fn. 1, Entwurf für Preussischen Staaten, S. 47-48（Entwurf）. 第5節には、他にも、次のような2箇条が含まれている。
プロイセン草案252条 諸事情とりわけ契約の性質、契約当事者の意図又は給付される客体の性質から、契約の履行が両当事者において可分であることが明らかであるとき、相手方からの履行のない契約部分に関してのみ、破棄を求めることができる。
同253条 民法典の規定により契約当事者の一方が相手方の不履行を理由としてすでに法的手段について契約に拘束されない場合には、商行為においても同様とする。

第2節 解除制度の起草過程 **73**

　プロイセン一般ラント法の規定によれば、債権者は債務者の履行拒絶又は不適切な履行を理由に即座に解除を求めることはできず、裁判の中でようやく解除を主張することができた。普通法では、遅滞の場合において債務者の給付が債権者にとって無益となるときにのみ、損害賠償を通じて、解除と同様の帰結に至ることができた。いずれにおいても、履行（損害賠償を含む）を求めることが原則であった[3]。プロイセン草案に付された理由書は、この原則を次のように批判する。

　　「両当事者が相互に対応する義務を引き受ける契約において、当事者の一方の不履行の場合に相手方はただ履行と遅延による損害賠償とを訴求できるのみであるという形で拘束されつづけるという原則は、たしかに、厳格な法的帰結に従っているように思われる。しかし、その原則は、契約内容に厳密に従って取引されるであろうという前提のもとでのみ法的関係に入った誠実な契約当事者に対する不正と不法を含んでいる。履行が遅れあるいは不適切である場合に契約の目的全体が無に帰すること、そして、後から強制された履行が権利者にとってしばしば価値のないもの、それどころか不利益なものとなることはよくあることであるが、それに対して、損害賠償の訴えは不完全な塡補手段を提供するのみである。このようなことは、とりわけ、商取引における契約のときに言える。商取引は極めて動的な性質を有しており、商関係は極めて変化しやすいものだからである。」[4]

　このように、とりわけ商取引を念頭に置いた立場から、プロイセン一般ラント法および普通法の原則に対して疑問を呈する。理由書は、それゆえに、不履行を理由とする契約の解消に関するフランス法の原理の採用が望ましいと続ける[5]。それでは、ここで望ましいとされたフランス法の原理とは如何なるものであろうか。理由書では、フランス民法典の解除制度を、次のように紹介している。

　　「フランス法（民法典1184条）によれば、双務契約すべてに、当事者の一方がその義務を果たさない場合について解消（解除条件（la condition ré-

---

3 ）前章第1節第1款および第2節を参照。

4 ）Schubert, oben Fn. 1, Entwurf für Preussischen Staaten, S. 130（Motive）.

5 ）Schubert, oben Fn. 1, Entwurf für Preussischen Staaten, S. 130 f.（Motive）.

74　第2章　一般ドイツ商法典における解除

solutoire))が黙示的に取り決められている、という推定が妥当しており、そこでは、相手方は、可能であるかぎりで契約の実行を主張するか、損害賠償に加えて契約の解消を要求するかの選択権を有する。」[6)]

ここでは、債権者が履行の請求と「解除＋損害賠償」の請求との間で選択権を有することを、フランス解除制度の原理としている[7)]。プロイセン一般ラン

---

6 ）Schubert, oben Fn. 1, Entwurf für Preussischen Staaten, S. 130（Motive）.

7 ）理由書は、ここで、ヴュルテンベルク草案325条およびオーストリア草案35条の参照を指示している。

　ヴュルテンベルク草案は、1836年の関税同盟初の総会で、商事立法はたとえ各国別であっても可能なかぎり均一のものを準備すべきであると提案したヴュルテンベルク政府が、上級裁判所顧問官（Obertribunalrat）のホーファッカー（Hofacker）に委託して起草させたものである（C. Bergfeld, Der Entwurf eines Handelsgesetzbuchs für das Königreich Württemberg von 1839, in: Ius commune 7, 1978, S. 226 f. は、この草案の出現を、ヴュルテンベルク政府の農手工業から商工業促進への政策の転換という内政的視点と、ドイツ関税同盟内でのイニシアチブ獲得という外交的視点から説明する）。

　草案325条は、第2編「商事契約および商事債務」、第2章「総則」にあり、次のような規定である（W. Schubert（hrsg.）, Entwurf eines Handelsgesetzbuches für das Königreich Württemberg mit Motiven（1839/40）, 1. Teil: Entwurf, Nachdruck 1986, S. 100）。

　ヴュルテンベルク草案325条　双務契約において、権利者は、義務者に対して、契約の履行がなおも可能である場合にこれを求めるか、又は損害賠償請求権を害することなく不履行を理由とする契約の破棄を求めるかの選択を有する。

　後者の場合には、裁判所は、事情に応じて履行のための猶予期間を許与できる。

　この破棄は、義務者又はこの者のために物を調達もしくは保存する者に対して、特定の契約客体の返還に関する人的請求権を与えるにとどまる。ただし、法律が例外を定める場合を除く（第3部第3編第7章）。

　ヴュルテンベルク草案に付された理由書を見ると、履行および損害賠償の訴えを原則とすることは期日どおりの給付が重要である商事事件ではとりわけ不利益なものであり、この問題を解決するために、契約の破棄を選択的に訴えることのできるフランス民法典1184条の解除制度を考慮したことが述べられている（W. Schubert（hrsg.）, Entwurf eines Handelsgesetzbuches für das Königreich Württemberg mit Motiven（1839/40）, 2. Teil: Motive, Nachdruck 1986, S. 293）。

　オーストリア草案は、ニュルンベルク会議でプロイセン草案と並んで基礎資料とされたものである。オーストリアから提出された草案には、内閣草案（Ministerieller Entwurf）と改訂草案（Revidirter Entwurf）とがあるが、プロイセン草案の理由書で参照が指示されているのは前者である（両草案については、H. Coing（hrsg.）, Handbuch der Quellen und Literatur der neueren europäischen Privatrechtsgeschichte, 3. Band, 3. Teilband, 1986, S. 3050 f.［C. Bergfeld］を参照）。

ト法および普通法によれば、契約の履行を求めることがまずもっての法的手段
となるのであり、相手方からのなおも可能な履行を拒絶しかつ自らの履行義務
から免れて契約関係を清算するという手段は、およそ不履行があればいつでも
容易に利用できるものではなかった。動的な性質を有する商取引にとって不都
合なこの難点を回避するものとして、フランスの解除制度の採用が望まれた。

（2）　しかし、フララランスの解除制度がそのまま模倣されたのではない。プロ
イセン草案では、フランス解除制度の特徴の一つである、裁判官による履行期
間付与は採用されていない。理由書では、債務者に履行のための期間を付与す
る裁判官の権限は、原理的な理由であれ実際上の理由であれ、通常は用いられ
ない、とされる[8]。

　もっとも、商取引を念頭に置くなら、フランス解除制度に見られるもう一つ
の特徴である、裁判所への申立てもまた、実務の要請に相応しいものではない
はずである[9]。実際、プロイセン草案の公表に先だって行われた実務家や商人

　草案35条は、第3編「商人の権利義務一般」にあり、次のようなものである（Schubert,
oben Fn. 1, Protokolle des ADHGB, Band 10 所収の Entwurf eines österreichischen
Handelsrechts.（Ministerieller Entwurf.), S. VIII を参照）。

　オーストリア草案35条　商品もしくはその他商人による取引営業の客体の取得を目
的とする契約が義務者によって全く履行されないとき、又は明示的に取り決められた
とき、適切な場所もしくは約定された方法で履行されないとき、侵害を受けた商人は、
契約の履行を要求するか、契約から完全に離脱するか、あるいはまたその契約が侵害
前にすでに部分的に履行されている場合には未履行部分から離脱するかの自由を有す
る。

　…〔第2項、略〕…

　ここでも、ヴェルテンベルク草案におけると同様に、契約からの離脱が債権者にとっ
て契約の履行と並ぶ選択肢の一つとされている。なお、もちろん、プロイセン草案理由
書で示されたフランス解除制度の原理が実際にそのようなものであったか否かは別問題
である。

8）Schubert, oben Fn. 1, Entwurf für Preussischen Staaten, S. 132（Motive）. 裁判官によ
　る履行期間付与については、プロイセン草案が公にされる前に、W. Gelpcke, Der Rück-
　tritt von einem zweiseitigen Vertrage, und die Differenzklage in Handelssachen, in:
　Zeitschrift für Handelsrecht mit Hinblick auf die Handelsrechts = Praxis in Preußen, und
　auf die Grundsätze des Königlichen Ober = Tribunals zu Berlin in Handelssachen, 1.
　Heft, 1852, S. 8 が、裁判官のそのような裁量は容易に恣意に至る、と批判している。

9）Gelpcke, oben Fn. 8, S. 7 は、円滑な商取引を保護する立場から、フランス解除制度に
　見られるこの特徴についても批判を加えている（もっとも、フランス解除制度の全体を

76 第2章 一般ドイツ商法典における解除

を構成員とする会議では、この点について削除の提案がなされ、17 人中 8 人もの賛同を得ている[10]。それでも、プロイセン草案では、この特徴が維持されている。理由書は、この特徴に否定的な見解に対して、次のように反論する。

> 「契約当事者たちが契約の破棄およびその効果に関して同意するなら、それで片が付く。これに対して、当事者たちが争うなら、当該当事者は自らの権利の主張を、これと関連する契約解消の申立てと結びつける。損害賠償を訴える者は、同時に、この解消を確定させる。……このとき、実務では、いかなる遅延も負担も現れていない。」[11]

解除を裁判によらしめるとしても、訴訟による権利保護という観点から見れば、損害賠償と結合しかつ同時に主張されることで、とりわけ不都合なものとはならない、というわけである。ここでは、解除という法的手段は、損害賠償の権利に付属するものとして構成されている。

この構成に関して注目すべきは、先に取り上げた実務家や商人を中心とする会議の冒頭でなされた、次のような発言である。

> 「草案の文言は、契約当事者の一方による不履行という単なる事実（das bloße Faktum der Nichterfüllung）が相手方に契約から再び離脱することを正当化するかのように思わせるかもしれないが、草案の意図は、法と契約に違反する不履行（eine rechts= und vertragswidrige Nichterfüllung）のみがその正当化を根拠づけ、そしてこの判決の際には契約関係全体が裁判官の判断に服する、ということにある。」[12]〔強調は原文〕

解除を正当化するには、法に反するという意味での不履行の存在を、そしてまた契約関係全体に関する裁判官の判断を必要とする。この理解からすれば、

批判しているのではない。Vgl. ders., a. a. O., S. 24）。また、前注 7 ）で見たヴュルテンベルク草案 325 条は、フランス解除制度をモデルに起草されているが、この特徴を採用していない。理由書では、この点は意図的に付け加えられなかったのであり、契約の破棄は裁判外でも可能である、としている（Schubert, oben Fn. 7, S. 293 f.）。

10) W. Schubert（hrsg.）, Entwurf eines Handelsgesetzbuchs für die Preußischen Staaten und Protokolle über die Berathungen mit kaufmännischen Sachverständigen und praktischen Juristen（1856）, Nachdruck 1986, S. 61 f.（Protokolle）. ちなみに、8 人中 4 人が商人であった。

11) Schubert, oben Fn. 1, Entwurf für Preussischen Staaten, S. 131（Motive）.

12) Schubert, oben Fn. 10, S. 61（Protokolle）.

損害賠償との結びつきは、意思関係である契約を解消することの正当性が司法権者としての公権力（以下、このような意味で「公権力」という語を用いる）によって判断される契機を解除制度に与えることになる。損害賠償の付属物として構成された解除には、このような意義が存在していたと言える。

以上のような理解を基礎にして、理由書は、裁判による解除に関して、次のような利点を挙げる[13]。第1に、法律関係の錯綜を回避できることである。商品その他商取引の対象物に関する所有権の取得が問題となる場合、あるいは契約によって当事者たちが入り込む双務的な法律関係が単純なものではない場合、契約の破棄が一義的かつ適切な限度で確定され、これが当事者たちにとって撤回できないものとして生じることは、大きな利益である。第2に、債務者による遅滞の終了（purgatio morae）およびこれと関連する裁判官の裁量と調和する。第3に、決定的かつ説得力ある理由なしに極端から極端に移るのではなく、経験に裏打ちされた中道を行くことが得策である。

(3) 以上で言及したほかに、後の展開を考慮して、プロイセン草案における解除制度で注目すべき点を指摘しておく。第1に、商行為である双務契約すべてが適用対象とされている。第2に、遅滞に加えて、契約に従って履行しないという包括的な形式で要件が設定されている。第3に、契約の破棄によって生じる関係を解除条件が付与されていた場合になぞらえて定めている。

以上のようなプロイセン草案がニュルンベルク会議第一読会の基礎に置かれた。

第2款　第一草案

(1) ニュルンベルク会議の第一読会で解除規定の審議が開始されるのは、1857年5月14日の第66回会議からである（以下、本文中の頁数は議事録のものである[14]）。

まず、議事の冒頭で、プロイセン草案において解除制度を規定する第5節全体を削除する議論が展開された。草案の定める解除制度は十分に論じ尽くされたものではなく、また対象とする事案があまりに多様すぎる、ということで

---

13) Schubert, oben Fn. 1, Entwurf für Preussischen Staaten, S. 131 f.（Motive）.

14) Schubert, oben Fn. 1, Protokolle des ADHGB, Band 2 に収められている。

78 第2章 一般ドイツ商法典における解除

あった（592頁以下）。

これに対して、第5節の維持が求められた。理由として、次のようなことが述べられた。普通法は履行および遅延した履行から生じる損害賠償の訴えを認めるのみであるが、このような法原則の変更が必要であることは商法学説では以前から認められている。商人はある特定の時期を考慮しながら自己の取引をさらに他の取引と結びつけて行うのが通常であり、その時期を過ぎてもなお給付が受領されると期待すべきでなく、また目的にかなった給付を利用する機会を逃すことにもなる。第5節の規定は商人の明瞭な願いに基づいて採用されたものであり、立法は商業界の要請に消極的な態度をとることはできない、などである（594頁以下）。

もっとも、第5節の維持を求める主張においても、解除条件が付与されていたようにして解除の効果が生じることについては、それによって契約に基づく損害賠償が認められなくなること、第三者に対しても遡及的に作用することになり不都合であること、以上の2点から批判された（595頁）。

この後、具体的には解除制度をどのように規定するかについて様々な提案がなされ（596頁以下）、続く第67回会議でも継続して議論が行われるが（600頁以下）、最終的には第5節全体の削除が決議された（607頁）。

（2）　こうして、商行為である双務契約すべてに妥当する解除制度は否決された。しかし、商事売買の規定であるプロイセン草案260条2項を取り扱う第70回会議で、解除制度は再び議論の俎上に載せられる。

プロイセン草案260条2項は、買主が受領を遅滞する場合に、売却された商品の供託と競売を裁判所に申し立てる売主の権利を規定している[15]。そこで

---

15) 次のような規定である（Vgl. Schubert, oben Fn. 1, Entwurf für Preussischen Staaten, S. 49（Entwurf））。

プロイセン草案260条　売主は、買主が受領について遅滞にないかぎり、引渡しのときまで、通常の商人の注意でもって商品を保管する義務を負う。

　売主は、買主が受領について遅滞にあるとき、商事裁判所の裁判長又はこれを欠く場合にはその地の裁判官に、買主の危険と費用でもって公倉庫又は第三者への商品の寄託を命じるように申し立てることができる。また、売主の申立てに基づいて、裁判官は、商品を公的に売却するように命じることができる。売却は裁判官から委託された官吏又は宣誓をした商事仲介人によって行われる。

は、買主が商品を受領しないとき、売主は自らの負担する商品の保管および引渡義務からどのようにして免れうるのか、という問題が取り扱われており、この点で解除制度に関連する。この 260 条 2 項に関連して、審議では、次のような提案がなされた（625 頁以下。マル番号は筆者による）。

　d 提案　……〔第 1 項および第 2 項、略〕……

　③　買主が売買代金の支払を遅滞し（säumig）、商品がまだ引き渡されていないとき、売主は、代金の支払と損害賠償を請求するか、又は契約から離脱して損害賠償を請求するかの選択を有する。商品がすでに引き渡されている場合には、売主は代金の支払と損害賠償に関する権利のみを有する。

　④　売主が商品の供給又は適切な供給を遅滞するとき、買主は、適切な供給と損害賠償を後から請求するか、又は契約から離脱して損害賠償を請求するかの選択を有する。

　⑤　売主又は買主が契約から離脱しようとするとき、できるだけ速やかにこのことを相手方に通知せねばならない。これに違反した場合、通知しなかったことによって生じた損害を賠償しなければならない。

　以上に示した d 提案の第 3 項は、買主が代金の支払を遅滞し、かつ売主が商品を引き渡していない場合に、売主に、「履行（＋損害賠償）[16]」と「解除＋損害賠償」との選択権を与えている。提案者によれば、ここで規定された売主の選択権のための要件である引渡し（Übergabe）は、買主による実際の引取（Wegholen）ではなく、法的な意味での占有の移転（Tradition）である。また、契約からの離脱（Abgehen）とは、契約が締結されなかったと見なされる契約の解消（Auflösen）を意味するのではなく、売主が売買契約に基づく自らの義務から免れる一方で、買主は契約に拘束されるままであり、かくして買主が商品の売却益減少分（Mindererlös）について責任を負うことを意味する（629 頁）。

　この第 3 項に対しては、そもそも売主が契約を破棄する権利や商品を任意に処分する権利はあり得ず、また、裁判所への訴え提起がなければ未受領の商品が適切なものであったか否かを判別することができないので、予測不可能な争

---

16) 以下では、履行と共に認められる損害賠償については、叙述の便宜上、省略することがある。

80 第2章 一般ドイツ商法典における解除

いが生じることになる、などと反論された（629頁）。

　しかしながら、11対5で、この第3項が承認された（631頁）。

　d 提案第4項では、第3項で売主に認められた、履行と「解除＋損害賠償」との選択権が、買主にも同様に与えられている。ただし、その選択権のための要件が異なる。すなわち、売主の商品引渡しの有無に相当する、買主の代金支払の有無が問題とされていない。

　議事では、第4項にある「適切な」供給という要件について、100ツェントナーの商品に代わって90ツェントナーの商品が供給される場合、また供給された機械にねじが足りなかった場合には、供給は適切なものではないが、それでも契約の破棄を認めることは正当化されない、として、削除が提案された。また、わずかの遅滞でも解除が利用されてしまうと批判された（631頁）。

　これに対して、第4項を擁護して、適切でない履行は完全に遅れた履行と同様に価値のないものであり、また、挙げられた事例において部分的な履行がどの程度受け容れられるべきかについては、一般的に述べることはできず、取引の性質などに左右されるものである、と反論された（631頁以下）。

　最終的には、通知要件を定める第5項において、当事者の利益を双方ともに可能なかぎりで擁護できるような枠組みが維持されるなら、あらゆる懸念が払拭されるであろうということを理由として、第4項にある「適切な」という文言の削除が認められるとともに、第5項を修正することが受け容れられた（632頁）。

　(3)　以上のような審議を受けて、第一草案において、次のような規定が設けられる[17]。

　第一草案298条　売買契約又は供給契約が契約当事者の一方によって履行されないとき、相手方は以下の基準のもとで契約を一方的に破棄することができる。すなわち、

　I. 買主が売買代金の支払を遅滞しかつ商品がなおも引き渡されていないと

17）Schubert, oben Fn. 1, Protokolle des ADHGB, Band 2 所収の Entwurf des allgemeinen deutschen Handelsgesetzbuchs, S. LXIII f. を参照。形式的には298条から302条までの5箇条からなるが、内容的には298条本文を出発点として、ローマ数字の I から V までが並置されている。

き、売主は、代金の支払と損害賠償を請求するか、又は契約から離脱して損害賠償を請求するかの選択を有する。

商品がすでに引き渡されているときは、売主は、代金の支払と損害賠償に関する権利のみを有する。

同 299 条

II. 売主が商品の引渡しを遅滞するとき、買主は、引渡しと損害の賠償を求めるか、又は契約から離脱して損害賠償を請求するかの選択を有する。

同 300 条

III. 諸事情とりわけ契約の性質、契約当事者の意図又は供給される客体の属性から、契約の履行が両当事者にとって分割可能であることが明らかとなるとき、破棄は相手方によってなおも履行されていない契約部分に関してのみ要求できる。

同 301 条

IV. 売主又は買主が契約から離脱しようとするとき、自らが遅滞に陥る危険のないかぎり、相手方にこのことをできるだけ事前に通知して、遅滞を直ちに回復する機会を与えねばならない。これに違反した場合、解除は、相手方のありうる損害賠償請求は別として、効力を有さない。

同 302 条

V. 取引所価格又は市場価格を有する代替物の一定量の供給が早くも遅くもなく特定の時期で取り決められているとき、各当事者は、相手方が履行しない場合には、自らが実際に履行する用意のあることを前提にして、事前の通知なく契約から離脱して損害賠償を請求することができる。

損害額となるのは、少なくとも、契約上の購入価格と供給の期日および場所における取引所価格又は市場価格の差額である。

以上の規定について、プロイセン草案からの変更点に着目して、若干の考察を加えておく。

まず第 1 に、第一草案 298 条において、解除の対象が商行為である双務契約一般から商事売買に限定されている。これは、本書の視点に即して言えば、解除制度が「売りのための買い」又は「買いのための売り」という商業ないし商法の基本的な取引形式と明確かつ堅固に結びついたことを意味する。

82　　第2章　一般ドイツ商法典における解除

　この点に関連して注目すべきは、草案298条において売買契約と並んで供給契約（Lieferungsvertrag）が挙げられていることである。供給契約が如何なるものかについては、当時、様々な理解が存在したが、ここでは、履行期日が厳格に定められていることを主要な指標とする、そして実際上は国債、株式、アルコール又は石油などの取引所で扱われる商品を主な対象とする取引であり、また実際の履行を目的とせず異なる時期での価格差額を専らの目的とする差額取引に類似するものであると考えられる[18]。草案302条の規定からもこのように理解できる。

　このような供給契約に関する規定であるプロイセン草案272条の理由書を見ると、解除制度は、供給契約を通常の売買契約から区別する実際上の意義の一つとして理解されている[19]。また、第一読会では双務契約一般を対象としたプロイセン草案250条以下の解除制度は最終的に削除されたが、その帰結に至る議論の中でも、解除制度は供給契約についてのみ定められるのでよいとの考え方がしばしば見られる[20]。すなわち、解除制度は供給契約に固有の制度で

18)　供給契約についてさらに詳しくは、H. Thöl, Das Handelsrecht, 1. Band, 2. Abtheilung, 5 Aufl., 1876, §. 258, S. 236 ff.; W. Endemann（hrsg.）, Handbuch des deutschen Handels-, See- und Wechselrechts, 2. Band, 1882, §. 264, S. 582 ff.（Gareis）; W. Endemann（hrsg.）, Handbuch des deutschen Handels-, See- und Wechselrechts, 3. Band, 1885, §. 278-279, S. 5 ff.（Grünhut）; W. Endemann, Das deutsche Handelsrecht, 4. Aufl., 1887, §. 144, S. 527 ff. を、また、前章第3節注33）を参照。

　　この供給契約が実際上どのような取引を念頭に置いたものであったのかについては、ニュルンベルク会議における、供給契約に関するプロイセン草案272-276条の議事から見て取ることができる。Vgl. Schubert, oben Fn. 1, Protokolle des ADHGB, Band 2, S. 671 ff.

19)　売買契約と供給契約との区別基準の設定が困難であることを示す文脈の中で、次のように述べられている（Vgl. Schubert, oben Fn. 1, Entwurf für Preussischen Staaten, S. 145（Motive））。

　　「ラント法上の区別〔売買契約と供給契約との区別：筆者〕は、不履行を理由とする契約の解消に関する草案の規定を採用する際には、その重要な利益を失う。というのは、一般ラント法の体系に即して売買と供給との間に存在する実際上の差異、すなわち前者の場合には当事者の一方の不履行の事実で相手方は履行を訴えねばならないが、後者の場合には即座に契約から離脱することができる、という差異は、商法については本草案250条の一般規定によって対象のないもの（gegenstandlos）となったからである。」

20)　例えば、Schubert, oben Fn. 1, Protokolle des ADHGB, Band 2, S. 597 f., 599 und 603 を

あると理解されており、この立場から見れば、適用対象を双務契約一般とすることはもちろん、仮に対象を売買契約に限定してもなお、それは適用範囲の拡大を意味していた。

第2に、プロイセン草案では遅滞と並んで「契約に従って履行しない」という包括的な要件が規定されていたが、第一草案では遅滞のみに限定されている。これによって、解除が認められるのは、相手方が未履行である場合となる[21]。また、298条にあるように、商品が引き渡されていないときにのみ売主は解除できるので、売主解除の場合には買主と売主の双方が未履行であることになる。

第3に、プロイセン草案では解除を解除条件的に構成して既給付の返還請求が認められていたが、第一草案ではそのような規定が存在しない。議事では、物権上の効力をもって遡及的に作用する解除条件[22]と構成することで、損害賠償との関係や所有権の帰属といった難問が生じることが指摘されていた。このようなことから、解除条件的構成を採用しなかったのであろう。

第4に、プロイセン草案では裁判による解除を原則としていたが、第一草案ではこの点について触れていない。商取引に相応しいようには思われないこの訴権的性格がプロイセン草案で維持されたのは、訴訟による権利保護という視点から見ると、その性格がとりわけ不都合なものとは映らないからであり、その基礎には、解除を損害賠償の付属物と構成することで、意思関係たる契約を

参照。供給契約の規定に関する議事でも同様の考えがしばしば述べられる（Vgl. W. Schubert, a. a. O., S. 671 ff.）。また、第二草案に関してであるが、A. Pauli, Ueber das Recht zum sogenannten Rücktritte vom Kaufe, namentlich bei Lieferungsgeschäften; mit besonderer Berücksichtigung der darüber in dem „Entwurfe eines deutschen Handelsgesetzbuches" enthaltenen Bestimmungen, in: Neues Archiv für Handelsrecht, Band 3, 1862, S. 177 f. も参照。

21）これと関連して、履行が分割可能なものである場合には、未履行部のみ解除が認められることになる。第一草案300条がこのことを規定しており、これは ADHGB の正文である第三草案359条に受け継がれる（Schubert, oben Fn. 1, Protokolle des ADHGB, Band 11 所収の Entwurf eines allgemeinen deutschen Handelsgesetz-Buchs, S. 79 を参照）。また、前注2）のプロイセン草案252条も参照。

22）もっとも、普通法（学）において、解除条件が遡及的に作用するか否か、また物権法上の効力があるか否かについては、争いがあった。Vgl. S. E. Wunner, Die Rechtsnatur der Rückgewährpflichten bei Rücktritt und auflösender Bedingung mit Rückwirkungsklausel, AcP 168, 1968, S. 433.

84 第2章 一般ドイツ商法典における解除

解消することの正当性を公権力である司法に直接的に判断させる、という考え方が存在した。第一草案でも解除が損害賠償と結びついていることで、プロイセン草案の考え方が維持されているとも言える[23]。

とはいえ、法規の上では、解除制度の訴権的性格は失われている。プロイセン草案理由書によれば、この性格を保持する解除制度には、①法律関係の錯綜を防ぐ[24]、②遅滞の終了およびこれと関連する裁判官の裁量と調和する、③折衷的な施策となる、といった利点があった。訴権的性格を排除することで、これらの利点も共に失われる。これに対処するために設けられたのが、第一草案301条の通知要件である[25]。これによって解除制度は、その訴権的性格を

---

23) 第一草案を起草した編集委員会で主導的な役割を果たしたのは、プロイセン草案の報告者としてニュルンベルク会議に参加したビショフ（Bischoff）である。彼はプロイセン草案の作成者でもあり、プロイセン草案で見られた解除制度の訴権的性格を、先に見たような実務家や商人からのかなりの反対にもかかわらず、維持した人物であった。彼について詳しくは、W. Strauss, Zum Andenken an den Preußischen Geheimen Ober-Justizrat Friedrich Wilhelm August Bischoff, JZ 1957, 571 f.を参照。

24) 法律関係の錯綜で念頭に置かれたことの一つは、所有権の帰属に関する問題であった。この点については、第1草案は、売主が解除して損害賠償を請求する際に商品の未引渡しを要件とすることで、問題を回避している。すなわち、ここでの引渡しが、サヴィニーによって提唱された物権契約の意味で用いられているか否かは定かではないが、債権契約と区別された意味での物権契約と理解しても、またサヴィニー前の通説的理解である取得権原と様式（titulus et modus adquirendi）の理解に従って理解しても、いずれにせよ、引渡しがない場合に所有権は移転しないことになる。物権契約に関する論稿は多いが、原島重義「『無因性』概念の系譜について」林田和博編『法と政治の研究』（有斐閣、1957年）451頁以下、有川哲夫「物権契約に関する学説史的考察」福岡20巻4号（1976年）283頁以下、谷口貴都「物権契約の歴史的展開（1）」法研論集（早稲田大学）31号（1984年）165頁以下、海老原明夫「19世紀ドイツ普通法学の物権移転理論」法協106巻1号〔1989年〕1頁以下などを参照。

25) 第一草案301条は、第一読会での解除制度をめぐる審議を象徴的に示すものである。U. Huber, Wandlungen im Recht des Handelskaufs, ZHR 161, 1997, S. 166 は、ニュルンベルク会議第一読会における解除規定に関する審議に、遅滞を理由に債権者に自由な解除権を（損害賠償と共に）認めようとする党派と、そのような解除権を認めるなら、とりわけ工業会社のところで生じた供給障害によって即座にその会社が注文を失いかつ損害賠償の義務を負うことになってしまい、あまりに厳しい結果となってしまうと考えた党派との対立を見ている。

このような指摘は、本書の視点からは、次のような利害対立と理解することができる。すなわち、純粋に「売りのための買い」又は「買いのための売り」を生業とする者に

喪失することで生じる諸問題の解決をまずは契約当事者たちに委ねる、という制度設計となる。一見すると私的自治的なものとも見えるこの変化が実際にどのような思考を前提としていたのかは、後の議事を見るなかでさらに明確となるであろう。

さて、プロイセン草案から以上のような変化を見せた第一草案の解除制度であったが、続く第二読会を経ることで、さらに変化を被ることになる。

第3款　第二草案

⑴　以上のような第一草案について、1858年2月17日の第168回会議でさらに審議が続けられる（以下、本文中の頁数は議事録のものである[26]）。

まず、第一草案298条から301条までを削除し、先に示したような供給契約についてのみ、そして買主にのみ、契約からの離脱の権利を認める趣旨の提案がなされた。この提案を根拠づけるために、おおよそ次のように述べられた。すなわち、これらの規定は、プロイセン草案250条以下の規定が拒絶された後に、売買契約に関してただ渋々認められたのであって、許容されるものではない。普通法でも解除権類似のものが存在するが、第一草案で認められたほど広いものではない。それゆえ、問題を未決のままとして、実務に委ねるのが得策である。契約からの離脱を求めるときに必要となる通知を定めた草案301条は、草案298条と299条の適用における厳しい結果を防ぐためのものであるが、それは他方で解除制度が実施できないものであることを示している（1399頁以下）。

とって、容易に利用可能な解除権は、市場状況を自己の判断で有利に利用することを可能にするのであり、「投機」をして「利潤」を追求するには望ましいものとなる。これに対して、自ら生産を行う者にとっては、相手方による生産物の受領が自らの経済上の目的である反対給付獲得の前提なのであり、相手方の解除権行使が容易であればあるほど、それだけ不安定な地位に置かれることになる。

このような利害対立を、第一草案はその301条で調整しようとする。すなわち、容易に利用できる解除権を原則的に認め、それによって生じる不都合を通知という措置で回避しようとするのである。これは、当時の商法でなおも中心的な存在であった、生産過程に携わらない純粋な——旧来型の——商人の利益を優先した形での調整である、と言える。

26）Schubert, oben Fn. 1, Protokolle des ADHGB, Band 3 に収められている。

86　第2章　一般ドイツ商法典における解除

　以上に対しては、売主および買主の双方に契約からの離脱の権利を認めた298条および299条は第一読会で承認されたものである、不確実なところもあるが解除を認めない体系では実務上の要請は満たされない、などと反論された（1401頁以下）。

　結局、第一草案298条から301条までを削除する提案は、9対7で否決された（1402頁）。

　(2)　これを受けて、第一草案の具体的な内容に関して議事が進められる。

　第一草案298条は、売主に、①履行＋損害賠償、②解除＋損害賠償、という二つの選択肢を与えていた。この条文に対して、次のような提案がなされる。

　　「買主が支払について…〔遅滞にあり、商品が引き渡されてないとき：筆者〕
　　…、売主は、代金の支払および支払遅滞を理由とする損害賠償を請求する
　　か、第285条に従って商品を買主の計算で売却するか、あるいは契約から
　　離脱するかの選択を有する。」(1402頁)

　この提案によれば、売主には、①履行＋遅延賠償、②第285条の規定による——すなわち、商事仲介人や公競売の権限を有する官吏による——商品の売却[27]、③解除、という三つの選択肢が与えられる。第一草案と比べて言えば、解除が損害賠償から独立し、別個の法的手段となっている。提案者の説明では、第2の選択肢と第3の選択肢を混同してはならない、とされる。すなわち、一方で第285条の定めによる売却は、契約からの離脱ではなく、契約の維持に依拠するものである。他方で、契約からの離脱は、あたかも契約が締結されなかったかのように、すなわちあたかも消滅条項（Erlöschungs=Klausel）が取り決められていたかのように宣言する権利である。この権利は、第2の選択肢よ

---

27)　第一草案285条は、次のような規定である（Schubert, oben Fn. 1, Protokolle des
　　ADHGB, Band 2所収のEntwurf des allgemeinen deutschen Handelsgesetzbuchs, S. LXI
　　を参照）。
　　第一草案285条　売主は、買主が受領について遅滞にないかぎり、通常の商人の注意
　　でもって商品を保管する義務を負う。
　　　買主が商品の受領について遅滞にあるとき、売主は、商品を裁判上供託するか、又
　　は事前の警告の後に商事仲介人により、もしくはこれを欠く場合には公の売却につい
　　て権限を有する官吏により売却させることができる。
　　　売却の実行について、売主はこれを買主に対してできるだけ速やかに報告しなけれ
　　ばならない。これが行われないとき、売主は損害賠償の義務を負う。

りも、場合によっては迅速かつ確実なものであることに利点がある（1402頁）。

　契約から離脱するという独立した選択肢を売主に与えることに対しては異議が出されたものの、提案は9対7で承認された（1402頁以下）。また、このような売主の三つの選択肢が規定されたことに対応して、買主の権利を定める299条についても、①履行＋遅延賠償、②不履行を理由とする損害賠償、③解除、という三つの選択を与える規定の提案がなされ、売主の場合と同様に、9対7で承認された（1403頁）。

　（3）　こうして、履行および損害賠償と並ぶ独立した手段として解除が認められるかに見えたが、翌々日に行われた第169回会議で再び議論が生じることになる。

　売主の解除権については、まず、これを認めない旨の提案がなされた[28]。提案の説明では、おおよそ次のように述べられた。すなわち、常に限定的な使用可能性しかない商品については、給付が遅れることで買主の利益が失われることがある。しかし金銭は財産権の一般的な価値基準であって限定的かつ一時的な利益しかないわけではなく、この点で売主と買主とは異なる立場にある。売主の契約離脱権を認めると、商品の価格が下落したときには買主の計算でそれを売却し、逆に騰貴すると契約を解除して自らの計算で売却することが可能となり、遅滞の効果が不当に重いものとなる（1406頁以下）。

　また、商取引では一つの取引がそれ自身単に一つで存在するのではなく、通常は一連の取引が関連しているのであり、買主の過失（Culpa）なく生じることもある遅滞を理由に契約を解除してもよいとするなら、買主には不当な不利益が生じるであろう、ともされた（1407頁以下）。

　このような見解に対して、次のようにして、解除権の必要性が説かれた。

　　「買主は商品を、すなわち供給が遅れた場合には自らにとっておそらく全く価値のない、あるいは著しく価値の下がった投機客体を契約の履行において獲得することになり、他方で売主はその対価、すなわち何か確定したもの、その価値が不変である一般的な価値尺度が与えられるということによって、売主の状況と買主のそれとが全く同様でないことを否定できない

28）議事録では、この提案は添付書類Aとして別に付されている。Vgl. Schubert, oben Fn. 1, Protokolle des ADHGB, Band 3, S. 1416.

88　第2章　一般ドイツ商法典における解除

としても、それでも、看過されるべきでないのは、金銭は投機のための一つの手段であり、それは商業では極めて頻繁に商品すなわち投機客体となる、ということである。商人は一定量の金銭をさらなる投機に用いるために、その金銭がより安全に入ってくるのをあてにするのが常である。このさらなる投機は、金銭が遅れて入ってくる場合には、不可能なものとなってしまう。以上を考慮すると、いま問題となっている、簡易な契約解除の権利（Recht des einfachen Rücktrittes vom Vertrage）は、売主にとっても是非とも必要なものであるように思われ、これによって売主は他の方法で商品を処分して迅速に金銭に置き換える（umsetzen）ことができる。」（1408頁）

　売主の解除権が必要であるのは、商品を買主以外の者に売却することで入手される金銭でもってさらに投機するという利益を擁護するためである、とされている。まさに、商業の基本的な取引形態である「売りのための買い、買いのための売り」を行って「投機」するために、当該契約から素早く退く権利を認める解除制度が必要とされたわけである。

　また、続けて次のように述べられる。

　　「このような場合〔金銭が遅れて入ってくる場合：筆者〕、買主の計算で物を活用する権利は、商人の利益を常に十分な方法で保護するわけではない。というのは、それによって商人〔売主：筆者〕は物から永久に自由となるのではなく、買主に釈明し、可能な限りで注意したことを証明する義務を常に負うからである。」（1408頁）

　ここで「買主の計算で物を活用する権利」とは、先の(2)で見た提案において売主に求められた選択肢の第2のもの、すなわち一定の手続に従って買主の計算で商品を売却する権利を指している。この権利を行使するためには、一定の手続を守らねばならず、また買主のために適切な売却を行ったことの証明を要することになる。この手続と証明を回避するために、売主の解除権が必要であると考えられている。

　しかし、このような売主の解除権が認められると、解除制度反対論に見られたように、売主は、商品が下落したときには第2の選択肢を選んで買主の計算で商品を売却し、逆に騰貴すると第3の選択肢を選んで契約から離脱し自らの

計算で商品を売却することが可能となり、売主に一方的に有利となるのではないか、との疑念が生じる。このような疑念に対処するためのものとして、第一草案301条の通知要件が位置づけられる。

「……買主の費用で売主が投機をすることはまずないだろう。第301条において、買主には解除を考えていることが知らされ、遅滞を回復する機会が与えられるからである。これにより、その他の義務を履行するための方法を買主から不意に奪うことは不可能となり、そして買主には、売主が自らの費用で投機することを阻止する可能性が与えられる。解除権が行使されるのは、おそらく、商品の価格がほとんど同じままである場合である。というのは、商品の価値が著しく下落した場合には売主は解除しようとは思わず、そして商品が騰貴した場合には、買主は解除の警告に基づいて遅滞を終了させようとするからである。」（1408頁以下）

解除の通知が行われることで、買主は自ら履行して、ありうる不利益を回避できるのであるから、売主にのみ一方的に有利になるのではない、というわけである。ここで看過されるべきでないのは、そのような考えの前提とされているのが、客体である商品の価格変動が激しい取引であり、またそのような価格変動を容易に知りかつこれを自己の有利に利用して常に利潤を追求するような商人が当事者であること、である。事前の通知を要件とする解除制度は、そのような投機的な市場取引とそこに参加する当事者とを念頭に置いて起草されたものであった[29]。

売主の解除権を削除する提案は、以上のような反論を受けて、否決された（1409頁）。

(4) 次に、買主の解除権に関する議論を見てみよう。プロイセン草案250条および第一草案299条では、解除は、損害賠償と結びつけられた形で規定されていた。これを前提に、買主の解除権に対して、次のような否定的な見解が述べられた。

「たしかに、買主は、履行および遅延賠償を要求するか、あるいは遅れた履行を拒絶して賠償を請求するかの権利を有するに違いない。しかし、買

---

29) 第一読会の議事に関する前注25) の記述も参照。

90 第2章 一般ドイツ商法典における解除

主が損害賠償を要求することなく契約から離脱してもよいということを明
示的に付け加える理由はない。そのようなことは、履行の拒絶と何ら異な
らないからである。拒絶をして賠償を要求してもよい者が賠償なしで拒絶
できること、すなわち損害賠償を放棄できることは、当然のことである。
後者のことはヨリ小さいもの（minus）として前者のことに含まれている
が、簡易な解除に明示的に言及することは誤解に至るであろう。」（1409
頁）

　要するに、買主は、売主からの遅れた履行を拒絶して、さらに履行遅滞を理
由として請求できる損害賠償を放棄すれば、契約から離脱したのと同じことに
なるのであるから、買主の解除権を独立した法的手段として規定する必要はな
い、とするのである。しかし、普通法以来の伝統を重んじるこの立場[30]に対
して、買主解除権の必要性が、次のように説かれる。

　　「簡易な解除の権利は賠償との引き換えでなされる履行の拒絶というヨリ
　　小さいものではなく、法的には全く別物である。後者はまさに契約の維持
　　に基づくが、前者はその破棄によるものである。そしてまた実務上も、両
　　者は同一のものではない。契約から離脱しようとする者は、契約に基づい
　　て与えられたものの返還を求める権利を有し、これは契約を維持して契約
　　に基づく訴えによってなされる損害賠償を上回る金額であることも場合に
　　よってはありうるからである。例えば、ある商品を1500の価値で購入し
　　たがしばらくするうちに商品が1000に下落した場合、不履行の場合の損
　　害は1000であるが、契約を破棄する場合には買主の債権は給付された
　　1500である。」（1409頁以下）

　ここでは、買主の契約解除権の必要性が二つの観点から説かれている。一つ
は解除の法的構成に関するものである。解除によって契約は消滅するのであり、
これが解除を損害賠償と異なる法的手段とする根拠として述べられる。今一つ
は実際上の帰結に関するものである。この観点から見れば、買主解除権の意義
は、商品の価格が下がる場合に、それと対比して高額となる売買代金の返還請
求を認めることで、買主に少なくとも売買代金額を保障することにある。

────────
　30）鶴藤倫道「契約の解除と損害賠償（1）」民商110巻3号（1994年）49頁。

第2節　解除制度の起草過程　91

　ところで、後者の観点は損害賠償の理解に関する問題となるが、すでに指摘されているように、ここで買主の契約解除権の必要性を説くために示された損害賠償理解は比較的狭いものである[31]。すなわち、当時、損害賠償に関する普通法上の理解は、いわゆる完全賠償説が有力なあるいは一般的な理解であったが[32]、ここでは損害賠償額が商品の下落した価格に限定されている[33]。

　このように普通法理論から乖離するに至ったのは何故であろうか。議事から明らかなように、解除制度の対象とされたのが、他でもない商事売買であったからである。商事売買では通常は価格変動の激しい商品が取り扱われ、また当事者である商人はその価格変動を既知のものとして「利潤」の獲得を目指すのであるから、法的に保護される財産的価値を市場での商品価格と当事者の合意による価格とで二重化し、そのどちらを請求するかについて、そのような属性を有する当事者の判断に委ねるのが望ましいことになる。以上のように、適用対象となる社会関係の特性ゆえに、普通法における支配的な理解から乖離したのであろう。

　以上のように、買主の解除権もまた売主のそれと同様に、法制度の対象とされた商事売買の特性ゆえに必要とされた。しかし、第二読会では、買主の解除権を独立して定める考えは採用されるに至らない。反対論者の主張によれば、与えられたもの——ここでは売買代金——の返還請求権は損害賠償に関する権利に含まれているので、折衷的な判断から、「給付されたものの返還のもとで契約から離脱して損害賠償を請求する」という文言が採択された（1410頁）。

　(5)　以上の審議を受けて、次のような条文が起草される[34]。

　第二草案332条　買主が売買代金の支払を遅滞しかつ商品がなおも引き渡

---

31) D. Beinert, Wesentliche Vertragsverletzung und Rücktritt, 1979, S. 180.

32) 北川善太郎「損害賠償論の史的変遷」論叢73巻4号（1963年）29頁以下および51頁以下を、また、相当因果関係との関連ではあるが、平井宜雄『損害賠償法の理論』（東京大学出版会、1971年）24頁以下を参照。

33) このような理解こそ、モムゼンの批判するところであった。樫見由美子「ドイツにおける損害概念の歴史的展開」金沢38巻1・2合併号（1996年）219頁以下。

34) Schubert, oben Fn. 1, Protokolle des ADHGB, Band 10所収のEntwurf eines allgemeinen deutschen Handelsgesetzbuchs.（Nach den Beschlüssen der zweiten Lesung.）, S. LXXを参照。

92 第2章 一般ドイツ商法典における解除

されていないとき、売主は、契約の履行を請求するか、事前の警告の後に
商品を第 320 条[35)]の規定に従って買主の計算で売却するか、あるいは契
約から離脱するかの選択を有する。

同 333 条 売主が商品の引渡しを遅滞するとき、買主は、遅れた履行を理
由とする損害賠償と併せて履行を請求するか、給付されたものの返還のも
とで契約から離脱して損害賠償を請求するかの選択を有する。

同 334 条 契約当事者の一方が前 2 条の規定に基づき契約から離脱しよう
とするとき、このことを相手方に通知せねばならず、取引の性質が許す場
合には遅滞を回復するために事情に応じた期間を与えねばならない。

第一草案から第二草案への変更点で決定的であるのは、売主に対して、契約
から離脱する権利が損害賠償と異なる別個の法的手段として与えられたことで
ある[36)]。この法的手段は、第二読会の議事では、「消滅条項」という実務慣行
に類似するものとして説明されていた。消滅条項とは、債務を将来に向けて消
滅させて債権者に差額賠償の請求を可能にさせるものであるが、これは契約当
事者の事前の取り決めによって債務証等に挿入される[37)]。このような審議過

---

35) 次のような規定である（Schubert, oben Fn. 1, Protokolle des ADHGB, Band 10 所収の
　Entwurf eines allgemeinen deutschen Handelsgesetzbuchs.（Nach den Beschlüssen der
　zweiten Lesung.), S. LXVII を参照）。

　第二草案 320 条 売主は、買主が受領について遅滞にないかぎり、通常の取引人の注
　意でもって商品を保管する義務を負う。

　　買主が商品の受領について遅滞にあるとき、売主は、買主の危険及び費用において
　商品を公の倉庫あるいは第三者に寄託することができる。また売主は、事前の警告の
　後に商品を公的に売却させる権限を有する。商品が取引所価格又は市場価格を有する
　場合には、売主は、事前の警告の後には、公的にではなくとも、商事仲介人により、
　もしくはこれを欠く場合には競売の権限を有する官吏により商品を市場価格で売却さ
　せることができる。商品が腐食して遅れる危険のあるとき、事前の警告を要さない。

　　売却を行うことにつき、売主は買主にできるだけ速やかに報告しなければならない。
　これが行われないとき、売主は損害賠償の義務を負う。

36) 解除と損害賠償との重複を認めない態度は、この後のドイツ法の展開に大きな問題を
　引き起こすことになるが、すでに第二草案 332 条について L. Goldschmidt, Gutachten
　über den Entwurf eines Deutschen Handelsgesetzbuchs nach den Beschlüssen zweiter
　Lesung, Beilageheft zur ZHR Band 3, 1860, S. 97 が、損害賠償がなければ解除はむなし
　いもの（illusorisch）になると批判している。

37) 消滅条項に関して、前章第 3 節注 43) およびそれに対応する本文も参照。

程との関係から見れば、第二草案で認められた売主の解除権はいわば黙示の合意に基づくものとして構成されていると言える[38]。

　もっとも、次に見る第三読会では、これとは異なる観点から法的構成が論じられる。また、第二読会で提案されながらも結果的には否決された、損害賠償から独立した買主解除権は、次の第三読会の議事を経ることで、承認されることになる。

第4款　第三草案

(1)　以上の第二草案に対して、各領邦から異議が提出され、それに基づいて第三読会が行われる（以下、本文中の頁数は議事録のものである[39]）。

　売主の解除権を規定した第二草案 332 条については、1860 年 12 月 10 日の第 559 回会議で審議された。売主の解除権に関して提出されたバーデンの異議は、契約を解除する場合にも売主に損害賠償の権利が与えられるべきである、というものであった[40]。この異議は、売主が解除しようとする場合において、商品の保管費用、保険料、履行地への運送費などの付随的な損害が賠償されないことを疑問視したものであり、解除の意思表示をその時から契約が締結されなかったように作用するものと考えた（4593 頁）。

　しかし、ここでの解除の意思表示の意味は、売主が売却した商品を、自己の危険と投機に基づいて再び引き受けるということに他ならず、後悔権（Reurechte）[41]の行使であって、契約が何ら締結されなかったかのように見な

38）H. G. Leser, Der Rücktritt vom Vertrag, 1975, S. 15 f.は、商取引上の実務慣行であったこの消滅条項に、普通法（学）に見られる lex commissoria と ADHGB 解除制度との接合点を見出している。

39）Schubert, oben Fn. 1, Protokolle des ADHGB, Band 9 に収められている。

40）バーデンからの異議については、Schubert, oben Fn. 1, Protokolle des ADHGB, Band 11 所収の Zusammenstellung der Erinnerungen gegen den Entwurf aus zweiter Lesung, S. 53, Nr. 361 を参照。

41）これについては次節で言及する。ここでは、ローマ法でいう無名契約の場合に認められた、目的不到達による不当利得返還請求権（condictio causa data causa non secuta）に類似する権利である、と述べるにとどめる。この不当利得返還請求権の歴史的展開については、A. Söllner, Der Bereicherungsanspruch wegen Nichteintritts des mit einer Leistung bezweckten Erfolges, AcP 163, 1963, S. 23 ff.を、また吉野悟「Datio ob rem に

94   第2章　一般ドイツ商法典における解除

されねばならない、と反論された。また、そのように理解しなければ、契約の解消までに商品が履行地への輸送や景気の変動によってどれだけ価値を上げたのかを考慮しなければならなくなる、という実際上の難点も指摘された（4593頁）。

　結局、解除をする場合に損害賠償の権利も認められるべきであるとの提案は、13対1で否決された（4593頁）。

　(2)　続いて、1860年12月12日の第560回会議で、買主の権利を定める第二草案333条が審議された。草案333条では「給付されたものの返還のもとで契約から離脱して損害賠償を請求する」という選択肢が買主に与えられており、解除と損害賠償とが結びついた一つの法的手段となっていた。この規律に関してハンブルクとハノーファーから提出された異議は、解除と損害賠償とを別個の選択肢として買主に与えることを求めるものであった。ハンブルクの異議には、おおよそ次のような理由が付されている。すなわち、第1に、買主が契約から離脱しようとするときには商品の下落を通じてあるいは解除により獲得された取引の自由を通じて賠償されると見なされるのであり、売主と同様の権利が買主に否定されてはならない。第2に、買主が履行に代えて損害賠償を請求するとき、それは締結された契約に基づいてなされるのであり、取引からの離脱と呼ぶべきではない、である[42]。

　これに対して、契約からの離脱という選択肢は独自の権利ではなく、不履行を理由とする損害賠償に関する権利を部分的に放棄するということであり、その手段に含まれたものである、と反論された（4594頁以下）。

　しかし、履行に代えて損害賠償を請求する権利は履行請求権の修正以外の何物でもなく、したがって契約当事者は履行を要求するか、あるいはあらゆる請求権を放棄して後悔権を行使するかの選択を有するという、考え方は異なるがハンブルクおよびハノーファーからの提案と同じく、契約の破棄を独立した法

　　おける目的」谷口知平教授還暦記念『不当利得・事務管理の研究（1）』（有斐閣、1970
　　年）48頁以下、土田哲也「給付利得返還請求権」谷口知平教授還暦記念『不当利得・
　　事務管理の研究（2）』（有斐閣、1971年）319頁以下などを参照。
　42)　ハンブルクからの異議とその理由およびハノーファーからの異議については、
　　Schubert, oben Fn. 1, Protokolle des ADHGB, Band 11 所収の Zusammenstellung der
　　Erinnerungen gegen den Entwurf aus zweiter Lesung, S. 53, Nr. 363 und 364 を参照。

的手段として認める提案がなされた（4595頁）。また、「契約から離脱する」という選択肢の意味を明確にするため、「あたかも契約が締結されなかったかのようにして契約から離脱する」というように規定すべきであるとの提案がなされた（4596頁）。

　審議の結果、買主の契約解除権を損害賠償請求権とは異なる法的手段として定めるハンブルクからの提案が認められた（4599頁）。

(3)　以上のような第三読会の議論を経て、次のような第三草案が現れる[43]。

　第三草案354条　買主が売買代金の支払を遅滞しかつ商品がなおも引き渡されていないとき、売主は、契約の履行および遅れた履行を理由とする損害賠償を請求するか、履行に代えて商品を第343条[44]の規定に従って買主の計算で売却して損害賠償を請求するか、又はあたかも契約が締結されなかったかのようにして契約から離脱するかの選択を有する。

　同355条　売主が商品の引渡しを遅滞するとき、買主は、遅れた履行を理由とする損害賠償と併せて履行を請求するか、履行に代えて不履行を理由とする損害賠償を請求するか、又はあたかも契約が締結されなかったかのようにして契約から離脱するかの選択を有する。

　同356条　契約当事者の一方が前2条の規定に基づき履行に代えて不履行を理由とする損害賠償を請求しようとするとき又は契約から離脱しようとするときは、このことを相手方に通知せねばならず、取引の性質が許す場合には遅滞を回復するために事情に応じた期間を与えねばならない。

　第二草案と異なり、第三草案では、売主のみでなく買主にも、損害賠償から独立した解除の選択肢が与えられている。この解除は「あたかも契約が締結されなかったかのようにして契約から離脱する」権利として規定された。議事からは、この文言の意図が次の二点にあることが読み取れる。

　第1は、理論的なものであり、損害賠償の場合には契約が存続するままであ

---

43) Schubert, oben Fn. 1, Protokolle des ADHGB, Band 11 所収の Entwurf eines allgemeinen deutschen Handelsgesetz-Buchs.（Entwurf aus dritter Lesung.）, S. 78 f.を参照。

44) この規定については、Schubert, oben Fn. 1, Protokolle des ADHGB, Band 11 所収の Entwurf eines allgemeinen deutschen Handelsgesetz-Buchs.（Entwurf aus dritter Lesung.）, S. 75 を参照。文言は、前注 35）で示した第二草案 320 条と同様である。

るのに対し、解除の場合には契約が消滅すると構成することで、それら両手段の差異を明確にすることである。この差異を説明するために「後悔権」という概念が用いられていた。

第2は、実際上のものであり、売主について言えば、契約からの離脱を求める際には付随的な損害の賠償も認めないところにある。買主について言えば、商品の価格が下落した場合には、それよりも高額である売買代金の返還請求を認めるところにある。

プロイセン草案に始まる以上のような議論を経て起草された第三草案が、ADHGB の正文となる。

第5款　小　　括

(1)　ここまで幾つかの側面から行われた検討を、ADHGB 解除制度の基本枠組みに従って整理しておく。

まず第1に、商事売買が適用対象とされたことである。出発点となったプロイセン草案では、解除制度は、商行為となる双務契約一般を対象としていた。ここから見れば、第一草案で適用対象が商事売買とされたことは、その縮減を意味する。しかし、ニュルンベルク会議では、解除制度の本来の対象は極めて商事的な——場合によっては差額の取得のみを目的とする——取引である供給契約である、という立場もかなりの範囲で見られた。この立場からすれば、適用範囲の拡大を意味することになる[45]。

いずれにしても、適用対象が商事売買とされたことで、「投機」して「利潤」を追求する「売りのための買い」又は「買いのための売り」という商取引の基本形式と密接に結びつく。これが ADHGB 解除制度創出の礎石であった。

第2に、解除が、履行および損害賠償と並ぶ独立した法的手段として規定されたことである。プロイセン草案では、解除は損害賠償と結びつけられた手段であり、これが履行請求と選択関係にあった。しかし第二草案で売主の解除権が、そして第三草案で買主の解除権が、損害賠償の権利から分離して独立した

---

45)　K. O. Scherner, Rücktrittsrecht wegen Nichterfüllung, 1965, S. 159 ff.は、ADHGB 解除制度の起源をこの供給契約（原著では供給売買）に求め、ADHGB 解除制度をその拡大と捉えている。

法的手段となった。

　解除と損害賠償との結合を断つことで、損害賠償の権利に付随して認められていた、自己の反対給付義務から免れかつ相手方の履行を拒絶する機能が独立化する。そしてこの機能が解除という法的手段に割り当てられる。こうして、契約からの離脱を主たる機能とする解除権が現れた。

　第3に、遅滞と——場合によっては期間設定を伴う——通知が要件とされたことである。プロイセン草案では、遅滞のみではなく、契約に従わない履行もまた、解除の要件とされていた。しかし、軽微な不履行でも解除されるのは行き過ぎである、あるいは契約に従わない履行というのは曖昧である、との批判に晒され、第一草案で遅滞のみが要件として規定された。通知要件は、プロイセン草案の解除制度が有する訴権的性格と入れ替わるようにして、第一草案で規定された。この要件によって、容易に行使可能な解除権の引き起こす不都合の回避がまずは契約当事者たちの手に委ねられることになった。

　総じて言えば、ADHGB解除制度は、実体要件をより明確にし、行使要件をより緩和する形で構想されている。規律対象がまさに市場的な取引であることが、そしてその取引の主体が高度に発達した市場で十分な知識をもって敏活に活動できる、あるいはそうすべきである商人であることが、このような構想を促した。

　第4に、解除権が「あたかも契約が締結されなかったかのようにして契約から離脱する」権利として規定されたことである。この「あたかも……」という文言は、第三草案で挿入された。この文言挿入の意図は、契約が存続するままである損害賠償との違いを、すなわち解除においては契約は消滅するということを明確にするところにあった。それを理論的に説明するために「後悔権」という概念が持ち出された。

　解除によって契約は存続するままか、それとも消滅するかという問題は、いわゆる解除の法的構成に関するものである。これと関連しつつも別の問題を構成する解除の効果に関して言えば、売主の解除権は、すでに売却したがしかし未引渡しのままである商品を再び売主の自由な処分の下に置くことを可能にする。買主の解除権は、未履行の場合には、すでに支払うことを約束した代金を再び買主の自由な処分の下に置くことを可能にする。これに対して、既履行の

98　第2章　一般ドイツ商法典における解除

場合には、商品価格の下落により相対的に高額となった売買代金の返還請求としての意味を持つ。すなわち、返還請求権の発生は、買主解除の場合にのみ意図された効果であった[46]。

(2)　先の第1部第1章で見た各法源における解除制度ないしそれに相当する理解と比較すると、どの法源でも債権者が債務者からの履行を拒絶し、自己の負担する反対給付義務から免れるという帰結は認められていた。この点は、ADHGB解除制度も同様である。

しかし、ADHGB解除制度は、債権者に解除権行使のイニシアチブを認めている点で、オーストリア民法典およびプロイセン一般ラント法の解除制度とは異なる。逆から言えば、フランス民法典の解除制度、普通法（学）および商法（学）における理解と同じ位置にあることになる。もっとも、フランス民法典の規定によれば解除は裁判上請求せねばならず、裁判官によって履行のための期間が付与されることもある。また、普通法（学）における理解では、解除には、一方では遅滞によって債務者の給付が債権者にとって無益となることを必要とし、他方では通知を必要としない。これらの点において、ADHGB解除制度は異なるものである。

これに対し、商法（学）では、普通法（学）の枠組みが用いられながらも、実質的には遅滞のみによって解除が認められていた。また、転売を行う際には通知を要する、という発想も見られた。ADHGB解除制度はこの系譜に属すると言える。

(3)　では、以上のようなADHGB解除制度が現れるに至ったのは、何故であろうか。もはや指摘するまでもなく、ADHGBが他でもない商法典であったからである。「投機」をして「利潤」を追求する、すなわち「売りのための買い」又は「買いのための売り」という取引形式を規律対象の中心に置く商法は、その性質上、迅速な取引の展開を擁護する。ところが現実には、履行によせ損

---

46)　実際の運用では、代金額の返還は、第二の選択肢である損害賠償の請求によっても認められた。例えばUrt. v. 18 Juni 1878, ROHG 24, 106 を、また文献として J. Harst, Rücktritt und Schadensersatz, 1984, S. 156 f. も参照。このようなことに加えて、既履行の場合に売主の解除権が認められていないことを鑑みるなら、先に本文で述べたように、ADHGB解除制度の主な機能は、既履行給付の返還ではなく、契約関係からの離脱にあったと言える。

害賠償にせよ、あるいは訴権的性格を有する解除にせよ、その強制的な実現には公権力たる司法による判断を要する。そのようなことは、資本の迅速な回転によって自己の経営を成り立たせる商人には煩わしいものであり、十分な保護とならない。とはいえ、司法による判断の可能性を完全に排除することはできない。

そこで、そのような判断の契機を暫定的に遮断することが求められる。この要請が法技術に反映されるとき、解除制度はその訴権的性格を失い、損害賠償制度から切り離され、当事者による通知を要件とすることになる。これによって、履行を受けることのできなかった当事者は、意思主義ないし諾成主義[47]に実直に従えば契約によって一度は相手方のものとなったはずの財産を、公権力たる司法の判断を経ることなく再び自己のものとし、異なる取引に投入できることになる。このような可能性を解除権という法律上の権利として承認することで、ADHGB は迅速な取引の展開という商取引実務の要請に応えたのである。

(4) かつて、形成権としての解除および取消の歴史的発展に共通の基礎として、迅速性、訴訟経済、（経済的）自由主義思潮が指摘された[48]。取消はともかく解除に関して言えば、それは 19 世紀の「商法」の領域で現れた。このことは、「民法」の領域における ADHGB 解除制度への対応を見ることで、さらに明らかとなる。この作業が次節で行われる。

---

47) 諾成主義は意思主義の契約締結の局面における表現である。北村一郎「私法上の契約と『意思自律の原理』」『基本法学 4 』（岩波書店、1983 年）169 頁以下を参照。

48) 本田純一「近世ドイツ立法史における形成権の基礎」一論 74 巻 2 号（1975 年）237頁。自由主義思潮については、その内容から、筆者が「経済的」という形容詞を付した。経済的自由主義については、岡田与好『経済的自由主義』（東京大学出版会、1987 年）の序章「経済的自由主義とはなにか」を参照。

第3節　民事法における対応

　前節の検討では、ADHGB 解除制度が商取引上の要請に応えるために、換言すれば当時の商法的特質を反映したものとして現れたことを明らかにした。とはいえ、先に述べたように[1]、ADHGB の解除制度は、当時のドイツに統一的な民法典が存在しなかったゆえにその代わりとなる商法典において現れただけではないか、との疑問が残る。この点につき格好の検討素材を提供するのが、1866 年のいわゆるドレスデン草案（Dresdener Entwurf）である。というのは、本草案は ADHGB と同時期に属するものであり、そして、債務法に限ってではあるが、民法の法典化を目指したものだからである。

　ドレスデン草案の起草過程では、解除に関する普通法（学）上の理解が前提とされている。そこでまず、その理解に見られる基本的性格を確認する（第1款）。次いで、ドレスデン草案起草過程に見られる、ADHGB 解除制度への対応を追う（第2款）。

第1款　普通法的構成の基本的性格

　(1)　第1章第2節「普通法（学）」では、遅滞効果論を対象に検討を行い、モムゼンを典型として、「遅滞によって給付が無益となるとき、契約に基づく損害賠償を通じて、解除と同様の帰結に至る」という普通法上の理解を確認した[2]。ADHGB 解除制度の出現後もなお、これと同様の理解が普通法（学）で維持される。例えば、ヴィントシャイト（B. Windscheid）は、遅滞の効果に関する記述の中で、次のように述べる。

> 「双務契約では債権者は債務者の遅滞によって契約を解除する権利を取得する、と言われた。これもまた一般的には正しくない。債権者が債務者の給付を拒絶する権利を有するのは、給付されるものが、その者に約束させた目的にとって無益なもの（unbrauchbar）となった場合のみであり……」[3]

1）　本章第1節(3)を参照。
2）　前章第2節(5)を参照。

他にも類似の理解が見られる[4]。解除と同様の帰結に至るために給付の無益性に依拠する以上のような構成を、以下、「無益性解除」と呼ぶ。

では、そこで言う無益性とは、いかなるものであろうか。契約の解除に関するモノグラフにおいて、当時の普通法学者であるレーゲルスベルガー（F. Regelsberger）は、無益性要件には次のような二つの要請が含まれているとする。第1に、履行に関する債権者の利益が完全に失われねばならない、ということである。もっとも、わずかな利益がある場合も全く利益がない場合と同様のことがある。ここに裁判官の裁量の余地があり、無益性という柔軟な規定を賢明に（verständig）利用するときは、取引の要請にとってかなり有用である、とする[5]。第2に、給付が単に一般的な諸関係からして無益だというのではなく、当該事案において実際に無益であることが必要であり、そして当該事案において必ずそれが証明されねばならない、ということである。しかし、一般的諸関係から導き出される推定がこの証明を助ける、あるいはこれに代わることも否定されるべきではない、と付け加える。例えば、あるパレードのために洋服屋に礼服を注文する、あるコンサートのために印刷屋にプログラムを注文する、ある宴会のために料理屋に高級な惣菜を注文する場合には、その機会の後に到着した給付が無益であるという証明は要求されない[6]。

以上から、次のようなことを指摘できる。すなわち、「無益性解除」は、一方では、無益性という文言上は比較的広い要件枠組みを設定することによって、解除の正当性に関する柔軟な判断を可能とする。しかし他方では、その要件枠組みによって、解除を主張する者には無益性に関する証明が要求され、それを通じて司法権者としての公権力（裁判官）には解除の正当性を個別的に判断する契機が与えられる。これにより、解除——と同様の帰結に至る、損害賠償の

---

3) B. Windscheid/ T. Kipp, Lehrbuch des Pandektenrechts, 2. Band, 9. Aufl., 1906 (Neudruck 1984), §. 280, S. 146 Fn. 1.

4) 例えば、J. A. Seuffert, Praktisches Pandektenrecht, 2. Band, 4. Aufl., 1867, §. 246, S. 45 Fn. 4; C. G. v. Wächter, Pandekten, 2. Band, 1881, §. 192, S. 400; J. Baron, Pandekten, 6. Aufl., 1887, §. 240, S. 409.

5) F. Regelsberger, Ueber das Recht zum Rücktritt vom Kaufgeschäft wegen Verzugs in der Erfüllung, AcP 50, 1867, S. 28.

6) Regelsberger, oben Fn. 5, S. 28 f.

102　第2章　一般ドイツ商法典における解除

権利に基づく給付拒絶権——は、債務者が遅滞に陥ることのみでは認められず、無益性要件の存在ゆえに限定的・例外的な法的手段となる。

　以上との対比において ADHGB 解除制度を見ると、そこでは給付の遅滞のみが要件とされている。迅速かつ間断のない取引が行われる商業では、取引に生じた障害の迅速な除去が必要となるが、契約関係の存続あるいは破棄といった障害除去方法の選択は当該当事者がもっともよくなしうるのであり、その選択結果が給付の無益性の証明に左右されるべきではない。レーゲルスベルガーはおおよそ以上のように述べて、民法（無益性解除）と商法（ADHGB 解除）との違いは無益性要件にのみ関係すると論ずる[7]。無益性の証明が要求されず、遅滞のみが要件となることで、解除の正当性は法律において一般的に付与され、解除の正当性を司法が個々の事案ごとに判断する契機と構造は後退する。無益性要件の存在ゆえに限定的・例外的な法的手段である「無益性解除」から見れば、遅滞のみを要件とする解除は一般的かつ原則的な法的手段となる。

　(2)　ところで、モムゼンは、「無益性解除」に言及するにあたって、この解除が「相対する債務関係（gegenseitige Obligationen）の、および遅滞により生じた利益給付に対する債務者の義務の一般的性質から明らかとなる」とするものの、詳しく論じてはいなかった[8]。ここで、ヴィントシャイトの理解を取り上げ、その意味を検討する。

　ヴィントシャイトは、双務契約に関する箇所で、次のように述べる。

　　「①履行した者は、相手方がその債務の履行を拒絶するとき、この相手方には履行を要求することができるのみであり、自らが給付したものの返還を要求することはできない。②たしかに、ローマ法によれば、そのような返還請求権は、方式から解放されていない双務契約においては、根拠のあるものであった。しかし、今日の法によれば、それは無条件に排除される。③もっとも、ローマ法は先に挙げた契約ではさらに進み、履行をした者に、相手方が履行の準備をしているときでさえ、自らの行った給付の返還を求める権能を与えた（いわゆる後悔権）。しかしこの権能もまた、今日ではもはや認められない。」[9]〔丸番号は筆者〕

---

7) Vgl. Regelsberger, oben Fn. 5, S. 34 f.

8) 前章第 2 節(4)を参照。

第3節　民事法における対応　　103

　引用文①では、返還請求権が明示的に否定されている[10]。ヴィントシャイトによれば、このことは「無益性解除」の場合も異ならない[11]。注目すべきはその根拠付けとなる引用文②および③である。

　返還請求が認められない旨を述べる引用文②に付された脚注では、「今日の法によれば、法的に効力のある契約は、無方式の協定（Beredung）によっても成立するからである」とする[12]。周知のように、ローマ法のもとでは、裸の合意から訴権は生じない。そこから19世紀の法学者であるヴィントシャイトの理解、すなわち無方式の合意すべてに法的拘束力を承認する理解に至るまでの歴史的経緯には立ち入らない。ここで確認されるべきは、双務契約に基づいて給付されたものの返還請求が否定される根拠を合意の法的拘束力に求めていることである。

　引用文③で言及される後悔権は、法史学者コーイング（H. Coing）によれば、中世教会法で認められていた契約解除の権利を、法律家（Legist）がローマ法上の無名契約の場合に認められる先行給付者の返還請求権の適用事例であると見なして、名付けたものである[13]。すべての合意に法的拘束力が認められる

---

9 ）B. Windscheid, Lehrbuch des Pandektenrechts, 2. Band, 3. Aufl., 1870, §. 321, S. 209 f.
　　なお、ここで第3版を引用したのは、前注3）で参照した第9版では、ヴィントシャイトの独創的見解である前提論が介在しているからである。すなわち、第9版では、引用文②と③との間に「もっとも、今日の法によっても、給付者がすでに反対給付を獲得したという誤った想定のもとで給付し、あるいはまた反対給付を獲得するだろうという期待のもとで給付し、同時にこのような想定ないし期待が自己の給付の前提であることが給付時に認識可能な形で現れていた場合には、そのような権利〔返還請求権：筆者〕が給付者に与えられる」と続き（Windscheid/ Kipp, oben Fn. 3, §. 321, S. 326）、これは支配的な見解とは合致しないが、前提論からの直接的な帰結である、とする（a. a. O., §. 321, S. 326 Fn. 10a）。ここに、不当利得論と前提論との交錯がある。この点につき、五十嵐清「事情変更の原則と不当利得」谷口知平教授還暦記念『不当利得・事務管理の研究（3）』（有斐閣、1972年）89頁以下を参照。
10）他にも、K. A. von Vangerow, Lehrbuch der Pandekten, 3. Band, 7. Aufl., 1876, §. 599, Anm. V, S. 243 を参照。
11）Windscheid, oben Fn. 9, §. 321, S. 209 Fn. 8.
12）Windscheid, oben Fn. 9, §. 321, S. 209 Fn. 10. 契約の拘束力ないし訴求可能性に関する当時の理解として、F. K. v. Savigny, Das Obligationenrecht als Theil des heutigen Römischen Rechts, Band 2, 1853, Neudruck 1973, §. 77, S. 240 ff.; O. Bähr, Die Anerkennung als Verpflichtungsgrund, 1855, §. 40, S. 151 ff. などを参照。

104　第2章　一般ドイツ商法典における解除

ことで無名契約と有名契約との対立は意味を失い、これと共に後悔権もまたその意味を失う。そして、本書の検討対象である 19 世紀には、原則として認められないものとなる[14]。

　引用文②も③も内容上は契約の拘束力に関するものである。ヴィントシャイトによれば、「無益性解除」にとって双務契約の一般的性質が有する意味は、契約の拘束力の承認という原則に従って、契約を再び消滅させるという意味での解除権を否定するところにある。日本語としては逆説的な表現であるが、「無益性解除」は契約の解除を認めない。一般的な法定解除権を認めない普通法（学）は、契約の拘束力の承認という原則に率直かつ厳格に従うゆえに、契約を再び消滅させることのない損害賠償制度を通じて、「無益性解除」という法的構成を作り上げたと言えよう[15]。

　(3)　以上のようなことから、「無益性解除」の基本的性格として、次のようなことを指摘できる。

　第 1 に、「無益性解除」では、無益性という広い要件枠組みを設定するが、その証明が解除を求める当事者（債権者）に委ねられ、またその存否に関する司法の判断が個々の事案に大きく依拠する結果、解除は履行ないし損害賠償と比べて限定的・例外的な法的手段となっている。

　第 2 に、「無益性解除」では、両当事者の合意により有効に成立した契約が一方当事者の意思のみによって消滅することを認めず、契約の拘束力の承認という原則が遵守される。このような意味において、「無益性解除」は当事者の

---

13)　H. Coing, Europäisches Privatrecht, Band 1, 1985, §. 79, S. 404.

14)　A. Erxleben, Die Condictiones sine causa, 2. Abt., 1853, S. 468; F. Mommsen, Beiträge zum Obligationenrecht, 1. Abt., 1853, § 32, S. 398; G. F. Puchta, Pandekten, 12. Aufl., 1877, §. 250, S. 387 und §. 308, S. 473 Fn. c. などを参照。

15)　H. H. Jakobs, Nichterfüllung und Rücktritt, in: W. Flume et al. (hrsg.), Internationales Recht und Wirtschaftsordnung, Festschrift für F. A. Mann zum 70. Geburtstag, 1977, S. 51 f. は「普通法理論は、それが論理一貫していたなら、一般的な法定解除権を承認することはできなかった。なぜなら、そのような権利は双務契約の性質からは導き出されず、またローマ法源に基礎をもっていなかったからである。普通法理論は、それゆえ、契約からの一方的離脱を利益給付義務から導き出さねばならなかった」と述べる。なお、ローマ法については、R. Zimmermann, The Law of Obligations, Roman Foundations of the Civilian Tradition, 1990, p. 800-801 も参照。

第3節　民事法における対応　**105**

意思関係を基軸にする法的構成であったと言える。解除の正当性の判断が無益性要件を介して公権力である司法に大きく左右される点を鑑みれば、「無益性解除」は契約当事者の意思関係と公権力との緊張関係の一つのあり方として把握できる。

　第3に、19世紀ドイツの普通法（学）では、契約の拘束力の承認という原則に先のような形で従うゆえに、損害賠償制度を基礎にする「無益性解除」という法的構成が示されている。

　ドレスデン草案では、以上のような基本的性格を有する「無益性解除」が、ADHGB解除制度と対置される。

第2款　ドレスデン草案
1　起草の経緯

　ドレスデン草案の検討に入る前に、起草の経緯を簡単に示しておく。起草過程は、第一読会と第二読会との二段階に大別される。第一読会では、まず、準備委員会によって作成された規定（Vorlage des vorbereitenden Ausschusses（Anlage B）：準備委員会案）が順次報告され、それについて議論がなされる。この議論を受けて、編集委員会が規定を作成する（Vorlage des Redaktionsausschusses（Anlage E）：編集委員会案）。この案もまた逐次の議論を経て、再び規定の作成となる（Redigirte Beschlüsse（Anlage F）：編集決議案）。これにさらに議論が加えた後、第一草案が起草されることになる。この第一草案を討議資料に行われた第二読会を経て現れるのが、いわゆるドレスデン草案である。

2　債務法総則における解除

　(1)　では、解除制度に関連する議論を見てみよう（以下、本文中の頁数は議事録のものである[16]）。

　準備委員会は、第2部「債務関係の成立」、第1章「契約について」、h「契約の効果」において、次のような規定を提案した（453頁および469頁）。

　準備委員会案177条　契約当事者の一方が自らに義務のある注意を守らな

---

16)　W. Schubert（hrsg.）, Protocolle der Commission zur Ausarbeitung eines allgemeinen deutschen Obligationenrechtes, Band 1-6, 1984.

106　第2章　一般ドイツ商法典における解除

いとき、又は自らの債務を履行しない若しくは適切に履行しないときは、相手方は、適切な履行および損害賠償の訴えを提起できる。相手方は、特別の取り決め又は法律上の規定により何か異なる定めのないかぎり、契約を一方的に解除する権利を有さない。

　引用した177条の第2文には、原則として契約を一方的に解除できないことが明記されている。準備委員会案の報告者は、法律家たちにも、事情の変化あるいは双務的給付の不均衡あるいは相手方の過責によって契約から再び離脱できるという誤解が見られ、この誤解を考慮すればこの規定を置くことが正当される、とする（453頁）。すなわち、一度有効に成立した契約は一方的に解除できない、という当時の普通法上の原則を明確にするところに、この規定の意図があった。

　この準備委員会案177条第2文の例外則を定めるのが、同案179条である（470頁）。

　準備委員会案179条　契約がその内容により、又は諸関係とりわけ客体の属性から明らかとなる契約当事者たちの意図により、給付が早くもなく遅くもなく特定の時期に又はその時期までに行われることに向けられている場合において、特定の時期に履行が行われないときは、相手方は、契約を解除して給付されたものの返還および損害賠償を請求することができる。

　第179条はいわゆる定期行為の事案を取り扱うが、ここでは、契約を解除した後の手段として、給付物の返還請求と損害賠償請求とを併せて認めている。この点につき、契約に基づいて認められる損害賠償と契約の解除とは法的に相容れない、と批判される（464頁以下）。

　これを受けて、編集委員会案165条では、契約を解除して給付されたものを返還請求するか、それとも損害賠償を請求するかという選択肢が定められ（746頁）、この165条の枠組みが基本的にはそのままドレスデン草案152条に受け継がれることになる。また、解除否定の原則を定める準備委員会案177条第2文は、若干の変更が加えられて、ドレスデン草案151条となる。こうしてドレスデン草案では、解除を原則として否定し、定期行為について例外を定めるという構想が示される[17]。

　ドレスデン草案151条　当事者の一方がその義務を履行しないとき、相手

方は、特別の取り決め又は法律上の規定により何か異なる定めのないかぎり、契約から一方的に離脱する権利を有さない。

同 152 条 給付が早くもなく遅くもなく特定の時期に若しくは特定の時期までに遅れることなく行われることが契約において定められている場合、又は諸関係とりわけ客体の属性からそのことが明らかとなる場合において、契約当事者の一方により特定の時期にあるいは特定の時期までに給付が行われないとき、相手方は、あたかも契約が締結されなかったかのように契約から離脱するか、又は契約に基づく権利を第 273 条、第 388 条および第 389 条に従って行使することができる。

(2)　解除否定の原則を定めた準備委員会案 177 条第 2 文では、法律の規定による解除がありうることを定めていた。第一読会では、これに関連する規定が、遅滞の効果に関する準備委員会案の規定の審議が一通り終了した後に、ある委員からの個別提案として示された（930 頁）。第 295a 条として添付資料に示されたこの条文案は、次のようなものである（947 頁以下）。

提案 295a 条 双務契約おいて当事者の一方が履行を遅滞するとき、相手方は、契約の履行と遅れた給付を理由とする損害賠償を請求するか、履行に代えて不履行を理由とする損害賠償を請求するか、又はあたかも契約が締結されなかったかのように契約から離脱するかの選択を有する。（商法典 354 条、355 条）

　当事者の一方が履行に代えて損害賠償を請求しようとする、あるいは契約から離脱しようとするとき、その者は相手方に通知せねばならず、このとき遅滞を回復するために事情に応じた期間を相手方に与えなくてはならない。この規定は第 162 条の事案には適用されないが、しかし債権者が契約の履行を求めるなら、定められた時期又は期限の経過後遅滞なくこれを通知せねばならず、違反した場合には履行に関する請求権を失う。（商法典 357 条 1 項）

---

17) Schubert, oben Fn. 16, Band 6 所収の Entwurf eines für die deutschen Bundesstaaten gemeinsamen Gesetzes über Schuldverhältnisse, S. 28 を参照。なお、草案 152 条で挙げられる 273 条は債務不履行に基づく損害賠償に関する規定であり、388 条および 389 条は不可抗力による不能に関する規定である。

108 第2章 一般ドイツ商法典における解除

　第161条および第295条により行われる契約の解消は、契約に基づいて
引き渡された者についてすでに権利を取得した第三者に対して効力を有さ
ない。

　一見して明らかなように、提案295a条は、ADHGBの解除規定を考慮した
ものである。債務者の遅滞によって債権者に履行・損害賠償・解除の三つの選
択肢を与える第1項はADHGB 354条および355条に、そして、損害賠償ある
いは解除を選択する場合に通知を要求する第2項第1文はADHGB 356条に範
をとる。もっとも、ADHGB解除制度に存在した商事売買への限定は欠落して
おり、また、売主解除の場合に定められていた商品未引渡要件もない。なお、
提案295a条3項[18]にある第三者保護の規律はバイエルン草案138条3項[19]に
範をとるものである（934頁）。

　提案者は、当時の主たる法源における法状況に言及しながら、提案295a条
で定められた解除権をおおよそ次の二点から根拠づけている[20]。第1に、普
通法上認められる「無益性解除」においては、遅れた給付の無益性の証明はと
りわけ金銭給付の場合には困難なものであるが（931頁以下）、商法およびフラ

18）第3項にある第295条は本提案のことを意味し、第161条は先に本文で挙げたドレス
　　デン草案152条の前身である編集決議案161条を指す。後者につき、Schubert, oben
　　Fn. 16, Band 2所収のAnlage F（Redigirte Beschlüsse）, S. 28 f.を参照。

19）次のような規定である（Vgl. Entwurf eines bürgerlichen Gesetzbuchs für das
　　Königreich Bayern, 1861-1864, mit Motiven, in: Neudrucke privatrechtlicher Kodifika-
　　tionen und Entwürfe des 19. Jahrhunderts, Band 3, 1973, S. 76 f.）。

　　バイエルン草案138条　双務契約において当事者の一方が履行を遅滞するとき、相手
　　方は、契約の履行を請求するか、又は契約を解消し、既に自己の給付したものの返還
　　と損害賠償を請求するかの選択を有する。
　　　原告が契約の解消を要求する場合において、被告が訴えの通知後即座に申立てを行
　　うときは、裁判官は、原告の利益が許すかぎりで、事情に応じて給付のための期間を
　　被告に認めることができる。
　　　この訴えにより行われた契約の解消は、契約の結果として移転された物についてす
　　でに権利を取得した第三者に対しては、効力を有さない。

20）以下の本文で言及する他に、提案者は、第三者保護規定については、解除権をフラン
　　ス解除制度のように黙示の条件と構成する場合には問題を引き起こすが、単なる契約上
　　の権利として理解すれば問題は生じない、とする。また、ADHGB解除規定のように、
　　売主解除の場合に商品の未引渡しを要件としないことについては、その要件が商取引固
　　有の事情に基づくものである、とする。Vgl. Schubert, oben Fn. 16, Band 2, S. 933 ff.

ンス法の解除によればそのような証明は必要ではないこと（935頁）である。第2に、双務契約では給付に関する権利は反対給付義務と本質的に結びついており、この双務契約の性質から、あたかも契約が締結されなかったかのようにして契約から離脱するという債権者の無制限の――証明に関する制限のない――権利が明らかになること（933頁）、である。

(3) 以上のような提案295a条は、提案者以外のすべての委員からの反論にあう。主要な反論は3名によって展開された。

第1の反論者は、契約当事者の意思としてその内容に従って双方的に拘束される合意という契約の性質ないし本質に基づいて、何か異なることが明示黙示に根拠づけられないかぎり契約を一方的に解除することはできず、この原則は編集決議案160条および161条[21]で承認された帰結であり、また普通法に従ったものである、との考えを示す（936頁以下）。そして、普通法上の「無益性解除」に言及し（937頁以下）、給付の無益性の証明については、「裁判官の理性的な裁量が信頼されてよい」（938頁）と述べて、次のような提案を行う（938頁）。

提案294d条 債務者の遅滞の結果として給付が債権者にとって無益となるとき、債権者は、さらなる損害賠償請求権を害することなく、後になされる給付を拒絶し自己の反対給付を留保するか、又はすでに給付している場合には給付したものの返還を請求できる。

第2の反論者は、普通法に従う第1の反論者の見解に基本的に賛成した上で、次のように述べる。

「今日の法によれば、債権者は、債務者遅滞の場合には、履行および不履行を理由とする損害賠償に関する訴権を有する。給付の客体が少なくとも比較的長期間同じ価値を有する場合には、これで十分である。……異なる関係にあるのは、各地で異なる市場価格ないし取引所価格を有する物の場合であり、これはその価格を考慮して日々の取引の客体となる。ここでは、契約当事者たちの利益は、先に挙げた権利によってはどうしても填補され

---

21) Schubert, oben Fn. 16, Band 2所収の Anlage F. (Redigirte Beschlüsse), S. 28 f. を参照。解除否定の原則と定期行為における解除を定める規定であり、先に本文で挙げたドレスデン草案151条および152条の前身である。

110   第2章　一般ドイツ商法典における解除

ない。」（939頁）

　この発言では、価格変動のほとんどない客体と、価格変動の激しい客体とが
区別され、前者の例として不動産取引が、後者の例として国債取引が挙げられ
る。19世紀前半には、国債取引は賭博的なものであるとの見方も存在した
が[22]、今やそのような考え方は否定され、むしろこのような商取引が国家の
繁栄に繋がると考えられている（940頁）。そこで、このような取引の要請を満
たす手段が必要となり、その方法の一つとして、先の提案295a条で定められ
た解除権が考えられるのであるが、第2の反論者においては、契約は履行され
るために締結されるのであって離脱されるために締結されるのではないから契
約の概念と対立すること、また、遅滞がどんな場合でも契約の解消となると遅
滞にある債務者にはあまりに厳しいものとなることなどを理由に、そのような
解除の権利が否定される（940頁以下）。

　こうして、国債取引の要請をも満たす今一つの方法として、「無益性解除」
が支持される。この反論者は、普通法によれば債権者は目的物を売却できたで
あろうことを証明すればその物の価値を請求することが可能であり、市場又は
取引所価格のある商品は市場又は取引所でいつでも売却可能なのであるから、
この価格を物の価値として請求することができ、これによって市場又は取引所
での取引における不都合を回避できる、と考えた（941頁以下）。

　第3の反論者は、①普通法は何を定めているのか、②そこから離れる必要は
あるのか、③その必要にどのように策を講じるのか、の3点に分けて反論を行
う。①については、普通法は「契約は守られるべし（pacta sunt servanda）」と
述べ、これでもって債権者の解除権に反対し、かくして債務者の遅滞にもかか
わらず債権者は契約に拘束されるままである、とする。②については、必要性
は否定されるべきではないが、すべての双務契約において解除約款（lex com-
missoria）が存在すると一般的に述べることは憂慮される、とする。そして③
の問題については、債務法各則の審議まで議論を止めるべきである、とする
（942頁以下）。

　以上3名からの反論に他の委員も賛成する（942頁および943頁）。それに対

_____

22）前章第3節注38）およびそれに対応する本文を参照。

して、提案 295a 条の提案者が再反論を行うものの（944 頁以下）、8 票中 7 票という圧倒多数で提案 294d 条が採用される（945 頁）。こうして、普通法の原則に従った提案 294d 条が第一草案 320 条となる[23]。

(4)　第二読会では、この第一草案 320 条に対して、無益性要件はあまりに狭く表現されているとして、この枠組みを広げる提案がなされる（4187 頁）。提案者は自らの提案にある解除権を、瑕疵担保責任に基づく解除権によって根拠づけようとした（4188 頁）。

しかし、この提案もまた反論にあう。第一草案 320 条で認められた解除権は、損害賠償請求権の観点から理解され、瑕疵担保責任に基づく解除権とは前提を異にする、とされた（4188 頁）。結局、要件枠組みの拡大を意図した提案は 5 対 1 で拒絶された（4189 頁）。

以上の審議を経て、ドレスデン草案では、給付の無益性を要件とする次のような規定が定められた[24]。

> **ドレスデン草案 305 条**　債務者遅滞の結果として債権者にとって給付が無益（nutzlos）となるとき、債権者は、さらなる損害賠償に関する請求権を害することなく、給付の受領を拒絶しかつ反対給付を留保するか、又はすでに反対給付を与えた場合にはその返還を請求できる。

3　債務法各則（売買）における解除

(1)　以上は債務法総則における議論であるが、先に見た提案 294d 条の採択が第一読会で決議される際に、同条で認められた解除権は遅滞を理由とする無制限の解除権とは異なるものであり、後者については個々の場合に必要か否かを各論の審議において議論することが確認されていた（945 頁）。これを受けて、売買に関する議事において、ADHGB 解除制度が再び議論の対象となる。準備委員会は次のような提案を行った（1759 頁以下および 1778 頁以下）。

---

[23]　Schubert, oben Fn. 16, Band 5 所収の Entwurf eines für die deutschen Bundesstaaten gemeinsamen Gesetzes über Schuldverhältnisse.（Nach den in erster Lesung festgestellten Beschlüssen.）, S. 58 を参照。

[24]　Schubert, oben Fn. 16, Band 6 所収の Entwurf eines für die deutschen Bundesstaaten gemeinsamen Gesetzes über Schuldverhältnisse, S. 58 を参照。

112 第2章 一般ドイツ商法典における解除

準備委員会案428条（ADHGB 354条） 売買の客体が代替物であり、買主が売買代金の支払について遅滞にあるとき、売主は、契約の履行および遅れた給付を理由とする損害賠償を請求するか、競売権限のある官吏を通じて買主の計算でその物を売却しかつ損害賠償を請求するか、又はあたかも契約が締結されなかったかのようにして契約から離脱するかの選択を有する。

同429条（ADHGB 355条） 売買の客体が代替物であり、売主が引渡しについて遅滞にあるとき、買主は、売却された物の給付を遅れた給付を理由とする損害賠償と併せて請求するか、売買の不履行を理由とする損害賠償を請求するか、又はあたかも契約が締結されなかったかのようにして契約から離脱するかの選択を有する。

同430条（ADHGB 356条） 第428条の場合に売主が、また第429条の場合に買主が履行に代えて不履行を理由とする損害賠償を請求するか、又は契約から離脱しようとするとき、その者はこれを相手方に通知する義務を負い、取引の性質が許す場合には遅滞を回復するために事情に応じた期間を与える義務を負う。

　一見して明らかなように、ADHGB の解除規定と類似している。相違点を挙げると、ADHGB 354条では売主の未引渡しが解除の要件とされていたが、これに対応する準備委員会案428条ではその要件が削除されていること、そして適用対象が商事売買ではなく代替物売買とされていること、である。

　(2)　この提案に対して、2人の委員が詳細な批判を展開した。

　ある委員——第一読会において ADHGB の解除規定を範とする295a条を提案した者——は、双務契約において誠実な当事者は、履行を請求するほかに、契約それ自体をもはや効力のないものと見なして既給付物の返還を請求できる、という理解を示しながらも、次の2点から、準備委員会案428条から430条までには内在的根拠がないと批判する。

　まず、民法と商法との関係という視点からである。

　「……商法典の354条から356条までの諸規定が依拠する基本的想定は、商品は、商取引で価格の上下（相場）に投機して迅速に取引するために、売却又は購入される、というものである。このことはとりわけ、売主が引

渡しによってすでに履行した事案を排除することにおいて、また、買主に
よって受領されなかった商品を買主の計算で裁判所の介在なく売却できる
売主の権利において、明らかとなる。この諸規定が商取引の外で代替物に
転用されるならば、それは基礎を欠いたものである。……売買取引が商法
典271条から274条までによる商行為の広い領域に含まれないときは、売
買は単に生産者と消費者との間で生じ、ここでは商法の規定が依拠する先
述の考慮のすべてが妥当しないからである。」(1766頁)〔強調は原文〕

次に、約定解除との関係という視点からである。

「すでに決議された編集決議案161条および284条が取引の要請をなおも
満たしていないかぎりで、問題となっている原理が有用なものとなる重要
な事案すなわち売買が買主への物の引渡しによってすでに履行されかつ買
主が売買代金の支払を遅延している場合については、取引流通の要請は、
失権の留保(Vorbehalt der Rechtsverwirkung)によって、そもそもこれが
法的に可能なかぎりにおいてではあるが、十分に考慮されている。」(1766
頁以下)〔強調は原文〕

編集決議案161条はドレスデン草案152条の前身であり、定期行為における
解除を認める。同284条[25]はドレスデン草案305条の前身であり、「無益性解
除」を認める。要するに、法律により定められた解除でもって取引の要請にな
おも応じることができない事案でも、約定解除により対応できる、とするので
ある。

別の委員は、提案された規定が純粋に商法的な基礎に依拠していないかどう
か、また、仮に依拠するとしても民事取引に拡張する目的適合的な根拠がある
かどうか、という二つの問題を定めて、反論を展開する(1768頁)。

第1の問題については、商取引では遅滞によって商人は自らの計画を害され
るのであるから、一方当事者による契約違反を相手方にとって可能なかぎり速
やかに害のないものとすることが求められ、このような純粋に商法的な観点か
ら、迅速な仕方で目前にある損害を回避しまた既に生じた損害を補う手段が認
められる、として、商法典の規定が商法的な基礎に依拠することを認める

---

25) Schubert, oben Fn. 16, Band 2所収のAnlage F.(Redigirte Beschlüsse), S. 55を参照。

114　第2章　一般ドイツ商法典における解除

(1768頁)。

しかし、第2の問題については、提案された規定が目的適合的であるかどうかを個別に検討すべきであるとして、売主の解除権は通常の民事取引では必要ではないこと、契約から離脱する権利は定期行為の場合にのみ与えられること、給付が無益となるときに認められる損害賠償請求権が解除権と一致するものであること、これらの権利に加えて契約により留保された解除権が存在することなどに言及する。そして、民事取引では商取引において必要とされる救済手段の迅速さは必要ではなく、草案の総則部分で定められたことで十分である、と結論づける（1768頁以下）。

　(3)　以上のような ADHGB 解除制度導入反対論に対して、通常の取引でも商行為ではないが ADHGB 解除規定が定める三つの選択肢を必要とするような売買取引が存在するとの反論がなされ、またこの反論に対する再反論がなされるという具合に議論が続けられたが（1770頁）、議長――ニュルンベルク会議にオーストリア代表として参加し、ADHGB の起草に深く関与したラウレ（F. v. Raule）である――が、ADHGB 354 条から 356 条までの拡張に合目的性という観点から賛成したので、議長の決定票（Decisivstimme）によって、準備委員会案 428 条から 430 条までの採用が決議された（1771頁）。これが第一草案 462 条から 464 条までに受け継がれた[26]。

　(4)　しかし、基本枠組みにおいて ADHGB 解除制度にならう第一草案 462 条から 464 条までは、第二読会で削除される。代替物の給付又は受領の遅滞を理由とする損害賠償を定める第一草案 311 条および 329 条[27]によって、契約

---

26)　Schubert, oben Fn. 16, Band 5 所収の Entwurf eines für die deutschen Bundesstaaten gemeinsamen Gesetzes über Schuldverhältnisse.（Nach den in erster Leistung festgestellten Beschlüssen.）, S. 84 f.を参照。

27)　次のような規定である（Schubert, oben Fn. 16, Band 5 所収の Entwurf eines für die deutschen Bundesstaaten gemeinsamen Gesetzes über Schuldverhältnisse.（Nach den in erster Leistung festgestellten Beschlüssen.）, S. 56 f. und 59 を参照）。

第一草案 311 条　代替物が債務の内容であり、債務者が給付につき遅滞にあるとき、債権者は、物自体を請求するか、又は物が遅滞発生時に履行地で有した価値を請求するかの選択を有する。

同 329 条　債権者が債務内容である代替物の受領につき遅滞にあるとき、債務者は、遅滞の発生と履行地での実際の給付との間の期間で価値において上昇した価額の補償

からの離脱を定める草案462条から464条までの妥当領域はほとんど残らない、という意見が承認されたからである（4327頁）。民事取引を対象とするドレスデン草案では、商事売買を専らの対象としたADHGB解除制度は代替物売買を対象に損害賠償を認める規定の存在を理由に否定された。

4 小 括

(1) ドレスデン草案に関する以上のような議事から明らかなように、ADHGBで認められた解除制度は、当時、特殊商事的なものと受け止められ、そしてそれゆえに民事取引では必要のないものであるとされた。商取引実務からの要求に対応する形で解除制度を作り出したADHGBと異なり、ドレスデン草案は、本書が「無益性解除」と呼ぶ、当時の普通法上の理解をそのまま条文化しようとする。ドレスデン草案の議事に見られたADHGB解除制度への対応の中に、ADHGBすなわち商事規範とドレスデン草案すなわち民事規範との相克を、そして民法という観念のもとでの後者の前者に対する優位を見出すことができる。

(2) ところで、以上の検討では、解除制度に関連する条文として、ドレスデン草案305条の他に、解除否定原則を定める151条とその例外をなす152条とを取り上げたが、それらの条文の体系上の位置に留意する必要がある。後の2条は、第2部「契約又は不法行為による債権債務の発生」、第1章「契約」、第7節「契約に基づく権利義務」にある。草案152条で定められる解除は、定期行為という契約の性質に由来するものであり、その根源を債権債務関係の発生の局面に有する。これに対して草案305条は、第3部「債務関係の効果」、第2節「遅滞の効果」にある。この規定による解除は、契約から生じる債権債務関係の不履行を原因とするものであり、債権債務関係の発生の局面に直接的に

と引き換えに物自体を給付するか、又は、それに代えて、債権者が遅滞に陥った時点において物が履行地で有していた価値を支払うかの選択を有する。

なお、第一草案311条および329条の審議では、これらの規定が商取引についてのみ適合的なものであること、第一草案462条から464条までがあるので必要ないこと、差額取引に門戸を開くものとなってしまうことなどを理由に削除提案が出されたが、ここでもまた議長の決定票でもってその提案は拒絶された。Vgl. Schubert, oben Fn. 16, Band 6, S. 4180 ff.

はかかわらない。次章では、本書の問題意識上、後者の解除に関する法展開を
中心的に追うことになる。

第4節　ま　と　め

(1)　本章の課題は、ADHGB 解除制度が如何にして現れ、如何なる内容のものであったのかを明らかにすることであった。この課題に対しては、ADHGB 解除制度は、迅速な取引の展開という商取引実務の要請に応ずるようにして現れ、「売りのための買い」又は「買いのための売り」による「投機」という商法的特質を反映した内容を有するものであった、と答えることができる。この帰結は、直接的には、ADHGB の起草過程を対象とした検討から導かれる。しかしまた、間接的には、商事と対比される狭い意味での民事の法典であるドレスデン草案の起草過程を対象とした検討も、その帰結を支えてくれる。ADHGB 解除制度は、商法典の欠如ゆえにではなく、まさにそれが商法的であるがゆえに、商法典で現れたと言える。

　また、ドレスデン草案の起草過程の検討は、ADHGB 解除制度に対比しうるものとして、ドレスデン草案 305 条の定める解除制度を浮かび上がらせる。これは本書で「無益性解除」と呼んだ、当時の普通法（学）において承認されていた法的構成を採用したものである。ドレスデン草案の起草過程では、ADHGB 解除制度と「無益性解除」との両者が議論の俎上に上ったが、民事債務法の法典化を目指す本草案では、「無益性解除」が採用されるに至った。ここに、19 世紀中葉のドイツにおける商法的な解除と民法的な解除との対抗を、そして当時の「民法」という観念のもとでの後者の前者に対する優位を見ることができる。

(2)　本章第 2 節で見たニュルンベルク会議における議論、および第 3 節で見たドレスデン草案についての議論を総合的に考慮すれば、商法的な解除と民法的な解除との間には、次のような差異を見て取ることができる。

　まず、規律される取引に関して言えば、商法的解除が対象とする取引は、更なる取引を常に意図したものであり、金銭的価値の獲得を最終目的とする。その取引は価格変動の激しい商品を主に取り扱い、そして取引の担い手は、発達した市場において、契約の相手方以外の者からの商品の取得又はその者への商品の処分のために十分な知識をもって機敏に活動できる商人である。それに対

して、民法的解除が対象とする取引は、常にではないにせよ、自己使用を目指したものである。その取引は価格変動の激しい商品のみでなく、その他あらゆるものを対象にする。またその取引の担い手は、そのような市場で縦横無尽に活動できる者とは限らない。

このような差異は法技術上の差異にも反映される。ADHGB では、解除は遅滞によって簡易かつ確実に認められる、契約関係からの離脱を主要な機能とする法的手段として規定された。そのような法的手段が有用ないし必要となるのは、念頭に置かれた当事者たちが、商取引上の要請である迅速性に反する事柄を回避して当該取引関係から離脱し、発達した市場を利用して異なる取引関係に向かい、金銭的価値の獲得という最終目的を速やかに達成できるからである。これに対してドレスデン草案では、遅滞にある給付の無益性が要件とされる。この要件枠組みによれば、解除は、債権者による証明と公権力である司法による判断の契機が介在しこれに左右されるため、簡易さや確実さといった観点から見れば、決して有用な法的手段とは言えない。そのような限定的かつ例外的な法的手段でも十分であるとされたのは、民事取引では迅速性は恒常的な要請ではなく、また金銭的価値の獲得よりもむしろまさに契約目的物の獲得が通常の目的であったからである、と考えられる。

以上のような差異からは、さらに進んで、両解除を構成する基軸の相違を認識できる。商法的な解除では、具体的な意味での経済的要請——ここでは「投機」——が基軸となり、それに牽引される形での法的構成が行われる。これに対して民法的解除では、契約当事者の意思関係が、またそれと公権力たる司法との緊張関係が基軸となる。確かに、商法的解除が民法的解除の基軸と全く無関係に存在するのではない。むしろそれもまた当然に軸として作用している。また逆に、具体的な意味での経済的要請が民法的解除にとって全く無縁の存在というのでもない。しかし、民法的解除では、民法規範の抽象性ゆえに経済的要請の影響は間接的なものとなり、そして商法的解除では商業に関する特別法ゆえに経済的要請がまさに基軸として強く作用している、と考えることができる。

(3) ところで、「投機」という要素は、19 世紀前中期の「商法」の概念において決定的な地位を占めていた。本章第 1 節で見たように、ADHGB では商行

第4節 ま と め　119

為に立法形式上重要な地位が与えられたが、ニュルンベルク会議に参加した
ハーン（F. v. Hahn）はその商行為に関して次のように述べている。

　「商行為の体系は投機という基本思想に依拠している。すべての投機行為
　が商行為とされるというのではなく、また、個々の行為すべてが商行為と
　なるには投機的な意図で締結されねばならないというのでもない。しかし
　それでも、一方では重要な投機行為が、そして他方では通常投機的な意図
　で締結される行為だけが、商行為の下に受け容れられる。」[1]（強調は原文）

　しかし、この「投機」という要素は、その後の「商法」概念の中での位置付
けを変えていく。例えば、19世紀末の教科書において、エンデマン（W. Ende-
mann）は次のように述べる。

　「利潤を生み出す意図、いわゆる投機の意図は部分的には営業の合理性
　（Gewerbemässigkeit）に関連しており、ともかく通常はあらゆる取引で、
　ましてや営業上の取引では欠如することはない。しかし、法的に決定的と
　なる基準がそこから獲得されることは決してなかった。」[2]

　こうして商法の特質と認識されていた「投機」という要素は一般化し[3]、そ

1）F. v. Hahn, Commentar zum Allgemeinen deutschen Handelsgesetzbuch, 2. Band,
　1867, S. 1. ハーンについて詳しくは、服部栄三「19世紀中葉におけるドイツ商法学界の
　趨勢」同法8巻1号（1956年）15頁以下を参照。
2）W. Endemann, Das deutsche Handelsrecht, 4. Aufl., 1887, §. 1, S. 2.
3）「投機」という要素がその位置付けを変えることは、19世紀ドイツを代表する商法学
　者であるテール（1807年出生）とゴルドシュミット（1829年出生）との比較でも明ら
　かとなる。
　　テール（H. Thöl, Das Handelsrecht, 1. Band, 5. Aufl., 1875. また、前章第3節(2)も参
　照）によれば、商法は商業（Handel）に属する法制度であり（§. 4, S. 12）、商業とは
　生産者と消費者との間を媒介する（vermitteln）、生産を行わない営業である（§. 1, S.
　5）。ここでは投機という要素への着目はない。しかし、商業が真正の商営業と同置され、
　この商営業は ADHGB を起草したニュルンベルク会議で念頭に置かれたものであり
　（§. 25, S. 97 Fn. 1）、その要素の一つに利潤の意図すなわち投機が挙げられる（§. 30,
　S. 108 ff.）。
　　これに対して、ゴルドシュミット（L. Goldschmidt, Handbuch des Handelsrechts, 1.
　Band, 2. Aufl., 1875, Neudruck 1973）は、投機と呼ばれる取得あるいは利潤の意図は商
　業にとって本質的（wesentlich）ではあるがしかし固有のもの（eigenthümlich）では
　なく、あらゆる取得活動の基準である、とする（§. 40, S. 408 ff.）。そして、商業を他
　の取得活動から区別するのは、媒介行為（Vermittelung）による利潤の獲得であるとし

の意義を失っていく[4]。それとあたかも歩調を合わせるかのように、解除制度もまた変容し、ドイツ民法典の法定解除制度に結実することになる。

て（§. 40, S. 411 f.）、「商業とは財貨流通の媒介（Vermittelung des Güterumlaufs）に向けられた活動である」（§. 40, S. 398）という自らの商業の定義に結びつける。

4）服部栄三『商法総則』（青林書院新社、第3版、1983年）11頁は、投機売買を定める絶対的商行為は「中世的な階級的商法から近代的商法に移行するための架橋たる役割を果たしたことで商法史的意義が認められるけれども、現在においてはこれを維持する必要が失われるに至った」とする。

第3章 ドイツ民法典の編纂における解除

　本章の課題は、前章で示した民法的解除と商法的解除との対抗という視点から、1900 年のドイツ民法典（Bürgerliches Gesetzbuch. 以下、BGB とする[1]）の起草過程を辿り[2]、BGB の法定解除制度の歴史的位置付けを検討することにある。以下、時系列に従い、部分草案（第 1 節）、第一委員会の議事と第一草案（第 2 節）、第二草案に至るまでの議事（第 3 節）の順序で検討する。

第 1 節　部分草案

　⑴　債務法総則分野の部分草案を作成したのは、ドレスデン草案の起草に関与したキューベル（P. F. v. Kübel）である[3]。部分草案 20 号「契約に基づく権利義務」の総則部分には、次のような規定がある[4]。

　　部分草案 20 号 2 条　当事者の一方がその義務を履行しないとき、相手方は、特別の取り決め又は法律上の規定により異なることが定められていないかぎり、それを理由にして契約から離脱する権利を有しない。

　この規定はドレスデン草案 151 条をほぼそのまま受け継ぎ、原則として、債務不履行を理由とする契約の解除を否定する。キューベルは、自らが起草する

1）周知のように、BGB の債務法規定は改正され、2002 年 1 月から施行されている。以下では、この改正前の規定を単に BGB の規定と表記して検討を進める。

2）BGB 編纂過程で現れる諸資料名は、児玉寛／大中有信「ドイツ民法典編纂資料一覧」石部雅亮編『ドイツ民法典の編纂と法学』（九州大学出版会、1999 年）vii 頁による。

3）キューベルは債務法全領域について草案を完成させることなく 1884 年 1 月 4 日に他界するが、1882 年（同年 2 月 24 日から、債務法に関する議事が第一委員会において開始される）までに債務法の総則部分は完成されていた。W. Schubert, Materialien zur Entstehungsgeschichte des BGB, 1978, S. 45.

4）W. Schubert（hrsg.）, Die Vorlagen der Redaktoren für die erste Kommission zur Ausarbeitung des Entwurfs eines Bürgerlichen Gesetzbuches, Recht der Schuldverhältnisse, Teil 1, Allgemeiner Teil, 1980, S. 371.

122 第3章　ドイツ民法典の編纂における解除

部分草案の立場を次のように説いている。

「契約すなわちそこで示されそしてそれによって生み出される双方的な意思結合（Willensbindung）は、それ自体、概念的には、一方当事者による契約からの一方的な解除を排除する。各契約当事者は契約に留まることを、そして契約から生じる自らの義務（Verbindlichkeit）の履行を義務づけられる。不履行の場合、相手方は通常は履行ないしは履行利益に関する訴権を有するのみである。以上は事物の性質のような契約の本質に徹頭徹尾適合するローマ法の立場であり、そして古ドイツ法（das ältere deutsche Recht）もまたこのような原則を紛れもなく前提としている。」[5]

(2)　この解除否定の原則の例外にあたるのが、部分草案22号「債務不履行の効果」の第28条である[6]。

部分草案22号28条　双務契約において、債権者は、債務者の負担する給付が債務者遅滞の結果として自らにとって無益となるか又は価値を著しく失ったとき、契約を解除することができる。解除の時にすでに発生していたその他の賠償に関する権利は害されない。第4条、第5条、第6条、第7条にある諸規定はこれに準用する。

債務者遅滞の効果に関する規定の最後に配置されたこの28条では、遅滞の結果として給付が無益となること、あるいは価値を著しく失うことを要件として、債権者に解除権が与えられる。ドレスデン草案305条と対比して、給付の著しい価値喪失という文言が新たに加わってはいるものの、要件枠組みに大きな変化があるわけではない。

第28条の理由書を見ると、部分草案22号3条への参照が指示されている[7]。部分草案22号3条は、債務不履行の効果に関する総則部分に配置された、次のような条文である[8]。

部分草案22号3条　双務契約において、債権者は、給付の全部が不能である場合には、第2条[9]で示された請求権に代わって、契約を解除するこ

---

5) Schubert, oben Fn. 4, S. 380.
6) Schubert, oben Fn. 4, S. 853.
7) Schubert, oben Fn. 4, S. 901.
8) Schubert, oben Fn. 4, S. 849.

とができる。解除の時にすでに発生していたその他の賠償に関する権利は害されない。一部のみ不能である場合、債権者は、給付がその一部不能の結果として債権者にとって無益となるか又は価値を著しく失ったとき、この解除権を有する。

　部分草案22号3条は給付の不能を理由として債権者に解除権を与える。本条によれば、全部不能の場合にはそれのみで契約の解除が認められるのに対し、一部不能の場合には、先の28条と同じく、給付の無益性あるいは著しい価値喪失を要する。ドレスデン草案305条から見れば、部分草案22号3条は、次の2点において要件枠組みを拡大している。第1に、契約の解除には遅滞ではなく一部不能でもよいこと、である。第2に、一部不能の場合には給付の無益性の証明が必要であるのに対し、全部不能の場合にはそれが不要であること、である。

　第1の点に関して言えば、キューベルは、遅滞が常に時間の観点での履行不能を含んでいることから、それによって債権者に生じる損害を填補する（Ausgleichug）ための手段として契約の解除が認められる、と考える[10]。したがって、遅滞から不能への要件枠組みの拡大は、給付の無益性という要件枠組みを基礎に据えつつ、債務不履行に関する不能一元論を介して行われたと言える。第2の点に関して直接言及するところはないが、キューベルは、給付の無益性又は著しい価値喪失の証明が必要となるのは、遅滞および一部不能の場合には契約の解除を求める債権者の利益は当然には明らかではないからだとする[11]。これとの対比で言えば、双務契約において予定された給付の全部が不能となるとき、この給付との関係で負担した反対給付義務から免れることに債権者の利益があるのは自明であることから、給付の無益性の証明が不要になったと考えることができる。

　部分草案22号3条は、以上のように、要件枠組みの点において、ドレスデン草案305条から拡大したものと言える。もっとも、ドレスデン草案305条は普通法で認められていた「無益性解除」を条文化したものであり、それは損害

9）債務不履行に基づく損害賠償に関する規定である。Vgl. Schubert, oben Fn. 4, S. 849.

10）Schubert, oben Fn. 4, S. 867.

11）Schubert, oben Fn. 4, S. 868.

賠償の権利から導き出されたものであった。部分草案 22 号 3 条で規定された解除権が損害を填補するための手段であるとの理解のもとで起草されているかぎりで、それはドレスデン草案 305 条の延長線上にあると言える。

(3) 効果の側面に目を向けてみよう。ドレスデン草案 305 条では、解除の効果は、「給付の受領を拒絶しかつ反対給付を留保するか、あるいはすでに反対給付を与えた場合にはその返還を請求できる」と定められていた。部分草案 22 号 28 条では、この文言に代わり、第 4 条から第 7 条までが準用されている。効果の基本原則を定めるのは、第 6 条である[12]。

部分草案 22 号 6 条　解除によって契約当事者らは互いに、契約が締結されなかったかのように権利を有し、義務を負う。

　受領された金銭は受領時からの利息と共に、その他の代替物は種類、数量および品質の同じ物をもって、又は不代替物は付加物（Zuwachs）、従物（Zubehörungen）およびすべての果実を併せて返還される。果実が収受されなかったとき又は物が毀損もしくは滅失したときは、返還の義務を負う者は、通常の家長の注意をもってすれば果実が収受され、あるいは毀損もしくは滅失を避けることができたかぎりで、賠償を給付せねばならない。返還される物の使用に関して、義務者は、所有者が所有権に基づく請求権を行使する場合に善意占有者に与えられる諸権利を有する。

一見して明らかなように、ドレスデン草案 305 条とは異なる規定内容である。第 6 条第 1 項の文言を見ると、解除の効果を「あたかも契約が締結されなかったかのようにして契約から離脱する」と定めていた ADHGB 解除規定との類似性が想起される。しかし、ADHGB の解除制度では、商品を買主に引き渡した売主には解除権を認めておらず、解除による返還請求の対象としては実際上は買主解除における金銭のみが意図されていた[13]。部分草案では、解除権者が既履行であるか未履行であるかの区別はなされておらず、また解除による返還請求の対象が金銭に限定されるのでもない。そのため、ADHGB の解除制度と異なり、第 6 条第 2 項において、返還請求権の内容が具体化されている。

　キューベルは、部分草案 22 号 28 条で準用された第 4 条から第 7 条に関する

---

12) Schubert, oben Fn. 4, S. 850.

13) 前章第 2 節第 5 款(1)を参照。

注釈において、瑕疵担保責任に基づく解除訴権（Wandelungsklage）（以下、「瑕疵担保解除」とする）の規定に可能なかぎりで合わされるとし、「解除でもって契約締結前に当事者間に存在した状態を回復すること（Wiederherstellung）が目的とされ、これをもたらすために各契約当事者が相手方に対して債権債務上の義務を負う」（強調は原文）というのが主眼である、とする[14]。瑕疵担保解除の効果を、契約が締結されなかったなら存するであろう状態への回復とする理解は、当時としては一般的なものである[15]。しかし、先に見たように[16]、ドレスデン草案305条の議事では、瑕疵担保責任に基づいて一般的な法定解除権を定める提案がなされたものの、5対1という圧倒的多数で否決されていた。したがって、効果の規律において瑕疵担保解除を想定するキューベルの見解は、ドレスデン草案305条を定式化させた構想という次元においても、異なるものである。

　ところで、解除の目的が「契約締結前の状態の回復」であるとされるとき、先に部分草案22号3条に関して見た、解除を「損害の填補」のための手段とするキューベルの理解との関係が問題となる。理由書には、この点についての直接的な言及はない。しかしキューベルは、一方では、債務者の不履行によって債務関係が破棄されないこと、そして債権者もそれを理由に債務関係を解消できないことを正当なものであるとする[17]。そして他方では、債権者が単に金銭等価物の請求に追いやられるのは妥当ではなく、解除権を認めそれによって契約締結前の状態への十分な回復（Restitution）がもたらされるなら多くの場合に極めて簡易な方法で債権者が救済されること、そして解除によってまずもって填補される損害に加えてさらなる損害を主張する道が債権者に閉ざされるべきでなく、それゆえ債権者は解除の時点ですでに発生している損害の賠償を解除に加えて要求できること、を述べている[18]。このような記述からは、

---

14) Schubert, oben Fn. 4, S. 872. なお、キューベルは、遅滞あるいは一部不能の場合における給付の無益性という要件についても、瑕疵担保解除の規定に可能なかぎり関連づけて客観的に定められるべきである、とする（Schubert, a. a. O., S. 868）。

15) 北川善太郎『契約責任の研究』（有斐閣、1963年）109頁を参照。

16) 前章第3節第2款2(4)を参照。

17) Schubert, oben Fn. 4, S. 867.

18) Schubert, oben Fn. 4, S. 868.

126   第3章 ドイツ民法典の編纂における解除

解除制度の理解に見られる「契約締結前の状態の回復」と「損害の填補」とい
う二つの目的は、前者がその簡易さゆえに後者の特殊形式となるという関係付
けでもって理解することができる。この関係付けは、次節で検討する第一草案
で更なる展開を見せる。

　(4)　最後に、解除権の行使方法を定める第4条を見る[19]。

　　部分草案22号4条　解除は、債権者が債務者に対して意思表示をしたと
　　き、実行される。この意思表示は撤回できない。

　意思表示による解除権の実行（vollziehen）を定めるこの規定は、本質的な変
化を被ることなく、BGB 349条に至る[20]。後に形成権と呼ばれることになる
解除権がここで条文化されたと言えるが、このような定式でもって明文化され
ると、解除制度に関するキューベルの基本的な立場との関係性が問題となる。
先に見たように、キューベルは、部分草案20号2条の理由を述べるなかで、
双方的な意思結合である契約を一方的に解除することはできないとするにもか
かわらず、ここで一方的な意思表示による解除を肯定しているからである。理
由書ではこの規定に関する言及は見られず、キューベルがこの点につきどのよ
うな理解にあったのかは明らかではない。ここでは、一方当事者の意思表示に
よって解除権が行使されるという内容自体はADHGBの解除制度においてす
でに認められていたとの指摘[21]を確認するに留める。

　(5)　以上のように、部分草案は、その20号2条でドレスデン草案に倣い、
有効に成立した契約を再び消滅させるという意味での解除権を否定する原則を
立てる。そして、その例外として法律上認められる22号28条の解除権もまた
ドレスデン草案の要件枠組みに倣うものである。確かに22号3条ではドレス
デン草案305条からの変化が見られるが、しかしこの解除が契約を消滅させる

---

19)　Schubert, oben Fn. 4, S. 849.

20)　BGB 349条では、解除の意思表示が撤回不可能であることは規定されていない。こ
　れは第二読会での削除提案に由来するが、その提案では、意思表示により解除の法的効
　果が発生し、一度発生した効果を再び取り消す（rückgängig machen）ことができない
　のは自明のことである、とされる。Vgl. B. Mugdan（hrsg.）, Die gesamten Materialien
　zum Bürgerlichen Gesetzbuch für das deutsche Reich, Band 2, 1899（Neudruck 1979）, S.
　725（Protokolle, S. 8410）.

21)　H. G. Leser, Der Rücktritt vom Vertrag, 1975, S. 78.

ものではなく、損害賠償制度から引き出されているかぎりで、この3条もまたドレスデン草案の延長線上に位置づけることができる。

しかし効果の側面では、部分草案は、ドレスデン草案からの乖離を見せる。部分草案22号6条1項で示された効果の原則規定は、ドレスデン草案から離れて文言上はADHGBの解除規定に類似したものとなる。また、債務不履行に基づく損害賠償の原理で解除制度を構成したドレスデン草案と異なり、瑕疵担保責任の原理の導入が理由書において示唆される。

次節では、この示唆が実現する過程を、そして単に文言においてのみ類似していたADHGBの解除制度に実質においても接近していく過程を見ることになる。

128 第3章 ドイツ民法典の編纂における解除

第2節 第一草案

　以上の部分草案が第一委員会の審議で報告される。以下では、先に見た部分草案の諸規定のうち、第22号第3条および第6条を中心的に取り扱う。解除否定の原則を規定する20号2条の規定は、第一草案では残るものの第二草案で消滅し[1]、意思表示による解除の実行を定める22号4条はさきに述べたようにほぼそのまま BGB 349条に受け継がれ、そして遅滞の場合における解除権を定める22号28条の審議では、遅滞の場合にも一部不能の効果に関する規定が準用される旨の提案が受け容れられる[2]のみであり、実質的な議論が行われていないからである。

　(1)　では、部分草案22号3条に関する議事を見てみよう。第3条が取り扱われるのは、1882年10月4日の第124回会議からである。第3条第1文では、全部不能の場合に債権者に解除権を認めていた。第一委員会もこの規定を承認した。同条第2文は給付が一部不能により債権者にとって無益なものとなる場合に解除権を認めるが、これが正しいとするなら同条第1文はその帰結と見てよい、すなわち給付がその全範囲において不能となるとき、債権者にとって自

---

1 ）部分草案20号2条はほぼそのまま第一草案360条に受け継がれる。理由書は、そこで規定された原則が普通法に則したものであり、オーストリア民法典919条、ザクセン民法典864条、ヘッセン草案137条および146条、ドレスデン草案151条に含まれていること、その原則とは異なるフランス法の立場を採用しないこと、後に本文で検討する第一草案369条の法定解除権（および個々の契約類型の規定で定められる解除権）がこの原則に対する例外であり、原則を明確にするために規定されたこと、などを述べる。B. Mugdan (hrsg.), Die gesamten Materialien zum Bürgerlichen Gesetzbuch für das Deutsche Reich, 1899 (Neudruck 1979), S. 109 (Motive, S. 198 f.).

　　しかし、第二委員会では、その規定の内容は当然であると思われ、また帝国の一部では異なる準則の妥当するところ〔契約の解除を肯定するフランス法の妥当する地域：筆者〕もあるので、この規定を維持することに十分な理由がない、とされた。Mugdan, a. a. O., S. 630 (Protokolle, S. 1253).

2 ）H. H. Jakobs/ W. Schubert (hrsg.), Die Beratung des Bürgerlichen Gesetzbuchs in systematischer Zusammenstellung der unveröffentlichten Quellen, Recht der Schuldverhältnisse I, 1978, S. 304 f. (Prot I, 1215 ff.).

らのみが契約を履行することはもはや利益のないものだからである[3]。また、全部不能の事案に関して解除権を認めるための論理的前提とされた一部不能については、翌々日の第 125 回会議において様々な提案が行われたが、結論として、なおも可能な給付が債権者にとって利益のないものであることを要件とする提案が多数派の同意を得た[4]。そして、給付が利益のないものであることの証明は、解除という例外的な権限が与えられるゆえに、債権者が負担するものとされた[5]。

　以上のように、給付の無益性を理論的基礎にして、一部不能の場合についても、全部不能の場合についても、債権者に解除権を認める議論がなされる。要件面に関して言えば、部分草案から乖離する方向の議論は見られない。

．(2)　しかし、部分草案で定められた解除制度が第一委員会でそのまま承認されたのではない。部分草案 22 号 3 条では、解除という法的手段は、解除時にすでに発生している損害に関する賠償請求権と並存するものとして規定されていた。この並存関係に関して、第一委員会では、ADHGB 354 条および 355 条と連続して、債権者には単に損害賠償を請求するか、あるいは解除をするかの選択が与えられる、という提案がなされ、これが多数派の賛同を得る[6]。議事録には、その理由として、次のように記されている。

　　部分草案は「解除は損害填補の一つの手段であり、それによって償われることのない損害賠償請求権を存続させるままである、ということを前提とする。……。／　しかしなおさらに進んで、解除権と契約から生じる損害賠償との間に内在的な矛盾があることを認めねばならない。なぜなら、解除権は損害賠償の権利と対立するものであり、したがって解除が選択される場合には損害賠償に関するあらゆる請求権が排除され、かくして解除は関係者をあたかも契約が締結されなかったかのような状態におく（本年 4 月 21 日の決議、債務法編集委員会決議暫定集成 57 条、議事録 625-627 頁）、すなわちせいぜい消極的な契約利益に関する請求権と両立するだけであり、

---

3) Jakobs/ Schubert, oben Fn. 2, S. 272（Prot I, S. 1135).

4) Jakobs/ Schubert, oben Fn. 2, S. 274（Prot I, S. 1140 f.).

5) Jakobs/ Schubert, oben Fn. 2, S. 275（Prot I, S. 1143).

6) Jakobs/ Schubert, oben Fn. 2, S. 272（Prot I, S. 1137 f.).

130　第3章　ドイツ民法典の編纂における解除

契約から生じる、その契約の履行に関する請求権——現実履行によるので
あれ、損害賠償給付によるのであれ——とは両立しないからである。」[7]
〔強調は原文〕

以上のような議事録の記述から解除が損害賠償と両立し得ない理由を読み取
るなら、「解除は関係者をあたかも契約が締結されなかったような状態におく」
からである、ということになる。この意味を考察するにあたって素材を与えて
くれるのが、参照が指示された「本年4月21日の決議、債務法編集委員会決
議暫定集成57条、議事録625-627頁」である。

本年すなわち1882年4月21日の第78回会議では、「失権の留保」に関する
議論が行われた。部分草案19号「契約の強化手段」の第11条は、「契約当事
者が自らの債務を定められた時期に履行しないときは契約に基づく権利を失う
との留保（失権の留保）のもとで契約が締結されるとき、相手方は、これが生
じた場合には、契約から離脱するか、契約の履行を請求するかの選択を有す
る」と定める[8]。議事録625-627頁では、この第11条に関して、ヴィント
シャイトが次のような提案を行っている。

「解除の意思表示により、契約当事者たちは、あたかも契約が締結されな
かったような状態にする義務を負う。ここには、瑕疵担保解除に関する規
定が準用される。契約によって生じた法的効果は解除条件の法に従い停止
する（aufhören）。疑わしい場合には、契約の履行のために当事者間で行
われた法律行為も、契約を解除する解除条件のもとで行われたものと見な
される。」[9]

第一委員会では、この提案に先行して、解除権に関する一般規定を採用する

7）Jakobs/ Schubert, oben Fn. 2, S. 273（Prot I, S. 1138）.

8）Jakobs/ Schubert, oben Fn. 2, S. 558（Prot I, S. 621）. また、W. Schubert（hrsg.）, Die
Vorlagen der Redaktoren für die erste Kommission zur Ausarbeitung des Entwurfs
eines Bürgerlichen Gesetzbuches, Recht der Schuldverhältnisse, Teil 1, Allgemeiner Teil,
1980, S. 322.

9）Jakobs/ Schubert, oben Fn. 2, S. 560（Prot I, S. 625）. この提案は、当初、第3文冒頭
の「契約」の後に「および契約の履行」という文言があり、また、第4文は存在してい
なかった。議論に入る際に、「および契約の履行」という文言が削除され、第4文が付
け加えられた。本文では、これらを整序して、議論に入る段階の条文案を訳出した。

必要があること、その際にまずは法律行為に基づく解除権についてのみ考慮に入れ、採用された一般規定を法定解除権にまで拡張するかどうかは後の判断に留保することとの決議がなされていたことから、ヴィントシャイトの提案に関する議論では瑕疵担保解除に関する規定の準用を定める第2文は撤回され、後の検討に委ねられる[10]。また、提案の第1文は、当事者の債権債務上の法関係に関して契約が遡って（rückwärts）締結されなかったと見なすことがその意義であり、それは解除権の本質および当事者たちの通常の意図に即したものであるとして承認される[11]。そして、解除の効果を解除条件法によって規律しようとする第3文および終文は、解除の意思表示によって財産が当然に復帰して物権的拘束が生じることのないように、取引の安全を考慮して、拒絶される[12]。このような議論を受けて、債務法編集委員会決議暫定集成57条では、単に、「解除は、契約が締結されなかった場合のように契約当事者が互いに権利を有し、義務を負う」と定められる[13]。

　失権の留保に関する以上の議論から、解除による物権的効力の否定は明白となる。しかし、物権的効力の否定が、解除による契約の消滅を認めないからであるのか、あるいはそれとは別の論理によるのか、判然としない[14]。それゆ

10) Jakobs/ Schubert, oben Fn. 2, S. 559 (Prot I, S. 623 f.) und S. 560 (Prot I, S. 626).

11) Jakobs/ Schubert, oben Fn. 2, S. 560 (Prot I, S. 625 f.).

12) Jakobs/ Schubert, oben Fn. 2, S. 560 (Prot I, S. 626).

13) ヤコブス／シューベルトによれば、債務法編集委員会決議暫定集成57条は、1882年4月24日の第79回会議の冒頭で提案されたd条と同様であるので、それを引用した。Vgl. Jakobs/ Schubert, oben Fn. 2, S. 564 und 561 (Prot I, S. 628).

14) 本文のように述べる理由を第一委員会の議事の経過に即して示すと、次のようになる。
　(a)　解除条件をいかに理解するかについては、当時、対概念となる停止条件との区別をはじめとして、様々な論点において争いがあった（B. Windscheid/ T. Kipp, Lehrbuch des Pandektenrechts, 1. Band, 9. Aufl., 1906 (Neudruck 1984), § 86 ff., S. 451 ff.; H. Dernburg, Pandekten, Band 1, 1884, § 105 ff., S. 240 ff.などを参照）。その論点のなかで、ここで直接に関連するのは、解除条件が成就するとき、それは遡及的に作用して契約を消滅させるのかどうか、また、物権的な効力を有するのかどうか、の2点である。
　総則に関する部分草案に付されたゲープハルト（A. Gebhard）の理由書では、解除条件は停止条件に他ならないので遡及効はないとされる（W. Schubert (hrsg.), Die Vorlagen der Redaktoren für die erste Kommission zur Ausarbeitung des Entwurfs eines Bürgerlichen Gesetzbuches, Allgemeiner Teil, Teil 2, 1981, S. 248）。他方で、解除条件が物権的効力を有するか否かについては明瞭な立場を示すわけではないが、否定的

132　第3章　ドイツ民法典の編纂における解除

え、ここで問題である、解除と損害賠償とを両立し得ない手段と関係づける際
に根拠とされた「解除は関係者をあたかも契約が締結されなかったような状態

な態度をとる（Schubert, a. a. O., S. 246 f.）。起草された条文（57条および58条）では、
解除条件が成就した場合には法律行為によって生じていた効果が成就の時点から停止し
（aufhören）、その停止の効力が条件成就よりも以前に遡るのはそれが当事者の意図から
明らかとなる限りである旨の規定が置かれる（Schubert, a. a. O., S. 13）。

　(b)　解除条件に関する部分草案の規定は、第一委員会では、第137条および第138条
として、1882年1月6日の第41回会議で審議される。議事では、解除条件が成就した
場合に法律行為によって生じていた効果が成就の時点から停止するとする137条の規律
には異論はなく、ただこの規律に「この時点で、法律行為の締結より前に存在していた
法的状態が再び生じる」という規定を追加する提案がなされ、これとの関係で債権譲渡
の譲渡人は再び債権者に、所有権を譲渡した者は再び所有者となる、という理解が示さ
れる（H. H. Jakobs/ W. Schubert（hrsg.), Die Beratung des Bürgerlichen Gesetzbuchs
in systematischer Zusammenstellung der unveröffentlichten Quellen, Allgemeiner Teil,
2. Teilband, 1985, S. 836 f.（Prot I 293 f.))。

　この提案は、解除条件の効果が法律行為によって生じた効力の停止であること、そし
てその停止の効力が条件成就以前に遡るのではないことを認めた上で、条件成就によっ
て法律行為締結前の状態を回復する義務が契約当事者たちに直接的に——契約当事者た
ちの意思解釈を介することなく——発生することを認めるところにある。もっとも、こ
の提案自体は第一草案に採用されるには至らない（Vgl. Jakobs/ Schubert, a. a. O., S.
846）。

　(c)　本文で言及した部分草案19号「契約の強化手段」の第11条はキューベルの手に
よるものであるが、キューベルは理由書において失権の留保は解除条件のように作用す
ると述べた上で（Schubert, oben Fn. 8, S. 362）、以上の(a)および(b)で述べたゲープハル
ト草案137条以下とその理由書および第一委員会の第41回会議を引いて、その定める
ところによれば、解除条件が成就すると契約によって生じていた効果は停止すること、
当事者には以前の状態を回復する請求権が発生すること、しかし物の処分の効力は消滅
せずに第三者のために維持されることを確認する（Schubert, oben Fn. 8, S. 368 f.）。そ
して、以上との対比において、本草案では、解除条件成就の効果は直接的に生じ、契約
は当然に（ipso jure）消滅する、もっともこの消滅には遡及効はなく解除条件が成就し
た時点で生じると判断されており、したがって条件成就によって契約に基づく債務関係
は消滅し、給付されたものの返還は不当利得法によることになる、とする（Schubert,
oben Fn. 8, S. 369）。

　(d)　以上の経緯において留意される第1の点は、解除条件に関する議事では物権的効
力に関して明確な否定がないのに対し、本文で見た約定解除に関する議事ではこれを明
示的に否定していることである。しかし、第2に、解除条件の成就でも失権の留保に基
づく解除でもその効力が当然に遡及しない点は共通であるものの、契約の消滅を認める
か否かは態度が分かれ、ヴィントシャイトの提案でもその点ははっきりしないことであ
る。それゆえ、本文のように述べるに留めた。

におく」という命題の意味、すなわちその命題はいわゆる解除の法的構成に関係するのか（解除により契約は消滅するゆえに損害賠償と両立し得ないのか）、あるいは解除の法的帰結にのみ関係するのか（解除により契約が消滅するか否かは別にして、実現される状態の点で損害賠償と両立し得ないのか）もまた、第一委員会の審議を検討するこの段階では判然としない。ここでは問題を確認するに留め、本節の最後にあらためて考察する。

　(3)　さて、以上のように議事が進むと、債務不履行を理由とする法定解除の効果は、約定解除法制に即して規定されるかに思われる。実際、部分草案22号4条で定められた、意思表示による解除の実行に関しては、4月21日の決議（議事録624頁、627頁、債務法編集委員会決議暫定集成54条）の参照を指示することで十分であろうとされるが[15]、この決議は先に見た失権の留保に関するものであり、54条は解除権が留保されていた場合には意思表示によって実行される旨の規定である[16]。

　しかし、契約当事者双方が「契約が締結されなかったかのように権利を有し、義務を負う」と定める部分草案22号6条に関しては、異なる解除法制が念頭に置かれる。すなわち、第6条に関する審議では、部分草案20号30条についての決議（議事録755頁、債務法編集委員会決議暫定集成87条）の参照が指示されるが[17]、この決議は瑕疵担保解除に関するものである。議事録755頁では、部分草案では区別されていた権利の瑕疵の場合における効果と物の瑕疵の場合におけるそれとを一つにまとめ、原則規定として、契約当事者たちはあたかも契約が締結されなかったかのように権利を有し義務を負うと定めることについて見解が一致しており[18]、債務法編集委員会決議暫定集成87条でこの旨の規定が定められる[19]。

　(4)　以上のように、第一委員会は、債務不履行の効果として起草された部分

---

15) Jakobs/ Schubert, oben Fn. 2, S. 276（Prot I, S. 1144）.

16) ヤコブス／シューベルトによれば、債務法編集委員会決議暫定集成57条は、1882年4月24日の第79回会議の冒頭で提案されたa条と同様であるので、それを参照した。Vgl. Jakobs/ Schubert, oben Fn. 2, S. 564 und 561（Prot I, S. 627）.

17) Jakobs/ Schubert, oben Fn. 2, S. 277（Prot I, S. 1147）.

18) Jakobs/ Schubert, oben Fn. 2, S. 567（Prot I, S. 755）.

19) Jakobs/ Schubert, oben Fn. 2, S. 575.

134 第3章 ドイツ民法典の編纂における解除

草案 22 号の解除制度に、約定解除および瑕疵担保解除に関する規律を組み合わせる。こうして、次のような第一草案が起草される[20]。

第一草案 369 条 双務契約についての給付が債務者の責めに帰すべき事由によって不能となるとき、債権者は、不履行を理由とする損害賠償を請求するか、又は契約を解除するかの選択を有する。給付が単に部分的に不能となるとき、債権者は、不能となっていない部分の給付が自らにとって利益のない場合にのみ、解除権を有する。

　給付が債務者の遅滞によって債権者にとって利益のないかぎりで、同様のことが第 243 条で定められた事案にも当てはまる。

　解除権には、第 426 条から第 431 条、第 433 条の規定が準用される。

同 427 条　解除によって、契約当事者は互いにあたかも契約が締結されなかったかのように権利を有し義務を負う、とりわけいずれの当事者も契約により与えられる給付を請求できず、また受領した給付を相手方に返還する義務を負う。

　…〔第 2 項から第 4 項、略〕…

　第一草案 369 条 1 項では、全部不能を要件に、そして一部不能の場合にはなおも不能ではない部分の給付が債権者にとって無益となることを要件に、債権者に解除権が与えられている。また、同条 2 項は通常の遅滞の事例に関する規定ではないものの[21]、理由書では、遅滞によって給付が無益になる場合に解除権が与えられることを当然視している[22]。第一草案 369 条にある法定解除制度は、要件面にのみ着目するなら、部分草案 22 号 3 条および 28 条と大きく異なるものではなく、したがってまた普通法上の「無益性解除」の系譜に位置し、遅滞のみで解除を認める ADHGB 解除制度の系譜には属さないことになる[23]。

---

20) Mugdan, oben Fn. 1, S. XXXVII und L.

21) 第一草案 369 条 2 項が適用対象とする第 243 条の事例は、有責判決後に債権者の定めた期間内に債務者が給付を行わないという場合である。文言につき、Mugdan, oben Fn. 1, S. VIII-IX を参照。

22) Mugdan, oben Fn. 1, S. 115 f.（Motiv, S. 209 ff.）.

23) 理由書でも、ADHGB 354 条および 355 条とは異なる旨が示される。Mugdan, oben Fn. 1, S. 116（Motiv, S. 210）.

しかし、解除と損害賠償とを選択的に関係づける点では、草案369条は、立法形式上、ADHGB解除制度の系譜にあると言える[24]。もっとも、この点については より立ち入った検討を要する。

さきに、第一委員会の審議を検討した段階では、解除と損害賠償とが両立不可能なものとして規定された点についての考察を留保した。「契約が締結されなかったかのように権利を有し、義務を負う」との命題を解除権の法的構成の局面において考えるなら、解除と契約に基づく損害賠償との並存の否定は比較的容易に理解できる。しかし、第一草案の採る立場は、一般に、解除によって契約あるいはそれに基づく債権債務関係が直接的にも遡及的にも消滅しない、いわゆる間接効果説であるとされる[25]。そうすると、解除と損害賠償とを相互に排他的な選択関係とする論理的必然性は存在しない。

そこでこの問題を異なる視点から検討してみる。前節では、解除と損害賠償との並存を認める第一草案を起草したキューベルの考えに、解除が目的とする「契約締結前の状態の回復」はその簡易さのゆえに「損害の填補」の特殊形態となる、という関係を見出した。第一草案の解除制度では、損害賠償との並存が否定されることで、「契約締結前の状態の回復」という目的が純化する。そのような解除と、「損害の填補」を目的とする、すなわち契約が履行されたならばあったであろう状態に向かう損害賠償とは、法的帰結の局面において相矛盾することになる。このような局面での対立から、第一草案における解除と損害賠償との排他的な関係付けを把握することができる。

では、さらに進んで、解除と損害賠償との並存を認める部分草案の立場を離れて、ADHGBと同様に、解除を損害賠償と異なる手段として規定することに向かったのはなぜか。解除の効果に関する原則規定である第一草案427条1項の前身である、編集委員会宛て編集原案55条には、次のような注釈が付されている。

---

24) 理由書でも、ADHGB 354条および355条と一致する旨が示される。Mugdan, oben Fn. 1, S. 116（Motiv, S. 210 f.）.

25) 山中康雄「解除論（2）」志林48巻3号（1950年）31頁以下、北村実「ドイツにおける契約解除効果論の展開」龍谷9巻1号（1976年）63頁以下などを参照。

136 第3章 ドイツ民法典の編纂における解除

「1. まだ全く履行されていないというよくある事案では、解除により、契約は無に帰する（zerfallen）、締結されなかったと見なされる。すなわち、以前の状態が簡単に回復され、これにより当事者は履行を求めることはできず、履行を求める場合でもこの当事者には契約は無に帰したとの抗弁が対置され、時効に服する利得請求権が問題となることはない。

　2. 完全に履行されるとき、各当事者が自己の給付の返還に関する請求権を有するという形で、以前の状態が回復される。単に、債権債務上の原状回復（restitutio in integrum）が問題となるのみである。

　3. 部分的に履行されるとき、履行のないかぎりで上記1が、履行のあるかぎりで上記2が当てはまる。……」[26]

　この注釈から明らかなように、第一草案427条1項は、既履行の場合には返還請求権の発生を、そして未履行の場合には履行請求権の否定を意図している。キューベルの考えに従えば、「契約締結前の状態の回復」を目指す手段が「損害の填補」手段の特殊形式となるのは、その簡易さを理由とする。しかし、既履行の場合に認められる返還請求においては、解除権の消滅、返還請求権の内容、危険負担などの複雑な問題が生じうるのであるから、損害賠償請求と比べて格段に、あるいは常に簡易な手段であるとは言えない。その簡易さが現れるのは、「よくある」とされた未履行の事案である。解除の実行が意思表示のみによるとき、その法的手段の簡易さはさらに増大する。こうして、第一草案の解除制度は、契約関係からの離脱を主要な機能とするADHGBの解除制度[27]と、立法形式のみでなく、実質的にも、連続性を持つことになる。解除と損害賠償との並存を否定することですでに発生している損害を十分に填補できない場合が発生しうるにもかかわらず、理由書が、「債権者の利益は選択権によって十分に保護される」と述べて並存の否定を擁護する[28]のは、解除権が以上のような簡易さを有しており、そして債権者自らがそのような解除権を自由に選び取ることができる点に着目していたからであろう。

　このように考えるとき、第一草案の解除制度は次のように評価しうる。すな

───────────────

26）Jakobs/ Schubert, oben Fn. 2, S. 587.

27）前章第2節第5款(1)を参照。

28）Mugdan, oben Fn. 1, S. 116（Motiv, S. 211）.

わち、法的効果あるいは法的構成の局面では、新たに作られる一般的な法定解除を不当利得の諸原則（Kondiktionsgrundsätzen）によって規律するのではなく[29]、瑕疵担保解除に倣った[30]第一草案の立場は、有効に成立した契約を一方当事者の意思のみによって再び消滅させることはできない、という普通法上の原則を維持するものである[31]。しかし他方で、ADHGB と同様に損害賠償とは異なる手段とされた法定解除につき、契約当初からその存在を各当事者が認識しかつその意思でもって正当化している点で決定的に異なる[32]約定解除に倣って意思表示によることを認め[33]、解除条件として構成することで生じる物権的効力の問題を明確に否定し[34]、債権者を反対給付義務から——少なくとも実際上——解放するために債務者の有する反対給付請求権を時効にかからない抗弁権という技巧でもって無力化する[35]。それは、契約という意思関係を基軸としながら、それでも契約関係からの迅速な離脱を適法化することで取引社会の要請に応じようと苦心した結果であった。

（5）　以上のように、第一草案の法定解除制度は、要件枠組みに関して普通法上の「無益性解除」に従いながらも、ADHGB 解除制度と同じく解除と損害賠償との関係を分断する。これによって、解除は、損害を填補するための法的手段から、専ら契約当事者をあたかも契約が締結されなかった状態におくための法的手段となる。それは、損害賠償制度から解除を導き出す普通法の考え方からの乖離を意味し、またその背後にあった「契約の拘束力の承認＝解除否定の原則」との連関を、解除の法的構成として維持しつつも、弛緩させる。それはまた、契約からの離脱が解除の主たる機能となり、ADHGB の解除制度に近づくことを意味する。

29）Mugdan, oben Fn. 1, S. 156（Motiv, S. 281）.

30）本田純一「給付利得と解除規定（1）」成城1号（1978年）302頁以下。

31）S. E. Wunner, Die Rechtsnatur der Rückgewährpflichten bei Rücktritt und auflösender Bedingung mit Rückwirkungsklausel, AcP 168, 1968, S. 431 ff.は、瑕疵担保解除が契約に直接的に作用するのではないことを述べる。

32）Vgl. J. Wilhelm, Rechtsverletzung und Vermögensentscheidung als Grundlagen und Grenzen des Anspruchs aus ungerechtfertigter Bereicherung, 1973, S. 68 ff.

33）Mugdan, oben Fn. 1, S. 116（Motiv, S. 211）und 155（Motiv, S. 280）.

34）Mugdan, oben Fn. 1, S. 156（Motiv, S. 281）.

35）Mugdan, oben Fn. 1, S. 155（Motiv, S. 280 f.）.

部分草案の解除規定から離れて ADHGB 解除制度の特徴を取り入れる方向性は、続く第二読会でも維持される。

第3節　第二草案

　解除の効果を直接的に規律する第一草案 427 条から BGB 346 条および 347 条に至る議事の経緯の詳細については先行業績に譲り[1]、本節では、第一草案 369 条から BGB 325 条、326 条、327 条に至る第二委員会の議事を素材として検討を進める。

　⑴　第二委員会での審議は第一草案を対象に行われるが、その審議に先だって、第一草案は帝国司法庁（Reichsjustizamt）の準備委員会に付される[2]。ここで、第一草案 369 条に定められた解除制度は、大きな変化を被る。帝国司法庁準備委員会は、次のような規定を設ける[3]。

　　司法庁修正案 369a 条　双務契約において債務者が遅滞にあるとき、債権者は相当な期間を定める権限を有する。その期間内に給付が行われないとき、債権者は、不履行を理由とする損害賠償を請求するか、又は契約を解除することができる。遅滞のために給付が債権者にとって利益のないときは、期間を定める必要はない。期間内に給付が部分的にのみ行われるときは、第 247 条第 2 項および第 369 条第 1 項第 2 文の規定が適用される。

　この規定によれば、債務者が遅滞に陥ると、債権者は、債務者が履行するための期間を設定しそしてその期間内に履行のないとき、契約を解除できる。帝国司法庁の議事録からは、この規定が買主の解除権を認める ADHGB 355 条に、そして解除の際の事前の通知を定める ADHGB 356 条に倣ったものであること

---

1 ）とりわけ、北村実「ドイツにおける契約解除効果論の展開」龍谷 9 巻 1 号（1976 年）64 頁以下を参照。

2 ）この委員会は「世論の批判と諸政府の要望を顧慮し、条文の言語表現を改良して新起草を行ない、それを基礎にして、各国政府代表、第 1 委員会委員、政治家、有名法律家から成る新しい委員会〔第二委員会：筆者〕に審議させる」（平田公夫「ドイツ民法典を創った人びと（1）」岡山大学教育学部研究集録 56 号（1981 年）69 頁）ためのものであった。

3 ）H. H. Jakobs/ W. Schubert（hrsg.）, Die Beratung des Bürgerlichen Gesetzbuchs in systematischer Zusammenstellung der unveröffentlichten Quellen, Recht der Schuldverhältnisse I, 1978, S. 476（ProtRJA 341 ミ）.

140 第3章 ドイツ民法典の編纂における解除

がわかる[4]。

債務者遅滞の場合に期間設定の権限を債権者に与えることで、解除制度は、普通法（学）で認められていた「無益性解除」から決定的に離れる[5]。「無益性解除」にとって、給付の無益性の要件は本質的な要素であった。すなわち、その意義は、解除を主張する者に給付の無益性に関する証明を要求し、それを通じて司法権者としての公権力（裁判官）に解除の正当性を個別的に判断する契機を与えるところにあり、それゆえに解除は限定的・例外的な法的手段として把握された。これに対してADHGBでは、解除は実体的な要件としては遅滞のみによって正当化され、そのことによって生じる債務者の不利益を事前の通知という手続的な要件を設けることで回避していた。司法庁修正案369a条は債権者の期間設定権限を第一文で定め、「無益性解除」に由来する要件枠組みをこの期間設定の不要な場合に割り当てる。債務者遅滞の場合に債権者がまずもって期間設定権限を有し、その期間の経過によって債権者に解除権が与えられることで——そして一方当事者の意思表示による解除の妥当が協働することで——、先のような意義を有する無益性要件は空洞化し、解除制度は簡易かつ確実で原則的な法的手段となり、ADHGBの立場に近づく[6]。

(2) 第二委員会では、以上のような司法庁修正案369a条と同内容の提案が、第一草案369条2項に関連して、シュトルクマン（H. C. S. Strukmann）から行われた[7]。第一草案の解除制度から離れるこの提案の理由として、第一委員会

---

4) Jakobs/ Schubert, oben Fn. 3, S. 475（ProtRJA 337 f.）.

5) D. Beinert, Wesentliche Vertragsverletzung und Rücktritt, 1979, S. 183 は、同じく期間設定の権限を債権者に認める第二草案277条に関してであるが、これによって普通法の原則が破られた、とする。

6) とはいえ、ADHGB解除制度と全く同様の形式をとるに至ったのではない。売主解除の場合を規定するADHGB 354条では売主の商品未引渡しが要件として設けられており、司法庁修正案369a条でも同趣旨の規定を売買の箇所で置くことが前提とされていたもの（Vgl. Jakobs/ Schubert, oben Fn. 3, S. 476（ProtRJA 342））、結果的には採用されるに至らなかったからである。この点に関連して、後注23）を参照。

7) B. Mugdan（hrsg.）, Die gesamten Materialien zum Bürgerlichen Gesetzbuch für das Deutsche Reich, 1899（Neudruck 1979）, S. 639 f.（Protokolle, S. 1289 f.）; Jakobs/ Schubert, oben Fn. 3, S. 478. ムグダンの編集では1号提案である。なお、このシュトルクマンの提案でも、前注6）で述べた、売買の箇所での売主未引渡要件の規定の設置が前提とされている（Vgl. Jakobs/ Schubert, a. a. O., S. 478 Fn. 10）。

の議事録には、おおよそ次のようなことが示されている[8]。第1に、第一草案では、遅滞を理由とする解除を債権者にとって給付がもはや利益のない場合にのみ認めるが、この普通法上の原則を貫くことはできず、使用・用益賃貸借、請負契約、雇用契約に例外が見られる。第2に、それゆえ、普通法上の原則は主に売買と交換についてのみ意義を有するが、とりわけ売買契約における売主にとって買主の金銭給付が利益のないものとなることはなく、したがって売主は常に支払をしない買主に既判力ある判決を獲得しなければならなくなるが、これは、例えば不動産の買主が売買の直後に支払不能となるような事案では明らかに不当である。第3に、本来の商事の領域を超えて適用されているADHGB[9]によって普通法の変化が準備されており、ADHGBと連続するこの提案は従来の法の破棄ではなく、これまでの法的展開の帰結であり、これにより正しい時期での履行という今日の取引の要請が重視される、である。

　議事録では、第一草案369条2項に関連して、その他複数の修正提案が挙げられている。ここでは、シュトルクマンの提案に対して議論の対抗軸を形成したヤクベツキィの提案を取り上げる[10]。

　第3号提案（ヤクベツキィ）　双務契約において給付の時期が第361条〔定期行為における解除の規定：筆者〕で示された方法で定められていないとき、債権者は、債務者に給付を行うために相当な期間を、定められた期間内に給付が行われない場合にはもはや受領しないという警告と共に定めることができる。定められた期間内に給付が行われないとき、第361条の規定が適用される。

　　遅滞のために給付が債権者にとって利益のないとき、債権者は、期間を定めることなく契約を解除できる。給付が一部不能となり、可能な部分について債権者に利益がない場合についても同様とする。

　議事録によれば、この提案は、債務者の過責（Verschulden）を前提とする

8）以下につき、Vgl. Mugdan, oben Fn. 7, S. 640 f.（Protokolle, S. 1291 ff.）.

9）一方的商行為に商法が適用されることを定めたADHGB 277条を指すと思われる。本条については、前章第1節(3)を参照。

10）Mugdan, oben Fn. 7, S. 640（Protokolle, S. 1290 f.）; Jakobs/ Schubert, oben Fn. 3, S. 479. ムグダンの編集では3号提案である。

142   第3章　ドイツ民法典の編纂における解除

遅滞の要件を落とし、債務者の責めに帰されない事由によって給付が遅れる場合にも債権者に解除権を認めるものである[11]。おおよそ次のような根拠付けが行われている[12]。第1に、使用・用益賃貸借、請負契約、雇用契約の解除では遅滞が絶対的に必要なのではなく、定期行為の解除の場合には遅滞が要件とされていない。第2に、債務者に給付を求めるのであれば、債権者は、債務者に帰責性のない遅延を甘受せねばならない。しかし、解除においては、給付に関する債権者の利益が問題なのではなく、反対給付を準備する義務あるいは履行された反対給付を債務者に委ねたままにする義務を債権者が負担するかどうかが問題なのであり、債権者が反対給付を負担した目的すなわち適切な時期での履行のないときには解除が許容されねばならない。第3に、遅滞を要件としない解除には、債務者に過責があるか否かを債権者が検討せずに済むという実務上の利益があること、である[13]。

　第二委員会はシュトルクマンの提案に賛成する[14]。この提案に賛成する多数派によって最も重視されたのが、遅滞は過責を前提とするとの理解である[15]。ヤクベツキィの提案によれば、債務者は自らの責めに帰すべき事由によらなければ遅滞に陥らないという原則が放棄され、債務者にとって不当に厳しいものとなるが、それに対してシュトルクマンの提案は両当事者の利益を公正に考慮している。すなわち、「解除が可能であることで、債権者は、自己に不利な契約から離れることができる。当該事案において債権者の利益は遅延に

---

11)　Mugdan, oben Fn. 7, S. 640（Protokolle, S. 1292）; Jakobs/ Schubert, oben Fn. 3, S. 479 f.

12)　以下につき、Vgl. Mugdan, oben Fn. 7, S. 641 f.（Protokolle, S. 1293 ff.）.

13)　債権者に解除権を認めるにあたって債務者遅滞とりわけその主観的要素である過責を要求しないヤクベツキィの提案は、一部不能の際の解除についても過責を不要とする。Vgl. Mugdan, oben Fn. 7, S. 643 f.（Protokolle, S. 1300 ff.）.

14)　Mugdan, oben Fn. 7, S. 641（Protokolle, S. 1292）; Jakobs/ Schubert, oben Fn. 3, S. 480.

15)　一般的には遅滞の要件として過責が挙げられるものの、争いのあるものであった。学説状況も含めて、B. Windscheid/ T. Kipp, Lehrbuch des Pandektenrechts, 1. Band, 9. Aufl., 1906（Neudruck 1984）, §. 277, S. 132 f. und S. 134 Fn. 9 を参照。H. H. Jakobs, Culpa und interpellation bei der mora debitoris nach klassischen Recht, in: Tijdschrift vor Rechtsgeschiedenis, Deel 42, 1974, S. 23 ff., S. 55 は、関連するローマ法源を検討して、古典期の法律家にとって、債務者が遅滞に陥るか否かにつき、過責の問題は無縁であった、とする。

第3節　第二草案　**143**

よって少しも害されず、しかし相手方にとっては契約の存続が多大な経済的意
義を有するとしても、である。このようなことを正当化できるのは、遅滞が過
責に基づく場合なのである」[16]。

　以上のように、ADHGB 解除制度に倣った帝国司法庁修正案 369a 条を基礎
とするシュトルクマンの提案は、第二委員会では、債務者遅滞の成否、した
がってまた解除権の成否に債務者の帰責性を要するか、という視点から議論の
対象となった。

　(3)　債務者の帰責性の問題は、解除後の法関係の規律方法に関しても論じら
れる。解除の効果を準用規定の列挙により定める第一草案 369 条 3 項に対して、
第二委員会では、次の三つの提案が行われた[17]。

　第 1 号提案（シュトルクマン）　第 369 条から第 369b 条までに定められ
た解除権には、約定解除権に妥当する第 426 条から第 433 条までの規定が
準用される。

　第 2 号提案（プランク）〔以上の提案に次のように追加される：筆者〕　ただ
し、解除が債務者の責めに帰することのできない事由により生じるとき、
債務者は、受領した反対給付について、不当利得の賠償に関する基本原則
に従ってのみ責任を負う。

　第 3 号提案（ヤクベツキィ）　第 361 条および第 369a 条において定められ
た解除権には、約定解除権に妥当する第 426 条から第 431 条および第 433
条が準用され、第 369a 条第 2 項の事案では第 432 条も準用される。ただ
し、債務者は、受領した反対給付について、不当利得の賠償に関する基本
原則に従ってのみ責任を負う。

　シュトルクマンの提案が第一草案と異なるのは、草案 369 条 3 項において準
用規定から除外されていた 432 条——解除について合意された期間が存在しな
い場合、解除の相手方から解除権者に対して期間を定めて解除の意思表示を求
め、その期間内に意思表示が行われないときに解除権が消滅する旨を定める規
定[18]——もまた、そこに含める点である。プランクの提案は、このシュトル

---

　16)　Mugdan, oben Fn. 7, S. 642（Protokolle, S. 1298）.

　17)　Mugdan, oben Fn. 7, S. 645（Protokolle, S. 1303 f.）; Jakobs/ Schubert, oben Fn. 3, S.
　　482.

144   第3章　ドイツ民法典の編纂における解除

クマンの提案に従いながらも、債務者の帰責性の有無という基準を別に立てて、帰責性のない場合について債務者に不当利得規定による責任を負わせる。以上との対比で見れば、ヤクベツキィの提案は、不当利得規定の妥当は債務者の帰責性の有無に左右されない点でプランク提案と異なり、432条の準用を排除する点でシュトルクマンの提案と異なる。

　これらの提案のうち、第二委員会は、プランクの提案を採用する[19]。議事録には次のように記されている。

　　「重要であるのは、法感情もしくは取引の要請の問題である。草案〔第一草案：筆者〕は次のことを出発点とする。すなわち、法律が当事者の一方に双務契約の解除を認める場合かつその限りにおいて、法律は、契約に基づいて何かを受け取ったすべての当事者が……解除の可能性があることを意識せねばならないとの前提に基づくことができる、ということである。この前提は実際上不当なものではなく、それゆえ草案の規律は一般的には決して是認されないものではない。ただ、この前提を貫徹させることは、債務者が責めを負うことなく解除が行われる場合には、債務者にとって不当に厳しいもの（ungebührliche Härten）となる。」[20]

　プランクの提案に従うにあたって基礎にあるのは、契約当事者の各々が「解除の可能性があることを意識せねばならないとの前提」である。「感情もしくは取引の要請」と表現されたこの前提の下において、債務者は、たとえ解除が「不当に厳しいもの」であっても、自ら責めに帰されるところがあれば、甘受を迫られる。

　では、そこで示された「不当に厳しいもの」とは何か。プランク提案に賛成する文脈で述べられた、ヤクベツキィ提案に対する次のような反論が手がかりとなる。

　　「例えば、交換の場合に解除権を行使する者が、自己の受領していたもの

---

18) シュトルクマンの提案は、第一草案432条ではなく、第二委員会の議事の結果として補充された432条を念頭に置いている。内容は本文で示したものである。Vgl. Mugdan, oben Fn. 7, S. 532 f.（Protokolle, S. 640 und 642 f.）.

19) Mugdan, oben Fn. 7, S. 646（Protokolle, S. 1307）.

20) Mugdan, oben Fn. 7, S. 646（Protokolle, S. 1308）.

をすべての収益などと共に返還し、他方で解除について責めを負う相手方の責任が利得に限定されるとき、一般的諸原則および自然の感情に反するに違いない。」[21]

　約定解除と法定解除との相違、すなわち契約当初から解除権の行使が予定されているか否かの区別を重視するヤクベツキィ提案によれば、法定解除の場合には、債務者は債権者からの反対給付を受領した後に契約を解除されるとは通常は予期していないのであるから、反対給付受領後の収益を除いた利得についてのみ返還義務を負うことになる。他方で、債権者は、解除か損害賠償かの選択権を有し、解除権行使を予期できる立場にあるから、受領した給付に由来する収益すべての返還を求められても不当ではなく、仮にそのような結果を招く解除権の行使が自己にとって利益とならないのであれば、今一つの選択肢である損害賠償を選べばよい[22]。このようなヤクベツキィ提案の考え方に対して、第二委員会の採用したプランク提案は、債務者はたとえ法定解除であってもその行使について予期すべきであるとの前提を出発点に置いた上で、債務者に帰責性のある場合には不当利得法による規律を離れて、返還義務の範囲を拡大する。すなわち、ここで「不当に厳しいもの」は、返還されるべきものの範囲に関係する。

　以上のように、債務者の帰責性の問題は、第二委員会では、解除権の成否に関してのみでなく、それにより生じる返還義務の範囲に関する議論にも関連していた[23]。

---

21) Mugdan, oben Fn. 7, S. 646（Protokolle, S. 1308）.

22) 以上につき、Vgl. Mugdan, oben Fn. 7, S. 645 f.（Protokolle, S. 1305 ff.）.

23) 解除後の法関係の規律方法に関する検討で詳しく立ち入らなかったシュトルクマンの提案は、債務者の帰責性を考慮しない点を除けば、プランクの提案と同様であるようにみえる。しかし、前注6）および7）で述べたように、シュトルクマン提案は、売主が解除権を有するのは売買目的物未引渡しの事例のみであることを前提としている。それゆえ、予定された原状回復の実際の帰結はプランクの提案と異なる。実際、議事録では、ヤクベツキィ提案を根拠づける文脈においてではあるが、売主未引渡要件の意図が解除の法関係において生じる難問を回避するところにあることが示されている（Mugdan, oben Fn. 7, S. 645（Protokolle, S. 1306））。このように考えると、シュトルクマン提案の基礎にある思考は、ヤクベツキィ提案のそれ──約定解除と法定解除との区別の重視による解除後の法関係への対応──に近いとも言える。

146　第3章　ドイツ民法典の編纂における解除

(4)　第二委員会での解除制度をめぐる主要な論点の一つは、債権者の解除権と債務者の帰責性との関係にあったと言える。もちろん、債務者の帰責性の問題は、解除権の成否に関する場合と返還義務の範囲に関する場合とで区別して考察されねばならない。しかし、ここで注目したいのは、いずれの場合においても、債権者によって一方的に行使される解除権が債務者にとって厳しいものと認識され、それを正当化するためのいわば代償として債務者に帰責性を要求していることである。

　本書においてここまで検討の対象とした素材に関するかぎり、債務者の帰責性が本節で見たような形で中心的に論じられることはなかった。この問題がここでようやく争点として浮上したのは、解除制度像がある転換を遂げたからである、と考えられる。このことを示唆するのが、ADHGB に倣った帝国司法庁修正案およびそれと同内容のシュトルクマンの提案（上述(1)および(2)で言及したもの）と、これよりも ADHGB に近いところに位置するヴォルフゾーン（I. Wolfson）の提案とに関する議事である。

　ヴォルフゾーンの提案では、債務者遅滞により債権者は契約の解除が可能であり、債権者が解除をする場合には、債務者にこれを通知し、遅滞を回復するための期間を設定しなければならない[24]。債権者がもはや給付に利益を有しておらず、したがって期間設定なく解除が可能である場合について行われた議論では、シュトルクマン提案とヴォルフゾーン提案との違いは、誰が解除権行使のイニシアチブを握るのかという点にある、とされる。すなわち、ヴォルフゾーン提案では、ADHGB に倣い、債権者に通知をさせることで、債権者がイニシアチブを握る。それに対してシュトルクマン提案は、債権者の解除権を債務者側から消滅させることを認める 432 条を準用することで、イニシアチブを債務者に間接的に割り当てる[25]。

　このような議論の前提には、債務者が遅滞に陥るとき、債務者からの給付が債権者にとって利益のあるものかどうかを問題とすることなく、債権者に解除

---

24)　Mugdan, oben Fn. 7, S. 640（Protokolle, S. 1290）; Jakobs/ Schubert, oben Fn. 3, S. 478 f.
　　ムグダンの編集では第 2 号提案である

25)　Mugdan, oben Fn. 7, S. 643（Protokolle, S. 1300）; Jakobs/ Schubert, oben Fn. 3, S. 480.
　　432 条については、前注 18）およびそれに対応する本文を参照。

権が発生する、との判断がある。この判断を基礎としつつ、ヴォルフゾーン提案は事前の通知を債権者に要求し、シュトルクマン提案は解除権消滅の契機を債務者に与える。両提案に見られるこのような差異は、無益性要件を通じて有していた普通法上の「無益性解除」の限定的・例外的性格が ADHGB 解除制度の導入によって払拭され、簡易で確実な解除権が原則的地位に置かれたことへの対応の差異であるとも言える。

第二委員会における、債権者の解除権と債務者の帰責性との関係に関する議論もまた、以上のような対応の差異が由来するところの解除制度像の転換と関連すると思われる。すなわち、限定的・例外的手段とされていた解除は債権者にとって簡易かつ確実で原則的な手段となり、それが引き起こす債務者にとっての厳しい諸帰結を押し並べて正当化する必要が生じたために、債務者の帰責性が衡を持するものとして要求された、と考えることができる。解除における帰責性の要請は、ここでは、解除という手段が有していた限定的・例外的性格が失われたことへの対応の一つのあり方であったと言えよう。

⑸ ADHGB 解除制度の特徴を部分的に導入した第一草案 369 条は、ADHGB 解除制度の立場にさらに近づく以上のような第二委員会の提案と審議を経て、第二草案 276 条、277 条、279 条となる[26]。そして、本書第 1 部の冒頭で確認した BGB 325 条から 327 条までの 3 箇条に結実する。

26）この過程——精確に言えば、第二委員会本会議後に作成された第二委員会決議暫定集成 369a 条と編集会決議暫定集成 369a 条との間——で、「履行に関する請求権は排除される」との文言が挿入される。Vgl. Jakobs/ Schubert, oben Fn. 3, S. 482 ff.

148 第3章 ドイツ民法典の編纂における解除

第4節 ま と め

(1) 以上に見てきたように、BGB の法定解除制度は、普通法（学）に由来する「無益性解除」の諸特徴を失う形で、逆から言えば ADHGB 解除制度の諸特徴を取り入れながら起草された。すなわち、①「無益性解除」において解除権は損害賠償制度から引き出され、損害賠償請求権との並存が認められていたのに代わって、ADHGB と同様に損害賠償と相並ぶ別の権利として位置づけられ、②「無益性解除」の要石である無益性要件が ADHGB に倣う期間設定権の債権者への付与によって空洞化し、ADHGB 解除制度と同様に債務者遅滞と事前の催告に基づく解除権が承認され、③解除は、債権者にとって給付が無益となる場合にのみ認められる限定的・例外的な法的手段から、給付の無益性の判断に左右されることなく契約関係からの簡易かつ確実な離脱を可能とする原則的なそれに衣替えをして、BGB に定められた。

(2) 前章第4節では、「無益性解除」を民法的解除、ADHGB の解除を商法的解除と呼んで、規律対象、法技術およびそれを支える基軸の相違を示した。そして本章では、両解除の対抗という視点からの、BGB 法定解除制度の編纂過程の検討を課題とした。これに即して言えば、以上のような編纂過程は民法的解除と商法的解除との交錯過程として、そしてその過程を経て現れた法定解除制度はそれら両解除の混合物として、すなわち法技術の観点から見れば前者を後者が覆い、基軸の観点から見れば前者に後者が倒れ込んだものとして把握できる。それは商法的な法制度が民法体系へと組み込まれる過程、いわゆる「民法の商化」の過程として理解できる[1]——民法の商化には本来民法的な規定が商法に規定される場合と本来商法的な規定がやがて民法に規定される場合とがありうるが、ドレスデン草案での ADHGB 解除規定の帰趨を想起すると

---

1) 田中耕太郎「『民法の商化』と商法の自主性」同『商法学一般理論（田中耕太郎著作集7）』（新青出版、1998年）149頁以下で知られる民商法論の先駆者リーサーは、19世紀末の著作において、善意取得と並んで、解除制度を民法の商化の例に挙げている（J. Rießer, Der Einfluß handelsrechtlicher Ideen auf den Entwurf eines bürgerlichen Gesetzbuchs für das Deutsche Reich, 1894, S. 53 f.）。

き、BGB 法定解除制度の形成過程は後者の場合に該当する[2]——であろう。

　(3)　もちろん、法定解除制度をめぐる法展開はここで止まるのではない。BGB 制定後の法展開を追うことは本書の課題の外にある。しかし例えば、解除による債権債務関係全体の遡及的消滅を認める直接効果説[3]が BGB 制定直

---

2) 本文のように述べることができるとして、それではそのような民法の商化が進んだのは何故か、という問題が生じる。ここで、この問題に即座かつ十分に答えることはできないが、一般ドイツ商法典の解除制度が元々は商事裁判所であった帝国裁判所において実務上確固たる地位を築いていたことに加えて、ドイツ民法典編纂のための第一委員会では構成メンバーから見て現職裁判官ないし実務家が、第二委員会では高級官僚が優位に立ち（詳しくは、平田公夫「一九世紀後半のドイツ社会と民法典」上山安敏編『近代ヨーロッパ法社会史』（ミネルヴァ書房、1987 年）288 頁および 290 頁以下を参照）、普通法学者の見解をそのまま条文化するには困難であったこと、などが考えられる。

　また、視野を広げて、社会経済的変動との関係を考えることもできるであろう。本書第 1 部で取り扱った ADHGB に関連して検討の方向を示すなら、営業的商行為を定める 272 条 1 項 1 号および付属的商行為の例外を定める 273 条 3 項がその契機を与えてくれる。すなわち、前者は「引受人の営業が手工業の範囲を超えるときの、他人のための動産の加工または製造の引受け」が営業として行われる場合に商行為となると定め、後者は「手工業者によって行われる転譲渡は、その手工業の経営内で行われる限り、商行為と見なされない」と定めており、傍点部にあるように、手工業経営の範囲にある取引を商法の適用対象から排除しようとする。当時の理解によれば、この範囲の確定は最終的には個々の事案における判断に委ねられるが、その判断の基準として手工業経営（Handwerksbetrieb）と製造工業経営（Fabriksbetrieb）との区別が念頭に置かれ、大規模な経営を行う後者が ADHGB の適用対象となる（簡単には F. v. Hahn, Commentar zum Allgemeinen deutschen Handelsgesetzbuch, 2. Band, 1867, S. 25 und 42; F. v. Hahn, Commentar zum Allgemeinen deutschen Handelsgesetzbuch, 1. Band, 1863, S. 30; W. Endemann, Das deutsche Handelsrecht, 4. Aufl., 1887, §. 9, S. 30 を、また詳しくは L. Goldschmidt, Handbuch des Handelsrechts, 1. Band, 2. Aufl. 1875, Neudruck 1973, § 46, S. 504 ff. und § 52, S. 595 ff.を参照。ゴルドシュミットは、必然的な指標とは考えないものの、両者の区別に関して、注文に基づいて労働するかあるいは在庫に基づいて取引をするか、経営者も作業を行うかあるいは労働の監督のみを行うか、機械を用いるか否か、などを挙げている）。すなわち、ADHGB がその対象として想定するのは、基本的には、大商人と資本家により構成された経済社会であるように思われる（ADHGB 成立前の商法学との関連で、本部第 1 章第 3 節(5)も参照）。

　19 世紀中葉の産物である ADHGB の規定から垣間見ることのできる以上のような社会像は、果たして（近代）民法が予定した社会あるいはそれを生み出した社会と如何なる関係にあるのか。その具体的連関を示すことが本注冒頭の問いに答える一つの視座を提供してくれるであろうが、いずれにせよ、後日の課題とせざるを得ない（なお、第 1 部第 1 章第 3 節注 11) および第 2 章第 1 節注 11) も参照）。

150　第3章　ドイツ民法典の編纂における解除

後に通説となるものの、遅くとも 20 世紀中葉には解除によっても債権債務関係は存続し内容的に変化するだけであるとの論理でもって克服される[4]とき[5]、その展開の深部に、契約の拘束力を基軸とする民法的解除の論理を見て取ることはできないであろうか。また、BGB 制定からおよそ 100 年を経た 20 世紀末において、遅滞と事前の催告とによる解除を定める BGB 326 条が給付障害法の「最も重要かつ成功した規定 (wichtigste und gelungenste Vorschrift)」[6]、あるいはまた「中心部分 (Kernstück)」[7]とされるとき、それは経済社会の展開に伴う商法的解除の論理の全面化を示すものと考えることはできないであろうか。

---

3) P. Oertmann, Die Bedeutung der Rücktrittserklärung, in: J. A. Seuffert's Blatter für Rechtsanwendung, 69. Jahrgang, 1904, S. 67.

4) E. Wolf, Rücktritt, Vertretenmüssen und Verschulden, AcP 153, 1954, S. 113 f.

5) 学説の展開の全体像につき、北村実「ドイツにおける契約解除効果論の展開」龍谷 9 巻 1 号（1976 年）77 頁以下、鶴藤倫道「契約の解除と損害賠償（2・完）」民商 110 巻 4・5 号（1994 年）269 頁以下を参照。

6) Münchener Kommentar zum Bürgerlichen Gesetzbuch, Band 2, 3. Aufl., 1994, §. 326, Rn. 3（Emmerich).

7) U. Huber, Leistungsstörungen, Band 2, 1999, §. 35, S. 151.

第2部　フランス法

(1)　1804年のフランス民法典1184条は、その第1項において、双務契約の当事者の一方が履行しない場合について「解除条件が常に予定されている（sous-entendu）」と定め、第2項では、債務者からの履行がなく条件が成就した場合でも「契約が当然には解除されず」、不履行を被った債権者は合意の履行を請求するか、あるいは「損害賠償とともに解除を請求する」かの選択が可能であることを示す。そして第3項において、その解除は「裁判上請求せねばならない」と定める[1]（以下で言及するフランス民法典の条文は、とくに断らない限り、2016年の民法典改正[2]前のものである）。

　この条文に従う限り、フランスでは、債務不履行を被った当事者は、契約の解除を求めるには、裁判所への請求を要することになる（以下、この一般的かつ抽象的な規範を、文脈に応じて、「裁判解除の原則」あるいは「裁判解除準則」と呼ぶ）。実際、教科書類の記述を見ても、契約を解除する場合には裁判によらねばならない旨が示される[3]。しかし同時に、裁判所への請求を要することなく契約を解除できる例外的な場合にも言及される。これは、裁判解除の原則を回避できる方法ないし根拠に従い、大きく三つに分けられる[4]。第1は合意に

1）次のような規定である（フランス民法典の条文の訳出には、以下、法務大臣官房司法法制調査部編『フランス民法典―物権・債権関係―』（法曹会、1982年）を参考にした）。
　　フランス民法典1184条　解除条件は、双務契約において、両当事者の一方がその約務をなんら満たさない場合について常に予定されている。
　　　この場合には、契約は法律上当然には解除されない。約務の履行を受けなかった当事者は、あるいはそれが可能であるときは合意の履行を相手方に強制し、あるいはその解除を損害賠償とともに請求する選択権を有する。
　　　解除は裁判上請求しなければならない。被告には、状況に応じて期間を付与することができる。
2）改正の経緯および翻訳につき、荻野奈緒／馬場圭太／齋藤由起／山城一真（訳）「フランス債務法改正オルドナンス（2016年2月10日のオルドナンス第131号）による民法典の改正」同法69巻1号（2017年）279頁以下。
3）P. Malaurie/ L. Aynès/ P. Stoffel-Munck, Droit civil, Les obligations, 4e éd., 2009, n° 873, p. 455; F. Terré/ P. Simler/ Y. Lequette, Droit civil, Les obligations, 10e éd., 2009, n° 651, p. 658; J. Flour/ J.-L. Aubert/ É. Savaux, Droit civil, Les obligations, 3. Le rapport d'obligation, 7e éd., 2011, n° 246, p. 234.
4）Malaurie/ Aynès/ Stoffel-Munck, supra note 3, n° 884-891, p. 464-472; Terré/ Simler/ Lequette, supra note 3, n° 657-665, p. 667-678; Flour/ Aubert/ Savaux, supra note 3, n^o

よるものである。一般に解除条項（clause résolutoire）と呼ばれるこの取り決め
は、19世紀中葉に判例により適法とされ[5]、現在のフランスではかなり頻繁に
見られる[6]。第2の例外は法律の定めによるものであり、第3は判例（juris-
prudence）によるものである。

　⑵　法定解除の展開を扱う本書では、以上の三つの例外的局面のうち、第2
および第3に属する素材を扱う。本書においてフランス法に目を向ける目的の
一つは、ドイツ法における法定解除の展開を相対化して把握するところにある
が、催告と意思表示とによるドイツ民法典の法定解除からすれば、フランス民
法典が裁判解除を原則としながらも例外則を認めるとするならそれはなぜか、
またどのようなものか、という問題が生じるからである。

　以上の問題意識から、まずもって視野に飛び込んでくるのは、買主の引取義
務違反を理由として動産売買契約を法律上当然に（de plein droit）、すなわち裁
判によることなく解除することを認めるフランス民法典1657条である。仏民
1657条による解除は、裁判解除準則に対する法律の定めを根拠とする例外則
のなかで、典型的な一例（un exemple typique）[7]とされる。第1部の検討で見
たように、ドイツ民法典の定める催告意思表示解除が迅速な取引の展開という
要請に影響を受けて形成されたのであれば、裁判によることなく動産売買契約
の解除を認める同条への関心は一層高まる。以上から、フランス民法典1657
条による当然解除に対する検討を行う（第3章）。

　判例を根拠とする例外則に視線を向けると、今日の法状況から見て最も重要
であるのは、20世紀末から21世紀初頭にかけて現れた三つの破毀院判決[8]で
ある。ここで破毀院は、「契約に対する一方当事者の行為態様の重大性により、
相手方は、自らの危険と負担で（à ses risques et périls）、一方的な方法により
（de façon unilatérale）、契約を終了させることができる」という命題を示し、こ

　　256-261, p. 246-252.

5）Cass. civ., 2 juillet 1860, D. P. 1860, 1, 284.

6）Malaurie/ Aynès/ Stoffel-Munck, supra note 3, n° 886, p. 467 は、契約の半数以上がこ
　　の種の条項を含んでいるという。

7）Terré/ Simler/ Lequette, supra note 3, n° 658, p. 668.

8）Cass. 1e civ., 13 octobre 1998, Bull. civ. I, n° 300, p. 207; Cass. 1e civ., 20 février 2001,
　　Bull. civ. I, n° 40, p. 25; Cass. 1e civ., 28 octobre 2003, Bull. civ. I, n° 211, p. 166.

れが 2016 年の民法典改正により認められる、通知による一方的解除（résolu-tion unilatérale par simple notification）の基礎となった[9]からである。もっとも、本書の目的は、20 世紀初頭を一応の基準時としてフランス法定解除の展開を検討するところにある。この観点から先の破毀院判決を見れば、その背後にある判例法理、すなわち 20 世紀初頭に期間の定めのある役務賃貸借を対象にして示された判例法理が浮かび上がる[10]。ドイツ民法典が施行された当時のフランスにおいて、裁判によらない解除が判例により肯定されていたのであれば、この解除はフランス民法典の裁判解除準則とはどのような関係にあったのか、またドイツ民法典の催告と意思表示とによる解除とはどうだったのか、という疑問が生じる。このような問題関心から、19 世紀末から 20 世紀初頭の判例に見られる例外則を検討する（第 2 章）。

以上の検討には、裁判解除準則に関する一定の理解が不可欠である。そこで、必要な限りで、フランス民法典 1184 条に定められた裁判解除準則の意義（根拠、目的、機能）を、1930 年前後（本書第 2 部で用いられる「20 世紀前期」の語はおおむねこの時代までを指す）までの学説および裁判例を素材に確認する（第 1 章）。

（3） フランスの解除制度に関する研究は、わが国と異なり裁判を要するからであろうか、ドイツのそれに比して低調であったと言える。しかし近年になって多くの優れた業績が現れた[11]。本書の検討の多くがこれらの先行研究に負

9） ごく簡単な記述であるが、杉本好央「20 世紀前期のフランスにおける裁判解除準則の意義と射程 (1)」法雑 63 巻 2 号（2017 年）3-4 頁を参照。

10） Cf. L. Aynès, Le droit de rompre unilatéralement: fondement et perspectives, Droit et Patrimoine, n° 126, mai 2004, p. 64-65.

11） 本書第 2 部の扱う素材と密接に関係する近時の成果として、後藤巻則「契約解除の存在意義に関する覚書」比較法学 28 巻 1 号（1994 年）1 頁、山下りえ子「フランスにおける契約解除法制について」比較法 31 号（1994 年）91 頁、武川幸嗣「解除の対第三者効力論 (1)～(2・完)」法研 78 巻 12 号（2005 年）1 頁、同 79 巻 1 号（2006 年）61 頁、齋藤哲志「フランスにおける契約の解除 (1)～(2・完)」法協 123 巻 7 号（2006 年）113 頁、同巻 8 号（2006 年）179 頁、福本忍「フランス債務法における法定解除の法的基礎（fondement juridique）と要件論 (1)～(2・完)」立命 299 号（2005 年）321 頁、同 302 号（2006 年）181 頁、福本忍「現代フランス債務法における法定解除の法的基礎（fondement juridique）の構造変容」立命 309 号（2007 年）167 頁がある。

うものであることは行論から直ちに明らかとなるが、本書の検討の特徴は、時代を絞り込み、ドイツ法との対比を目指し、例外との関係で裁判解除の意味を検討するところにある。

第1章 フランス民法典1184条による裁判解除

　本章の課題は、裁判解除準則の意義（根拠、目的、機能）を19世紀から20世紀前期の判例および学説を素材に検討することにある。裁判解除準則の下での法実践において重要なアクターとして現れるのは裁判官であるから、まず、裁判官の権能の観点から検討を進める（第1節）。次いで、契約の拘束力の原理との関係如何という観点から、裁判解除準則の意義を検討する（第2節）。

第1節　裁判官の権能

第1款　履行期間の付与

　(1)　フランス民法典1184条3項は「解除は裁判上請求されねばならない」との第1文に続いて、債務者である「被告には、状況に応じて期間を付与することができる」と定める。この文言から明らかなように、解除を裁判によらしめる第1の意義は、裁判官が債務者に履行のための期間を付与するところにある（以下、「期間付与権能」と呼ぶ）。

　裁判官の期間付与権能は、すでに古法時代の著作にその記述を見出せる。ポティエ（R. J. Pothier）は、『債務関係概論』において、裁判による解除の場合に債務者には履行のための期間が「裁判官の裁量（discrétion）」により与えられると述べる[1]。ドマ（J. Domat）も、合意一般について論じるところで、買主が期限に代金を支払わない場合に売買が直ちに解除されるのではなく、事情に応じて買主に代金支払のための期間を与えるのが裁判官の「賢慮（prudence）」であると論じる[2]。ブルジョン（F. Bourjon）もまた、解除条項が存在

---

1) R. J. Pothier, Traité des obligations, Œuvres de Pothier par Bugnet, tome 2, 1848 (réimp. 1993), n° 672, p. 369.

2) J. Domat, Les loix civiles dans leur ordre naturel, in: J. Rémy, Œuvres complètes de J. Domat, nouv. éd., tome 1, 1828, Liv. 1, Tit. 1, Sect. 3, n° 15, p. 139.

する場合についてであるが、裁判解除における裁判官の期間付与を「衡平な慣習（usage équitable）」であると説明する[3]。

(2)　裁判官の期間付与権能は、以上のような古法時代の伝統を受け継ぎ、フランス民法典1184条で規定される。共和暦8年熱月24日（1800年8月10日）に公表された民法典草案（以下、「共和暦8年草案」と呼び、債権債務法の総論部分に属するものと売買契約に関するものを区別するため、便宜上、前者を「債権総論編」、後者を「売買編」とする。なお、後者は主に第3章で取り上げる）には、1184条の前身となる次のような規定がある[4]。

　共和暦8年草案債権総論編79条　解除条件は、双務契約において、両当事者の一方がその義務を自ら果たさない場合について常に暗黙裏に含まれている。

　　この場合、契約は当然には解除されない。義務の履行を受けなかった当事者は、その履行が可能なときは相手方に対して契約の履行を強制するか、または損害賠償とともに契約の解除を請求するかの選択を有する。

　　解除は、裁判上請求され、裁判官により言い渡されねばならない。裁判官は、状況に応じて、被告に対し期間を付与することができる。

　本草案79条に関しては、破毀裁判所（Tribunal de Cassation）の鑑定意見で異論が示される[5]。破毀裁判所は、鑑定意見において、本条第3項が定める裁判官の期間付与権能を削除する旨の提案を行い、「裁判官が状況に応じて期間を付与することが許されてはならず、契約の条項および条件にただ従うのみである。契約は当事者の法律であり、かつ、裁判官の法律である」との注釈を加える。

　このような批判にもかかわらず、裁判官の期間付与権能は、国務院の議論で批判を受けることなく、最終確定草案債権総論編84条[6]において維持される[7]。

---

3) F. Bourjon, Le droit commun de la France, et la coutume de Paris, nouv. éd., tome 1, 1770, Liv. 3, Tit. 4, Chp. 9, nº 2, p. 486.

4) P.A. Fenet, Recueil complet des travaux préparatoires du code civil, tome 2, 1827 (réimp. 1968), p. 170.

5) Fenet, supra note 4, t. 2, p. 588-589. 期間付与権能に対する破毀裁判所の否定的な態度は、売主の引渡義務違反に基づく買主の解除権に関しても展開される。Cf. Fenet, *op. cit.*, t. 2, p. 723.

158 第 1 章 フランス民法典 1184 条による裁判解除

ビゴ・プレアムヌゥ (Bigot-Préameneu) は、1804 年 1 月 28 日 (共和暦 12 年雨月 7 日)、立法府 (Corps législatif) において、起草趣旨を次のように説明する。

「双務契約では、各当事者は、相手方がその義務を何ら果たさない場合についての解除条件の下でのみ義務を負ったと推定される。 ／ とはいえ、この条件の効果を主張する当事者は同時に、諸々の法的手段を通じて相手方に合意の履行を強制できるにちがいない。このとき、この当事者は必ず裁判所に訴える。そして、たとえこの解除条件が明示的に取り決められていても、常に、不履行が確認され、不履行の諸原因が審査され、その諸原因が単なる遅滞という原因と区別されねばならない。この諸原因を検証するなかで、裁判官が衡平 (équité) により期間を付与せざるを得ないほどに優遇されるものがあることもある。」[8]

また、1804 年 2 月 3 日 (共和暦 12 年雨月 13 日)、ファヴァル (Faval) は、護民院 (Tribunat) での公式報告において、次のように述べている。

「この場合〔解除が請求された場合：筆者〕に期間を付与する権能を裁判所に認めることは、合意はそれを行った者たちにとって法律に代わるという既に認められた原則を何ら侵害しない。ここで契約の解除を請求するのは、契約の履行を追求できるまさにその人である。解除が確定する前に裁判官が契約の履行 (exécuter l'acte) のために債務者に付与できる期間は、人道性 (humanité) に基づくものである。これは、適法な合意は契約当事者に

---

6) Fenet, supra note 4, t. 13, p. 182.
7) 期間付与権能は維持されるが、共和暦 8 年草案債権総論編 79 条から国務院での最終確定草案 84 条までには、ある重要な変化が生じている。すなわち、国務院に提出された草案 81 条 (Fenet, supra note 4, t. 13, p. 15) は共和暦 8 年草案 79 条の文言をそのまま受け継ぎ、この 81 条に対する国務院の審議では何の異論も提出されていないにもかかわらず、この議論を経てまとめられた草案の 84 条 (op. cit., p. 182) では、第 3 項が「解除は、裁判上請求されねばならず、状況に応じて被告には期間が付与される」とされており、「裁判官により言い渡されねばならない (doit être...prononcée par le juge)」との部分が削除されている。この理由はフネの編集による資料を基礎とした起草過程からは明らかではない。福本忍「フランス債務法における法定解除の法的基礎 (fondement juridique) と要件論 (1)」立命 299 号 (2005 年) 355 頁および 398 頁注 200、齋藤哲志「フランスにおける契約の解除 (1)」法協 123 巻 7 号 (2006 年) 148-149 頁および 156 頁注 173 も参照。
8) Fenet, supra note 4, t. 13, p. 244.

とって法律となると定める 34 条に対する例外、そういってよいかもしれない。しかし、34 条と 84 条とは共に存在しており、一方が他方の厳格さを緩和するこれら両規定の下であらゆる契約が行われる。このように、この両規定は共存し、また裁判官に貴重な権利を与えることになる。不幸な事情から、引き受けた義務を定められた期日に果たすことのできない当事者を救うことになるからである。」[9]

　以上の説明は、裁判官による期間付与に向けられており、裁判解除準則それ自体の説明を行うものではない[10]。しかし、裁判官が債務者に実際に履行期間を付与する前提には、当事者による裁判上の請求がある。視点を変えて言えば、以上の説明において、裁判官による期間付与は裁判解除準則の実践的な機能の一つとして理解されていると言える。

　(3)　ところで、以上に引用したファヴァルの説明中にある 34 条とは、フランス民法典 1134 条のことである。同条第 1 項は周知の規定であり、「適法に形成された合意は、それを行った者に対しては、法律に代わる」と定める。ファヴァルは、同一日付の公式報告において、1134 条の原理が「契約の権威を保障し、したがって個々人の富を保障し、さらに、より大切なことであるが、合意の履行を支配する誠実さを保障する」と述べ[11]、合意の履行を重視する。1184 条 3 項で定められた裁判官による期間付与は、契約当事者に合意の履行を促すものであり、この点において両条は共存しうる[12]。

　もっとも、裁判官の期間付与権能には、1134 条との抵触が問題となる側面があることも事実である。ファヴァルの説明では、裁判官による期間付与が、当事者たちにとって法律である合意から逸脱するものであり、それを正当化するために「人道性（humanité）」という道徳的要請を持ち出している。裁判官による期間付与に「衡平（équité）」を持ち出すビゴ・プレアムヌゥの説明も類似の構造を持つ。このような説明について、本来は当事者の意思が至上のもの

---

9) Fenet, supra note 4, t. 13, p. 327.

10) Y.-M. Laithier, Étude comparative des sanctions de l'inexécution du contrat, 2004, n° 184, p. 263 は、起草過程では、裁判官の期間付与権能を説明することが問題となっているだけであって、裁判官への事前の訴訟係属を正当化するものではない、とする。

11) Fenet, supra note 4, t. 13, p. 319.

12) 杉本好央「仏民一六五七条小論（1）」法雑 54 巻 1 号（2007 年）251-252 頁も参照。

160　第1章　フランス民法典1184条による裁判解除

とされる領域において、期間付与権能を通じての裁判官の介入が異例のもので
ある（anormal）ことを示している、とする見解がある[13]。20世紀前期のこの
見解はいわゆる意思自治の原則の理解と関連しており、ここで適切な評価を与
えることはできない[14]。少なくとも本書の関心から確認されるべきは、期間
付与権能が起草過程においてそのような印象的な説明を要しても[15]維持され
たこと、それが契約内容に対する裁判官の介入であるか否かに、それが裁判解
除準則の実践的意義をあらわすものであるという理解を直接的に左右するもの
ではないこと、である。

　（4）　履行期間の付与は、契約の履行を債務者に可能とすることを目的とする。
それゆえ、20世紀には、履行不能あるいは決定的な不履行の場合には期間の
付与は認められない、との見解も見られる[16]。しかし、期間の付与が認めら
れないことを根拠として、直ちに、解除を裁判所に請求する必要はないとの理
解が一般化するのではない。次に見るように、裁判解除準則の下では、裁判官
には履行期間付与とは異なる別の権能が認められるからである[17]。

13）E. Lepeltier, La résolution judiciaire des contrars pour inexécution des obligations,
　　1934, n° 15, p. 33.
14）1134条1項をいわゆる「意思自治（autonomie de la volonté）」の原則を示すと考え
　　る伝統的な理解とこれに対する近時の見解につき、森田宏樹「契約」北村一郎編『フラ
　　ンス民法典の200年』（有斐閣、2006年）310-313頁、大村敦志『20世紀フランス民法
　　学から』（東京大学出版会、2009年）230-234頁を、また、法史的観点から伝統的な理
　　解に再考を促す、水林彪「近代民法の原初的構想」広中俊雄責任編集『民法研究第7
　　号』（信山社、2011年）86-87頁も参照。
15）先に見たように、裁判官の期間付与権能に対しては、破毀裁判所に鑑定意見において
　　否定的な態度を示す。1184条の起草趣旨説明において期間付与権能に重点が置かれる
　　のは、この文脈においてよく理解できる。
16）Lepeltier, supra note 13, n° 118, p. 289; J. Lebret, Suspension et résolution des contrats,
　　Ruvue critique de législation et de jurisprudence, tome 44, 1924, p. 620.
17）本書の検討対象からは外れるが、破毀院商事部1982年4月28日判決（Bull. civ. IV,
　　n° 145, p. 128）は、履行不能の場合に契約解除を裁判上請求することは必要ではないと
　　判示する。しかし、この判決でもって「履行不能の場合の解除は裁判による必要はな
　　い」との裁判解除準則に対する一般的な例外則の形成が認められるのではなく、例えば
　　C. Jamin, Les conditions de la résolution du contrat: vers un modèle unique?, in: M.
　　Fontaine G. Viney（dir.）, Les sanctions de l'inexécution des obligations contractuelles,
　　2001, n° 10, p. 463-464は、裁判官の介入の要否を、次款で検討する裁判官の評価権能に
　　かからしめる。

第2款　不履行の評価

　結論を先取りして言えば、19 世紀の判例の展開を経て、事実審裁判官には、個々の事件において、解除の原因となる不履行の態様や程度を個別具体的に審理し、それに基づいて契約解除あるいは損害賠償などの救済手段の適宜性を判断する権能が認められるに至る。事実審裁判官に認められるこの評価権能（pouvoir d'appréciation）は、裁判解除準則の一つの意義と位置づけることができる[18]。以下、この権能について、破毀院判例の立場[19]を確認し、期間付与権能との関係で検討を加える。

1　破毀院判例の立場

ア）　一部不履行

　(1)　裁判官の評価権能が認められる中心事例は部分的な不履行に基づく契約解除の事例であるので、まず、この事案類型における破毀院判例の展開を確認する。

　比較的初期の例として、破毀院審理部 1868 年 5 月 26 日判決[20]を挙げることができる。問題となったのは、買主が売主から製粉工場を買い受けたが、その契約には工場所在地域内で売主が穀物やジャガイモなどの取引を行うことを禁止する明示の条項が含まれており、売主がこの条項に違反したので、買主が売買契約の解除と損害賠償を求めて提訴したという事案である。控訴院が買主の解除請求を棄却したので、買主が破毀を申し立てたところ、破毀院は、民法典「1184 条の定める一般原則は、売買の事案では、1636 条[21]の規定と結びつ

---

18) M. Planiol/ G. Ripert/ P. Esmein, Traité pratique de droit civil français, tome 6, 2ᵉ éd., 1952, nᵒ 428, P. 576 は「裁判官の評価権能が機能するには訴訟手続（une instance）が必要である」とする。

19) 以下で検討する裁判例のうち、19 世紀のものは、福本忍「フランス債務法における法定解除の法的基礎（fondement juridique）と要件論（2・完）」立命 302 号（2006 年）203 頁以下で事案および判旨が詳細に紹介されている。また、Jamin, supra note 17, nᵒ 10-12, p. 462-471 は、20 世紀後半の裁判例も含めて、裁判官の権能のあり様を叙述する。

20) Cass. req., 26 mai 1868, D. P. 1869, 1, 365; S. 1868, 1, 336.

21) 次のような規定である。

　　フランス民法典 1636 条　取得者が物の一部のみを追奪され、かつ、その追奪された部分が全体との関係においてそれなしには取得者が買い受けなかったであろうほど重

162　第1章　フランス民法典1184条による裁判解除

けられねばなら」ず、この規定により「買主が物の一部についてのみ追奪を受けた場合に売買を解除できるのは、追奪された部分が全体との関係で、買主が追奪された部分がなければ購入しなかったというほどに重大であるとき」であり、損害が軽微であるという本件の事実は「いわば売買の解除を言い渡させるには十分ではない追奪として考えることができ」るとした上で、事実審裁判官には本件諸事実の重大性を「専権的に評価する（apprécier souverainement）」権限があることから、原審の判断は民法典1184条に違反していないとして、破毀申立てを棄却した。

　19世紀後半には、事実審裁判官に不履行の評価権能を肯定する以上のような裁判例が族生することになる。例えば、破毀院審理部1888年4月11日判決[22]は、賃借人間の共同賃借人となる契約について、賃料不払いを理由として解除が請求された事案について、債務者が引き受けた債務の「部分的な不履行が、合意の解除を即座に言い渡さねばならないほどに重要であったかを評価する権限は裁判官にある」、とする。破毀院審理部1898年2月23日判決[23]は、羊毛の売買契約で売主が商品の一部を引き渡したのみで残部の引渡しを拒否するので買主から解除を請求した事案で、買主に損害賠償のみを認めて解除を否定した控訴審判決に対して、「当事者の一方がその債務を完全に履行しない場合に相手方が契約の解除を請求する権利を有するという1184条の文言によれば、本条が予定している解除条件は当然には作用せず、したがって裁判官に、諸事実を評価するための一定の自由を委ねて」おり、本件の状況において解除の言渡しを拒絶した控訴審はこの評価権能を適切に行使しているので1184条に違反するものではない、とする。

　(2)　判例の動向は20世紀に入っても変わらない。例えば、破毀院民事部1918年4月11日判決[24]を挙げることができる。商店用の家具の売買契約について契約の不完全又は瑕疵ある履行であることを根拠に買主が売主に解除を求めて提訴した事案において、破毀院は、まず、原審が次の3点、すなわち①材

　　　要なものである場合には、取得者は、売買を解除することができる。

22)　Cass. req., 11 avril 1888, D. P. 1889, 1, 248; S. 1888, 1, 216.

23)　Cass. req., 23 février 1898, D. P. 1898, 1, 159.; S.1898, 1, 440.

24)　Cass. civ., 11 avril 1918, D. P. 1921, 1, 224; S. 1918-19, 1, 171.

料であるトリエステ（イタリア）産の樅材とスウェーデン産の樅材とは価格は
かなり異なるが、商店に設置するにはほぼ同様に機能すること、②仕様書では
家具の表面はワックスの塗られたオーク材に、内部はスウェーデン産の樅材に
よらねばならないところ、外部も内部も仕様書に従うのは実際には一部のみで
あったが、それは家具製造業者の慣行には合致するものであり、きれいに作ら
れた化粧板は丈夫なオーク材と同様に機能すること、③家具の背面部は合意さ
れた厚みのあるもので、棚板の厚さを 20 ミリにしたことについて被告を非難
することはできないこと、の3点を審理したことを確認する。次いで、原審の
判断から導かれるのは、買主の不利益は売買目的物である家具の強度や美観と
いった本質的な性質に対するものでなく、したがって解除ではなくただ損害賠
償が認められるのみであるとした上で、「双務契約が明示の解除条項を含まな
いとき、裁判所には、部分的不履行の事案では、事実状況に応じて、当該不履
行が解除を即座に言い渡さねばならないほどに重要であるのか、あるいは損害
賠償を命じる判決により十分に賠償されないかどうかを評価する権限がある。
この評価の権能は専権的である」、したがって「破毀院のコントロールを免れ
る」と述べて、原審の判断を肯定し上告を棄却する。

　また、破毀院審理部 1942 年 5 月 6 日判決[25]もその一例である。自動車の売
買契約について車体証（carte grise）の交付が遅れ、それにより運行に供する
ことができなかったことを理由に買主が売主に解除を求めて提訴した事案にお
いて、破毀院は、原審の認定したところから、売買目的物である自動車は
1935 年 11 月 21 日の売買契約日に引き渡されていること、車体証は同月 29 日
には交付されたこと、交付された車体証の番号と自動車に記された製造者標示
（plaque de constructeur）の番号とに違いがあるが、この違いは訴訟提起前に修
正されていることを確認した上で、「契約解除の訴えは当然には行われず、事
実審裁判官は、債務の部分的な不履行又はその履行における単なる遅滞が、請
求された解除を言い渡すのに十分な違反となるかどうかを評価する権能を有す
る」と述べて、車体証の交付が数日遅れたこと、車体証の番号と製造者標示の
番号とに不一致があったこと、それゆえ自動車を運行に供することができな

25）Cass. req., 6 mai 1942, D. A. 1942, 108.

164 第1章 フランス民法典 1184 条による裁判解除

かったことは契約解除を根拠づけるのに十分な引渡義務の違反ではないとして、原審の判断を肯定し、上告を棄却する。

(3) このように、一部不履行に基づく解除の可否が問題となる事例において、裁判官の評価権能を肯定する多数の破毀院判例が現れる[26]。

イ）全部不履行

(1) 事実審裁判官に評価権能を認める態度は、一部のみならず全部の履行のない事例に対する判断でも見られる。例えば、破毀院民事部 1845 年 4 月 15 日判決[27]は、裁判官の評価権能を認める初期の判決であるが、リボン装飾品の売買契約において約束の日時よりも遅れて届いた商品を買主が引き取らなかったことから紛争が生じ、買主が売主に対し解除を請求した事案について、「民法典 1184 条と 1610 条[28]とを組み合わせた規定からは、一方当事者の不履行を理由とする合意の解除請求について判決をするとき、裁判所は不履行となる諸々の事実や行為を、そして不履行がもたらす諸々の帰結を検討して評価せねばならない。法律は、その評価について裁判官がとどまらねばならない制限を

---

26) 本文で示したものの他にも、例えば、破毀院審理部 1925 年 3 月 9 日判決（Cass. req., 9 mars 1925, D. H. 1925, 266）がある。賃貸借契約における火災保険に関する一条項に賃借人が違反したことを理由に解除を言い渡した原審判決に対し、賃借人が保険証券を提出しておりこれに関する義務について審理が不十分であることを理由に 1184 条および賃貸借契約の解除を定める 1741 条違反を根拠として上告したものの、破毀院は、賃借人が引き受けた義務のうちの一つが解除を即座に言い渡さねばならないほどに重要であるかどうかの評価は事実審裁判官の権限であり、控訴審判決は、賃借人からの保険証券の提出が遅れたものであるとの認定を含めて正当なものである、として、上告を棄却する。

また、破毀院審理部 1913 年 10 月 21 日判決（Cass. req., 21 octobre 1913, S. 1914, 1, 182）は、事案の詳細は不明であるが、ボーキサイトの供給契約において原審が解除請求を棄却したので 1184 条等の違反を理由に上告がなされたところ、破毀院は、不履行は部分的なものでしかなく、事実審の裁判官は、当事者の意図、当事者間で交わされた文書、当事者が数年間用いてきた手法に基づいて、解除請求を認めず損害賠償の付与にとどまることができたのであり、このような判断は理由があり、その理由に矛盾はなく、破毀院のコントロールを免れる、とする。

27) Cass. civ., 15 avril 1845, D. P. 1845, 1, 411; S. 1845, 1, 345.

28) 次のような規定である。

フランス民法典 1610 条 売主が当事者間で合意された時に引渡しを行わない場合において、その遅滞がもっぱら売主の行為によって生じるときは、取得者は、その選択に従って売買の解除又は占有の取得を請求することができる。

定めていない。このことから、この評価はもっぱら裁判官によるものであることがわかる」と述べる。また、同じく売買契約において商品の引渡しが遅れた事案で、破毀院民事部1886年10月20日判決[29]は「民法典1184条と1610条とを組み合わせた表現から、売買の解除が引渡しの遅滞を理由に請求され、それが合意のある特定の条項によるのではなく、法律の一般規定によるとき、本件の諸事情において、解除が言い渡されるべきかを評価するのは事実審裁判官の権限である」とする。

(2) 20世紀に入っても同様である。一例として、破毀院民事部1908年12月1日判決[30]を見てみよう。投機目的で不動産を私署証書によって購入した買主が、この契約を明かさないまま転売するのに必要であった委任状が合意期間の経過後に売主から遅れて引き渡されたことにより転売契約代金が公証人の事務所に寄託され、また前払いも売主に直接支払われることになったとして、売主に対して売買契約の解除と損害賠償を求めた事案において、破毀院は、原審が「自らの専権的な評価権能を行使して」、次の3点すなわち、①売買契約および当事者の共通の意思によれば、委任状の引渡しのために売主に与えられた期間は「必要不可欠なものではなく、単に威嚇的なもの（comminatoire）」であり、「合意により買主から延長された」こと、②私署証書は買主に転売金を受け取る権利を与えるものではないこと、③前払金1万フランが売主に直接支払われることについて当事者らの意見は一致していたこと、の3点を確認していることを述べた上で、買主からの解除および損害賠償の請求を棄却した原審の判断を正当なものとする。

ウ）　無責不履行

(1) 解除訴訟における事実審裁判官の評価権能は、さらに、無責の不履行に基づく解除の場合にも認められる。まず、そもそも、無責の不履行にも1184条が適用されるか否かであるが、この点につき、破毀院民事部1877年3月20日判決[31]は、代役による兵役免除を認める法律の下で、兵役代役契約（この契

---

29) Cass. civ., 20 octobre 1886, D. P. 1887, 1, 87.

30) Cass. civ., 1 décembre 1908, D. P. 1909, 1, 420.

31) Cass. civ., 20 mars 1877, D. P. 1877, 5, 379; S. 1877, 1, 204. また、同種の事案に同種の判断を下すものとして、Cass. req., 30 avril 1878, D. P. 1878, 1, 349; S. 1879, 1, 200.

166 第1章 フランス民法典1184条による裁判解除

約により、債務者は、兵役代役者を軍に認めさせる義務および保証期間中に代役者が逃走した場合には別の代役者を用意する義務を負担する）の債務者が、保証期間中の兵役代役者の後任として別の代役者を送り込まずにいたところ、法律改正により兵役代役が禁止されてしまい、債務の履行が不能となったという事案について、「この不能が不可抗力（force majeure）に由来するにもかかわらず、契約の解除はそれでもなお言い渡されるべきであり、不可抗力は1184条により認められた準則に対する例外ではない」と述べて、無責の履行不能の事案に1184条を適用し、本件兵役代役契約は履行することができず、契約が解除されたと判断する。

　(2)　それでは、事実審裁判官の評価権能はどうか。現在のフランスにおいて解除原因である不履行に帰責性を不要とする態度を示したものとして位置づけられる[32]破毀院民事部1891年4月14日判決[33]を見てみよう。未開墾地を対象とするブドウ栽培のための賃貸借契約が、賃借人が当該土地をまずは開墾しその後に「取り木（provinage）」を行うという条件で締結されたが、ネアブラムシ病が原因で賃借人による「取り木」が不可能となったので、賃貸人が契約の解除を求めた事案で、破毀院は、1184条は「合意の不履行の原因について区別をしておらず、当事者の一方がその義務を果たさない場合について不可抗力を解除の妨げになるものとして認めてはいない。実際、双務契約では、当事者の一方の債務は相手方の債務をコーズ（cause）としており、したがって、一方当事者の債務が履行されないとき、その理由がいかなるものであれ、他方当事者の債務はコーズのないものとなる」と述べた上で、「契約が明示の解除条項を含まないとき、裁判所は、契約の文言および当事者の意図において、債務を全く履行しなかった当事者の同意した義務の範囲ないし射程がどのようなものかを評価せねばならず、部分的な不履行の場合には、事実の状況に応じて、当該不履行が解除を即座に言い渡さねばならないほどに重要か、それとも損害賠償を命じることで十分に償われないかどうかを評価すべきである。この評価権能は専権的なものである」として、1184条は不可抗力の事案には適用され

32）F. Terré/ P. Simler/ Y. Lequette, Droit civil, Les obligations, 10ᵉ éd., 2009, nº 650, p. 657 note 5.

33）Cass. civ., 14 avril 1891, D. P. 1891, 1, 329 note Planiol; S. 1894, 1, 391.

ないとした原審判決を同条に違反するものとして破毀した。

(3) 20世紀になっても同様である。1920年5月5日の破毀院民事部判決[34] は、ワインの売買契約において売主による引渡しが遅れたことを理由に買主が契約の解除とともに、既払いの内金の返還と損害賠償の支払を求めた事案で、「契約が解除に関するいかなる条項も含まないとき、裁判所には、当事者の一方が同意していたが完全に違反したとされる義務の範囲ないし射程がどのようなものかを契約の文言および当事者たちの意図を通じて探求すべきである。そして、部分的な不履行の場合には、事実状況に基づいて、その不履行が解除を即座に言い渡すのに十分なものかどうか、あるいは損害賠償を命じることで十分に償われるものでないかどうかを評価すべきである。この評価権能は専権的である」と述べた上で、売主の不履行が彼に帰することのできない外的な原因に由来するものであり、売主は誠実に義務を履行しているとして原告である買主の請求を棄却した原審判決について、1184条に違反するものであるとした。

(4) ところで、現在のわれわれから見れば、無責不履行を理由に解除を認めるとき、危険負担制度との関係で理論的な問題を生じさせることになる。もちろん、当時のフランスにおいてもこの点は問題になる[35]。例えば、プラニオル（M. Planiol）は、先に見た1891年の破毀院判決の評釈において、契約の解除であれば裁判上請求されねばならないが、危険負担の問題となれば契約は当然に消滅すること、しかし後者の原理を一般的に定める規定が民法典に存在しないことから、1184条の適用はやむを得ないものとする[36]。

しかし、裁判官の評価権能という観点から見れば、無責不履行の事例に1184条を適用する判例の態度の異なる側面が浮かび上がる。1184条を適用す

---

34) Cass. civ., 5 mai 1920, D. P. 1926, 1, 37; S. 1921, 1, 298.

35) 20世紀初頭の学説状況を示す文献として G. Baudry-Lacantinerie/ L. Barde, Traité théorique et pratique de droit civil, Des obligations, tome 2, 3ᵉ éd., 1907, nº 914, p. 106-110 を、より近時の文献として J. Ghestin/ Ch. Jamin/ M. Billiau, Traité de droit civil, Les effets du contrat, 3ᵉ éd., 2001, nº 639-659, p. 680-702 を、邦語文献として後藤巻則「契約解除の存在意義に関する覚書」比較法学28巻1号（1994年）19-22頁を参照。

36) M. Planiol, Note sous 14 avril 1891, D. P. 1891, 1, 330. なお、有責的な不履行の場合には債務者は債務を負うままであるが、無責不履行の場合には債務から解放されるという違いにも言及している。

る判例の態度は、債権者の負担する反対給付義務の消滅について根拠条文を明確にして法的基礎を確実なものとするものである[37]が、「この態度によって裁判所は、当事者の選択による解除（résolution facultative）の領域を拡大し、サンクションの適宜性を評価する自らの権能を利用して、当然解除（résolution de plein droit）を回避することができる」[38]。すなわち、1184条の適用領域の拡大は、同時に、裁判官の評価権能の拡大をも意味することになる[39]。

エ）　裁判官の選択肢

以上のように、おそくとも20世紀初頭には、不履行の形態に大きく左右されることなく、裁判官の評価権能を認める判例法理が確立していたと言える[40]。裁判官のこの権能は現在の教科書においても言及されるものであり[41]、

37）Lepeltier, supra note 13, n° 78, p. 187.

38）J. Deprez, Rapport sur les sanctions qui s'attachent à l'inexécution des obligations contractuelles en droit civil et commercial français, in: Travaux de l'association Henri Capitant des amis de la culture juridique française, tome 17, 1968, p. 52.

39）福本・前掲注19）277頁注377は、本文で取り上げた破毀院1891年4月14日判決が、今日とは異なり、20世紀以降の学説では部分的不履行の場合に裁判官の評価権能を認める判例として位置づけられていたことを述べる。それは本文に述べたような側面からの理解を現すものと思われる。

40）裁判官の評価権能に関する破毀院判例の展開を子細に見れば、19世紀前半にはこの権能を否定するかのような裁判例が存在する。破毀院民事部1843年4月12日判決（Cass. civ., 12 avril 1843, S. 1843, 1, 281）は、蒸気機関施設の競落人たる買主が目的物の引渡しがなかったとして解除を求めて提訴した事件につき、引渡しがなかったのは目的物の一部でありそれは重要な部分ではなかったとして売買契約の解除を認めず、売主に損害賠償の支払を命じた原審判決を「適用される諸条文に明白に違反する」として破毀した。

　1843年判決の態度は、要するに、不履行という事実が存在すれば、たとえそれが軽微であるとしても裁判官は解除を言い渡すべきである、というものである。この態度から見れば、事実審裁判官の評価権能を認める破毀院判例の立場は「極めて恣意的」であると批判されることになる（T. Huc, Commentaire théorique et pratique du code civil, tome 7, 1894, n° 269, p. 362-363）。もっとも、このような批判が学説の多数を占めるには至らない。

　1843年判決後に登場する事実審裁判官の評価権能を肯定する破毀院判例でもって「破毀院判例は変更された」と理解するか（F. Laurent, Principes de droit civil, tome 17, 2ᵉ éd., 1876, n° 127, p. 144を参照）、あるいは1843年判決を孤立していると理解するか（Baudry-Lacantinerie/ Barde, supra note 35, n° 912, p. 105を参照）はともかく、20世紀初頭の時点では、事実審裁判官に評価権能を認める判例法理は確立していたと言えるで

今日の法状況から見ても、裁判解除準則の重要な根拠又は機能をなすものと位置づけることができる。

　では、裁判官は、不履行を評価した上で、どのような選択をすることができるのか。当時の代表的な教科書は、裁判所は三つの解決の間で選択権を有するという。第1に、原告の解除請求を棄却し、原告には不履行により被った損害を填補するための損害賠償を認める。第2に、被告に債務を履行するための期間を付与する。第3に、解除を言い渡し、場合によって被告に損害賠償を命じる、である[42]。

2　履行期間付与との関係

　⑴　以上では、裁判官による期間付与権能と評価権能とが異なるものであることを前提として分析を進めてきた。確かに、1184条の起草趣旨説明において、裁判解除準則の実践的理由を裁判官の期間付与権能に求めたビゴ・プレアムヌゥの説明は、その前提として、裁判官が不履行の原因を審査することを認めており、その限りで解除原因である不履行に対する裁判官の評価権能は期間付与権能に含まれていると考えることもできる。しかし、19世紀後半から形成された判例法理では、裁判官は、債務者の不履行を評価したのち、債権者の解除請求を認容するか否か、あるいは認容を前提として履行期間を付与するかにとどまらず、債務不履行の事実を認定してもなお債権者の解除請求を退け、

　あろう。

41)　例えば、Terré/ Simler/ Lequette, supra note 32, n° 652, p. 660-662; C. Larroumet/ S. Bros, Traité de droit civil, tome 3, Les obligations, Le contrat, 7ᵉ éd., 2014, n° 711, p. 867-869; P. Malaurie/ L. Aynès/ P. Stoffel-Munck, Droit civil, Les obligations, 4ᵉ éd., 2009, n° 877, p. 457-458; A. Bénabent, Droit civil, Les obligations, 11ᵉ éd., 2007, n° 395, p. 280.

42)　A. Colin/ H. Capitant, Cours élémentaire de droit civil français, tome 2, 7ᵉ éd., 1932, p. 145, n° 154. やや時代が下り、R. Cassin, Réflexions sur la résolution judiciaire des contrats pour inexécution, RTD civ. 1945, n° 9, p. 174-175 は、裁判官の選択肢として、本文で述べた他に、契約の一部解約（résiliation partielle）にも言及する。より近時の判例の状況を踏まえた分析として、M.-E. Pancrazi-Tian, La protection judiciaire du lien contractuel, 1996, n° 322-346, p. 267-285 を参照。なお、2016年の民法典改正による新1228条は「裁判官は、状況に応じて、解除を確認し若しくは言い渡すことも、また、場合によっては債務者に期間を付与して契約の履行を命じることも、また、単に損害賠償を与えることもできる」と定める。

170　第1章　フランス民法典 1184 条による裁判解除

それに代えて損害賠償のみを命じることもできる。したがって、結論から見れ
ば、両権能は一応区別して理解できる。

　両権能の違いを強調する近時の文献[43]を参考にしながら、この点に少し立
ち入って検討を加える。

　(2)　19 世紀フランス民法学を支配したいわゆる註釈学派の文献のうち、比
較的初期に属する著作では、契約が履行されない場合でも契約は当然には解除
されず、解除が裁判によらねばならないことは、裁判官の期間付与権能と結び

---

43) 以下の分析については、S. Stijns, La résolution pour inexécution en droit belge:
conditions et mise en œuvre, in: M. Fontaine/ G. Viney (dir.), Les sanctions de
l'inexécution des obligations contractuelles, 2001, nᵒ 40, p. 568-571 に大きく依拠する。
フランス民法典 1184 条と同じ規定を有するベルギー法の状況と対比させながら検討を
進めるこの論文は、裁判官の有する評価権能を、1184 条 3 項で定められた期間付与権
能と、不履行の重大性を評価して解除などの救済手段の適宜性を判断する調整権能
(pouvoir modérateur) とに区分した上で (Stijns, op. cit., nᵒ 29-31, p. 547-552)、解釈論
的帰結として、後者の権能は 1184 条 3 項ではなく権利濫用論あるいは信義誠実の原則
を定める 1134 条 3 項に基づくこと、したがって解除の判断に先行して行使される必然
性のないことを論じる (S. Stijns, op. cit., nᵒ 40-43, p. 567-575)。
　ステインスの以上の分析を好意的に引き合いに出す見解も見られる。例えば、L.
Aynès, Le dorit de rompre unilatéralement: fondement et perspectives, Droit et
Patrimoine, nᵒ 126, mai 2004, p. 66 がそうである。
　しかし、この分析に対する批判も見られる。例えば、A. Brès, La résolution du con-
trat par dénonciation unilatérale, 2009, nᵒ 219 et s., p. 124 et s.である。この批判は、大き
くは、期間付与権能と調整権能とを区別する点、および調整権能を 1134 条 3 項による
権利濫用論から導き出す点の 2 点にわたる。前者の批判は以下に示す本書の分析に関係
する。その内容を要約すれば、民法典起草者が裁判官に与えた権能は期間付与のみで
あったとすることはできず、民法典制定前後の判例では裁判官が解除の適宜性も評価し
ていること (A. Brès, op. cit., nᵒ 222-223, p. 125-127)、履行期間を付与する権能には解
除の適宜性を評価する権能が含まれており、両者の区分はあまりに微妙で技巧的である
こと (A. Brès, op. cit., nᵒ 224-226, p. 127-129)、である。
　また、Y.-M. Laithier, supra note 10, nᵒ 195, p. 276 note 362 は、3 点にわたる批判を展
開する。すなわち、第 1 に、フランスでは裁判官の評価権能が 1184 条に基づくもので
あることに異論は唱えられていないこと、第 2 に、この権能は権利濫用のコントロール
と同視できるものではないこと、第 3 に、期間付与の適宜性の評価と解除の適宜性の評
価との区別はかなり微妙であること、である。第 3 点は、先のブレによる批判にも見ら
れるが、T. Genicon, La résolution du contrat pour inéxecution, 2007, nᵒ 536, p. 380-381
においても指摘される。
　本書では、このような指摘の存在には留意しつつ、検討を進める。

つけて論じられる。例えば、デュラントン（A. Duranton）は、解除が裁判上請求されねばならないのは、実際に義務が履行されたかどうか、そして、義務を履行するために当事者に期間を与える必要がないかどうかを検討するためであるとする[44]。トゥリエ（C. B. M. Toullier）の著作では、民法典の規定がそれほど明瞭ではないので、解除条件の成就によって解除は証書や催告の必要なく当然に生じるのか、解除は裁判上請求せねばならないのかどうか、判決によってしか生じないのかどうかが問題になるとの問いが立てられ[45]、偶然条件や随意条件の場合における解除条件成就の効果に関して検討を進めていく[46]。そして、双務契約に黙示的に挿入された条件すなわち1184条の定める解除条件の成就について論じるところでは、その効果は当然には生じず、解除は裁判所に請求されねばならないこと、裁判官は被告に期間を付与できること、そして付与された期間の経過の後に解除が獲得され、このとき被告はもはや遅滞を終了させることはできず、裁判官も2度目の期間付与をなしえないことが述べられる[47]。トロロン（R. T. Troplong）の著作でも、解除条項は当然に効力を生じるのかという問いを立てた上で、黙示の解除条項の場合に解除は当然には生じず、裁判上請求されねばならないこと、状況に応じて被告には期間が付与されることが説明される[48]。ムルロン（F. Mourlon）はより明瞭に、法律が裁判官に与える期間付与の権能が「すべての双務契約に暗黙裏に含まれる解除条件が当然に生じないのは何故か、契約の解除が裁判上請求されねばならないのは何故かを説明する」と述べる[49]。

（3）　解除訴訟における裁判官の権能に関する認識には、19世紀後半の註釈

44）A. Duranton, Cours de droit français suivant le code civil, tome 11, 3e éd., 1833, n° 90, p. 102.

45）C.-B.-M. Toullier, Le droit civil français, suivant l'ordre du code, tome 6, 5e éd., 1830, n° 552, p. 582.

46）Toullier, supra note 45, n° 553 et s., p. 582 et s.

47）Toullier, supra note 45, n° 580 et 581, p. 617-618.

48）R. T. Troplong, Le droit civil expliqué suivant l'ordre des articles du code, De la vente, tome 1, 4e éd., Paris 1845, n° 61, p. 67.

49）F. Mourlon, Répétitions écrites sur le deuxième examen du code napoléon contenant l'exposé des principes généraux leurs motifs et la solution des questions théoriques, tome 2, 7e éd., Paris 1866, n° 1214, p. 620-621.

172　第1章　フランス民法典1184条による裁判解除

文献になると、変化が生じる。これを明瞭に示すのが、ラロンビエル（L. Larombière）の著作における記述である。一方では、19世紀前半の註釈文献と同様に、裁判官の期間付与権能を論じる文脈で、解除が裁判上請求されねばならないことが述べられる[50]。しかし他方で、破毀院判決を引きながら、裁判官が諸事情すなわち不履行の性格や損害の強度や将来の帰結を評価する権能を有していること、したがって裁判官は解除を言い渡すのに代えて損害賠償や原状回復を命じることが可能であることが述べられる[51]。裁判官が有するこのような権能と期間付与権能との関係が分かるのは、次のような記述である。

　　「例えば、売主が合意された期限で引渡しを行わなかった場合について解除訴権を認めている1610条の文言から、たとえ売主が物の引渡しを申し出たとしても、裁判官は解除を必ず即座に言い渡すべきである、との結論を導き出してはならない。裁判官が状況に応じて長さの違いはあるが期間を付与する権利を有する（1184条）のと同様に、裁判官は諸事実すなわち遅滞の期間や損害の範囲を評価しなければならず、一言で言えば不履行をそれ自体およびその結果の観点から評価しなければならない。この評価によって、裁判官は、解除の訴えにつき、これを棄却したり認容したりする判断を下す……。」[52]

　引用文中では、期間付与権能の根拠として1184条が援用されているのに対し、評価権能については1184条が援用されていない。両権能は条文上の基礎において区別されている。

　このことをより明確に理解させてくれるのはローラン（F. Laurent）である。彼は自らの関与する民法改正草案の1181条1項において、フランス民法典1184条1項と同様の文言に続けて、「部分的な不履行の場合、裁判官は、債務

50）L. Larombière, Théorie et pratique des obligations, tome 3, nouv. éd., 1885（réimp. 1997）, Art. 1184, n° 44, p. 143 et n° 47, p. 144-145.

51）Larombière, supra note 50, Art. 1184, n° 10, p. 96. ここで引用される破毀院民事部1865年11月29日判決（D. P. 1866, 1, 27; S. 1866, 1, 21）は、付随的な条項の不履行を理由とする解除の可否が問題となったものであり、1184条について、「裁判所には、契約の文言および当事者らの意図の評価において、義務に違反した者の同意した義務の範囲ないし射程がどのようなものかを探求する権限がある」とする。

52）Larombière, supra note 50, Art. 1184, n° 10, p. 97.

者が違反した義務の範囲を考慮する」との文言を挿入する[53]。裁判官に広い評価の余地を委ねることは危険であるとの判断に由来するものであるが[54]、本書の分析にとって注目すべきは、1184条3項ではなく同条1項に相当する規定に評価権能を認める文言が挿入されていることである。事実審裁判官の評価権能は1184条3項の認める期間付与権能とは異なるものとして理解されている。

　もっとも、19世紀後半の註釈学派において、両権能が常に明確に区別されるのではない。例えば、ドゥモロンブ（C. Demolombe）は、解除が裁判官の判決により生じることを説明するところで、解除の請求を受けた裁判官が契約の解除を言い渡すか、契約を維持するのか、あるいは被告に履行のための期間を付与するのかは、裁判官の不履行の程度の評価による旨を述べる[55]。ここでは、期間付与権能は評価権能から連続するものとして理解されている。

　(4)　20世紀には、コラン／カピタン（A. Colin/ H. Capitant）の教科書のように、判例で認められた裁判官の評価権能を明示的に1184条の外側から根拠づける見解も存在する[56]が、一般的には、その評価権能と期間付与権能との関係が意識的に論じられることはない。それでも、当時の文献を注意深く見れば、裁判官の期間付与権能と評価権能とは別の事柄として位置づけられていることが分かる。例えば、プラニオル／リペール（M. Planiol/ G. Ripert）は、一方では、裁判官は即座に解除を言い渡す必要はなく、1184条3項により状況に応じて期間を付与できることを裁判官の職務（office du juge）として説明し[57]、

---

53)　F. Laurent, Avant-projet de révision du code civil, tome 4, 1884, p. 169.

54)　Laurent, supra note 53, p. 171, n° 4.

55)　C. Demolombe, Cours de code napoléon, tome 25, Traité des contrats ou des obligations conventionnelles en général, tome 2, 1878, n° 514, p. 489-490.

56)　Colin/ Capitant, supra note 42, n° 154, p. 145 は、裁判官の評価権能は1184条には示されておらず、1184条3項によれば裁判官は期間を付与して解除を延期できるだけのように思われると述べた上で、1636条（権利の瑕疵を理由とする買主からの解除を定める規定、前注21）を参照）、1638条（隠れた地役権の存在を理由とする買主からの解除を定める規定）および1729条（用法違反を理由とする賃貸人からの解除を定める規定）に言及して、裁判官の評価権能を根拠づけようとする。H. Capitant, De la cause des obligations, 3e éd., 1927, n° 153, p. 342-343 も同旨を展開する。

57)　M. Planiol/ G. Ripert, Traité élémentaire de droit civil, tome 2, 10e éd., 1926, n° 1316, p.

174   第1章　フランス民法典1184条による裁判解除

　他方で、裁判官の評価権能（pouvoir discrétionnaire pour apprécier）については、解除の効果について説明した後のいわば補足的位置付けにおいて、部分的不履行の場合における解除という項目を別に設けて論じている[58]。ボードリ＝ラカンティヌリ／バルト（G. Baudry-Lacantinerie/ L. Barde）もまた、1184条3項による期間付与を裁判官の職務（office du juge）として、解除が裁判上請求されねばならないことに続けて説明し[59]、これとは別に、部分的不履行、付随条項の不履行、無責不履行に基づく解除における裁判官の専権的評価権能（pouvoir souverain d'appréciation）に言及する[60][61]。

第3款　ま　と　め

　裁判官には、フランス民法典1184条3項の文言において、期間付与権能が認められる。また、19世紀フランスの判例において、個々の事件における不履行の態様や程度を個別具体的に審理し、救済手段の適宜性を判断する評価権能が認められる。これらの権能が、20世紀前期の文献では、裁判解除準則の根拠又は利点と認識されることになる[62]。

　この両者のうち、裁判解除準則の意義という観点からは、どちらかと言えば後者すなわち評価権能が前面に現れる。事柄としては、履行期間の付与は不可避的に解除の適宜性の評価に至るのであり[63]、評価権能に基づいて裁判官に

468.

58) Planiol/ Ripert, supra note 57, n° 1320, p.469–470.

59) Baudry-Lacantinerie/ Barde, supra note 35, n° 923–927, p. 115–118.

60) Baudry-Lacantinerie/ Barde, supra note 35, n° 912–914, p. 103–110.

61) 以上からは、職務（office）と権能（pouvoir）とで区別されているかのように見える。しかし意識的に言葉を使い分けているかは、定かではない。例えば、Planiol/ Ripert/ Esmein, supra note 18. n° 429, p. 578–580 は、「裁判官の権能（pouvoirs du juge）」という表題の下で、期間付与に関する説明を行う。

62) R. Cassin, De l'exception tirée de l'inexécution dans les rapports synallagmatiques, 1914, p. 342–345（ここでは、本文に述べた点に加えて、解除判決に至るまで履行が可能であること、また、解除のために付遅滞が必要であることにも言及される。これらについては、次節で検討する。）; Lepeltier, supra note 13, n° 35, p. 80–81（ここでは、本文に述べた点に加えて、解除判決に至るまで履行が可能であること、また、有効に成立した契約は当事者により挿入された条項がなければ解消できないことにも言及される。これらについては、次節で検討する。）.

認められる選択肢の一つとして位置づけられるからである。

63）Genicon, supra note 43, n° 536, p. 380.

176　第1章　フランス民法典 1184 条による裁判解除

第 **2** 節　契約による拘束の維持と解消

第 1 款　拘束の解消

1　判決による解消と黙示の条件構成

(1)　フランス民法典 1184 条 3 項は「解除は裁判上請求せねばならない」と規定するのみであり、解除に裁判所の判決が必要であるとは言明しない[1]。しかし、民法典制定前のみならず[2]、その後 19 世紀を通じて、裁判官の判決によってようやく契約が解除されると理解される。例えば、19 世紀初頭にデルヴァンクール（C.-É. Delvincourt）は、解除は裁判上請求され、かつ、言い渡されねばならない（doit être demandée et prononcée en justice）、と説明する[3]。同世紀後半のドゥモロンブの注釈書は、裁判官の判断は解除を認めて宣言することに限られるのではなく、裁判官の判断自体が解除を生みだすのであり、それゆえに解除が裁判による（judiciaire）と言われるのは極めて正当である、とする[4]。ローランによる同時期の注釈書も、解除を申し立てる権利が裁判官による事情の評価に服することから、裁判官は解除を言い渡すために（pour prononcer la résolution）介在せねばならない、とする[5]。

20 世紀初頭の代表的教科書でも同様である。コラン／カピタンは「解除は裁判所により言い渡されねばならない」と明言し[6]、プラニオル／リペールは、

1）民法典起草過程の議論を振り返ると、いわゆる共和暦 8 年草案では、解除は裁判所に請求されねばならないのみでなく、それが裁判官によって言い渡されねばならないことが文言で明記されていた。その後の議論でこの文言に対する異論は述べられていないにもかかわらず、最終的には「裁判官によって言い渡されねばならない（doit être... prononcée par le juge）」という部分が削除された。以上につき、前節注 7）および同所に挙げた文献を参照。

2）R. J. Pothier, Traité des obligations, Œuvres de Pothier par Bugnet, tome 2, 1848, (réimp. 1993), n° 672, p. 369 は、解除による義務の消滅が判決（sentence）により生じる、と述べる。

3）C.-É. Delvincourt, Cours de code civil, tome 2, 1819, p. 127.

4）C. Demolombe, Cours de code napoléon, tome 25, Traité des contrats ou des obligations conventionnelles en général, tome 2, 1878, n° 514, p. 490.

5）F. Laurent, Principes de droit civil, tome 17, 2ᵉ éd., 1876, n° 129, p. 147.

6）A. Colin/ H. Capitant, Cours élémentaire de droit civil français, tome 2, 7ᵉ éd., 1932, n°

既判力を獲得する判決の時点で解除の効力が生じ、判決により生じたこの効力が遡及する旨を述べる[7]。

(2) 裁判所の判決により解除の効力が生じるのであるから、契約による拘束を解く権能は、公権力の一作用である司法にあることになる。解除が裁判によることを自判又は自力救済禁止の観点から論じる古法時代の理解[8]からすれば、規範構成上の原則において、契約を裁判外で解消する権能を当事者の一方に付与することは困難であろう。また、契約の発生は当事者らの意思によるがその後の効力は必然であるとする古法時代の理解[9]に即して言えば、この必然性の中で当事者の一方のみの事後的な意思を契約の効力又は存否そのものに直接的に作用させることは難しく、そのような意味において、契約を解消する権能が裁判所に割り当てられることは十分に理解できる。

(3) もっとも、契約を解消する権能が裁判所にあるからといって、司法権それ自体でもってこの権能が正当化されるわけではない。19世紀中葉には、裁判所の判決を要することなく契約が解除される旨の約定の有効性が破毀院判例により承認される[10]。これは、契約を解消する権能がもっぱら司法に帰属するのではないことを示している。

そもそも、1804年の民法典において、契約の解除を黙示の条件と構成する1184条1項が起草された点[11]にこそ留意すべきであろう。たしかに、条件の

154, p. 145.

7) M. Planiol/ G. Ripert, Traité élémentaire de droit civil, tome 2, 10e éd., 1926, no 1319 et 1320, p. 469.

8) 齋藤哲志「フランスにおける契約の解除 (1)」法協 123 巻 7 号 (2006 年) 141-151 頁および 153 頁注 155 を参照。

9) D. Deroussin, Histoire du droit des obligations, 2e éd., 2012, p. 481-482.

10) Cass. civ., 2 juillet 1860, D. P. 1860, 1, 284.

11) フランス民法典の起草に先立ち、ポティエが不履行に基づく解除を解除条件の項目の下で説明することから、かつては、1184 条 1 項がポティエに由来するとの理解が見られた。しかし現在では、1184 条 1 項の沿革に関するこのような理解は否定的に解されている（齋藤・前掲注 8）146 頁、後藤巻則「契約解除の存在意義に関する覚書」比較法学 28 巻 1 号 (1994 年) 12-14 頁を参照）。古法時代の代表的な文献のなかで黙示の条件に言及するのは、ブルジョンである（Cf. F. Bourjon, Le droit commun de la France, et la coutume de Paris, nouv. éd., tome 1, 1770, Liv. 3, Tit. 4, Chp. 9, no 3, p. 486)。

なお、G. Boyer, Recherches historiques sur la résolution des contrats, 1924, p. 414 は、

178 第1章 フランス民法典1184条による裁判解除

論理からすれば、不履行の発生による条件成就があればその効果である契約の解消が当然に生じるのであり、効果の発生を裁判所の判決によらしめる必然性はない。そこで、遅くとも20世紀には明瞭に、裁判官の介在を求める1184条3項の規律との整合性という観点から、黙示の解除条件という構成の問題点が指摘されることになる[12]。

しかし、この構成には別の論理も伴う。1184条の起草趣旨説明では、当事者の推定的意思[13]が語られる。条件概念を説明する19世紀初期の註釈文献では、1184条の定める条件が契約の一部であることが述べられる[14]。また、適法に成立した契約の効力を否定する諸原因（仏民1134条2項）の説明において、この諸原因は両当事者の同意に由来するものであるとの理解のもとで、1184条が挙げられる[15]。黙示の条件という構成は、契約の解消が両当事者の意思

同書の結語において、フランス民法典「1184条が述べる暗黙裏の解除条件（condition sous-entendu）はそれまでの法律では解除について極めて一般的に与えられる説明であった」とする。

12) E. Lepeltier, La résolution judiciaire des contrats pour inexécution des obligations, 1934, n° 32, p. 72-75; J. Maury, Essai sur le rôle de la notion d'equivalence en droit civil français, tome 1, La notion d'equivalence en matière contractuelle, 1920, p. 274-276.

13) ビゴ・プレアムヌゥは、1184条の説明において、当事者たちは、相手方が義務を果たさない場合についての解除条件の下でのみ義務を負うと推定される（présumer）、とする。P. A. Fenet, Recueil complet des travaux préparatoires du code civil, tome 13, 1827 (réimp. 1968), p. 244.

14) A. Duranton, Cours de droit français suivant le code civil, tome 11, 3ᵉ éd., 1834, n° 5, p. 9 は、条件（condition）という語句に将来の不確実な事実を指すなどの複数の意味があることを説明するなかで、契約の条項を指す場合の例として1184条における黙示の条件を挙げる。C.-B.-M. Toullier, Le droit civil français, suivant l'ordre du code, tome 6, 5ᵉ éd., 1830 は、一方では1184条の定める黙示の条件が法律に由来するものであると説明しつつ（op. cit., n° 503, p. 530-531）、他方でこの黙示の条件は契約の一構成要素であるとの理解を示す（op. cit., n° 506, p. 537-538）。

15) フランス民法典1134条は、適法に形成された合意が当事者間では法律となるという有名な第1項に続き、第2項で「合意は、それを行った者相互の同意又は法律が許す諸原因（causes）によってでなければ、撤回することができない」と定める。この第2項の「諸原因」の説明において、1184条に言及する19世紀の註釈文献は多くはないが、そのうち、C. Demolombe, Cours de code napoléon, tome 24, Traité des contrats ou des obligations conventionnelles en général, tome 1, 1868, n° 390, p. 369 は、この「諸原因」が当事者相互の同意に由来するものとの位置付けを前提に1184条の参照を求める。また、F. Mourlon, Répétitions écrites sur le deuxième examen du code napoléon contenant

によるものであるとの理解をもたらし、その理解が同時に、契約の解消に裁判官が介在することも説明する[16]。

（4）　1804年に成立したフランス民法典1184条の論理を素直にたどれば、解除を黙示の条件とする構成（同条1項）は、2つの文脈に置かれている。第1に、当事者の一方が相手方に契約の解除を求めうること（同条2項）、すなわち契約当事者間の法関係を問題とする文脈にある。第2に、契約の解除を裁判官が行うこと（同条3項）、すなわち契約当事者と公権力たる司法との関係を問題とする文脈にある。後者の文脈において、黙示の条件構成は契約を解消する裁判官の権能に法的基礎を与える[17]。当事者の一方から解除の申立てを受けた裁判官は、両当事者の意思に——たとえ擬制であってもそれに——依拠して、意思関係たる契約による拘束を解く[18]。

---

l'exposé des principes généraux leurs motifs et la solution des questions théoriques, tome 2, 7e éd., 1866, n° 1116, p. 566 et n° 1112, p. 564 は、1184条の解除も合意を撤回できる法定の原因の一つと考えながらも、契約の解除は債務者の負担する債務の効果の一つであると説明する。

16) C. Hattenhauer, §§ 323-325. Rücktrittsrecht wegen nicht oder nicht vertragsgemäß erbrachter Leistung, in: M. Schmoeckel/ J. Rückert/ R. Zimmermann (hrsg.), Historisch-kritischer Kommentar zum BGB, Band 2, 2. Teilband, 2007, Rn. 28, S. 1837 は、「裁判官の介在は、おそらく、とりわけ黙示の条件（condicio tacita）の作用から生じると言えるだろう。この思考様式を持ち出す自然法的伝統は、推定的な当事者意思の確定を通じて、合意を契約解釈により補充することになる。この解釈は典型的には中立の機関（Instanz）としての裁判官に留保される。ここから、裁判官による契約破棄は難なく説明される」とする。

17) 金山直樹「フランス革命・民法典における契約自由の原則（2・完）」民商131巻3号（2004年）379頁は、革命期のカンバセレス草案の売買に関する箇所において、定められた期限に代金の支払がなければ裁判所の判決によることなく、売主の意思のみで解除することができる規定（1804年の民法典では1656条に結実するが、同条は判決による解除を前提とする）が存在したことを指摘して、これを「革命期において目指されたのは、可能な限り法の規定が少なく、その結果、司法の介入が必然的に抑えられるような自由主義」の例証とする。この理解と対比して言えば、1184条3項は、適法に成立した契約を解消するために司法が当事者の法関係に介入するが、1184条1項によりその介入の基礎に当事者の合意を置くことで、司法の単なる「介入」とは位置づけられないことになる。

18) 星野英一「契約思想・契約法の歴史と比較法」『基本法学4』（岩波書店、1983年）11頁および59頁注39は、意思自治の原則の意味を「人がなぜ契約によって拘束されるかという、契約の拘束力の根拠づけの理論である」と位置づけた上で、この拘束力の

2 黙示の条件構成からの離脱

ア） 判決による解消との関係

(1) 条文上は黙示の条件でもって構成された解除制度は、19世紀の法展開の中で、判例および学説による解釈論の地平において、条件構成からの離脱の波を受ける。仏民1184条で定められた解除制度をコーズ（cause）あるいは両債務の牽連性（interdépendance ou connexité）といった概念によって基礎づける試みがなされ、これに影響を受ける裁判例も現れることになる[19]。ここで、条件構成からの離脱という動向が契約を解消する裁判官の権能とどのように関係するかという問題が生じる。

(2) まず確認すべきは、条件構成からの離脱は、契約を解消する裁判官の権能それ自体を直ちに否定するものではないことである。例えば、ラロンビエルは双務契約における一方当事者の債務を相手方の債務にとってコーズであると理解し、1184条の規定をこのようなコーズから把握しようとするが[20]、契約の解除は裁判所で言い渡されねばならないとする[21]。ドゥモロンブもまた、一方当事者の債務は相手方の債務にとってコーズであるという理解から、1184条1項の採用する黙示の解除条件をコーズ概念で把握するが[22]、先に示したように、解除が裁判によることを積極的に承認する。

20世紀になれば条件構成からの離脱はさらに進む。それでもなお、契約を

　　根拠について「西欧特にフランスにおいては、契約には本来（前国家的に）拘束力があるから国家もまた法律上それを認めるべきだという論理のもとに、なぜそうなのかが問題となっていると見るべきである」とする。本文で述べた事柄をこの理解に即して展開すれば、たとえ国家といえどもその権限のみで前国家的に存在する契約の拘束力を解くことはできず、それゆえ民法典は、契約の解消において擬制的ではあっても前国家的な根拠付けを国家に提供している、ということになる。

19) 福本忍「フランス債務法における法定解除の法的基礎（fondement juridique）と要件論（2・完）」立命302号（2006年）250-251頁は、すでに19世紀から見られるこの動きを「脱解除条件化」と呼び、福本忍「現代フランス債務法における法定解除の法的基礎（fondement juridique）の構造変容」立命309号（2007年）167頁以下で20世紀におけるその展開を検討している。本書は焦点を絞ってこの問題に立ち入る。

20) L. Larombière, Théorie et pratique des obligations, tome 3, nouv. éd., 1885（réimp. 1997）, Art. 1184, n° 1, p. 82-83.

21) Larombière, supra note 20, Art. 1184, n° 45, p. 143.

22) Demolombe, supra note 4, n° 489, p. 468-469.

解消する裁判官の権能それ自体が否定されるわけではない。例えば、コーズ論を体系的に展開したカピタン（H. Capitant）は、解除制度を定める 1184 条もコーズ概念で把握しようと試みるが[23]、この試みにおいて契約の解除が裁判官によるものであることは当然の前提とされている。

　(3)　条件構成からの離脱が影響を与えるのは、契約を解消する裁判官の権能それ自体ではなく、その権能の正当化根拠に対してである。条文で示された黙示の条件という構成を解釈論の地平において否定するとき、その構成に随伴する論理、すなわち裁判官の解消権能の正当性を司法との関係において問い、契約当事者の意思に求める論理は後退する。

　それは例えば、推定的意思に対する懐疑として現れる。推定的意思は実体的な把握の下で批判され[24]、あるいは意思そのものの主観的把握を貫徹する立場から疑問を呈される[25]。また例えば、推定的意思に代わる概念の提示として現れる。前述のカピタンのように解除制度をコーズの概念で把握する試みが、あるいは事柄をより率直に捉えて双務契約における両債務の牽連性で基礎づける試み[26]が[27]、広く見られることになる。

イ）　不履行の評価との関係

　(1)　以上のように、条件構成からの離脱により、裁判官の解消権能の正当性を司法との関係において問い、契約当事者の意思に求める論理の契機は後退する。しかし、裁判官の解消権能の正当性という問題が消え去るのではない。よ

23）H. Capitant, De la cause des obligations, 3ᵉ éd., 1927, nᵒ 151, p. 333-338.

24）G. Ripert / J. Boulanger, Traité élémentaire de droit civil de Planiol, tome 2, 4ᵉ éd., 1952, nᵒ 514, p. 189 は、契約当事者は不履行のことを考慮しており、そうでなければ契約をしなかったはずだというのはありそうなことではなく、黙示の解除条件による解除の説明は当事者たちの推定的意思を明白に濫用している、とする。

25）M. Picard / A. Prudhomme, De la résolution judiciaire pour inexécution des obligations, RTD civ. 1912, p.61 et s. は、黙示の意思は神話（un mythe）でしかなく、意思はすぐれて主観的なものであり、客観的意思が論じられるときそれは本質において意思の概念自身を誤解するものである、と述べて、解除の原因を不履行となる債務の性質に求める判例分析を展開する。

26）Lepeltier, supra note 12, nᵒ 32-35, p. 71-81.

27）解除制度を牽連性で捉える見解とカピタンのコーズ論とに関する本文のような関係付けは、小粥太郎「フランス契約法におけるコーズの理論」早法 70 巻 3 号（1995 年）66-67 頁および 102 頁注 85 による。

182　第1章　フランス民法典1184条による裁判解除

り言えば、それは、契約の解消に先行して作用する裁判官の評価権能に関する
理解のなかで、形を変えて論じられることになる。リペール（G. Ripert）は、
20世紀前期の文献において、解除の基礎（fondement）という項目の下で、次
のように述べる。

　「契約を破棄するのであるから、裁判官の介在（intervention du juge）が必
　要である。裁判官は不履行の程度を評価する。すなわち、部分的な不履行
　であるか、付随的なものか、あるいは遅れたものかを判断する。裁判官は
　履行期間を認める権利を有している。一言で言えば、契約を擁護（sauv-
　er）しようとする。これら全てのことが解除条件という考え方でもっては
　説明できず、これら全てのことは、1184条を拘束力ある契約に立ち向か
　うように裁判官に呼びかけるもの（l'appel au juge contre le contrat obliga-
　toire）であるとすれば、よく理解できる。有効に負担された債務が当然に
　消滅することはない。契約関係を維持することが正当か否かが評価されね
　ばならない。　／　このような裁判所の介在（intervention judiciaire）が難
　なく認められるのはなぜか。契約はここで不均衡（déséquilibre）になって
　しまっているからである。」[28]

　ここでは、条件構成は裁判官の評価権能との関係で問題を含むものであるこ
と、評価権能は拘束力ある契約を基準として行使されること、その行使におい
て契約の不均衡が明らかとなればこれを根拠として裁判官が契約を解除できる
ことが述べられる。契約を解消する裁判官の権能の正当性はこれに論理的に先
行する評価権能の行使の基準と重ねて論じられ、その結果、裁判官の解消権能
の正当性はその実質をなす解除それ自体の正当性として契約当事者間の法関係
において問われ、この後者の正当性は解除の対象である契約あるいはその契約
の置かれた状況に求められることになる。

　以上のような意味での解除の正当性が論じられる場という観点から、以下、
本書の考察に必要な限りで、裁判官の評価権能をめぐる議論状況を一瞥する。

　(2)　まず、19世紀後半からの時的変化を、コーズ概念で1184条の解除制度
を説明するドゥモロンブ、ラロンビエル、カピタンの所説を素材にごく簡単に

────────────

　28) G. Ripert, La règle morale dans les obligations civiles, 4ᵉ éd., 1949, nᵒ 76, p. 134.

第2節　契約による拘束の維持と解消　**183**

たどる。

　19 世紀註釈学派に属するドゥモロンブは、不可抗力による不履行でも 1184 条の解除が可能であることをコーズ概念から説明する[29]。しかし、部分的不履行による解除の可否を論ずる際にはコーズ概念を持ち出さない[30]。ラロンビエルもまた、解除をゴーズ概念により把握することで、不可抗力から生じた不履行であっても契約が解除されることを論証する[31]。付随的ないし二次的債務の不履行については、そのような債務が主たる債務と相まってコーズとなるとして、解除を求めることができるとする[32]。しかし裁判官の評価権能の中心事例である部分的不履行についてはコーズ概念を援用することはなく、裁判官は諸事情すなわち不履行の性格、損害の強度、将来の諸帰結を評価する旨を述べる[33]。

　20 世紀になると明瞭な変化が生じる。19 世紀後半から判例で承認された裁判官の評価権能をコーズ概念でもって捉えようと試みるカピタンは、契約の解除を黙示の解除条件と構成すること（仏民 1184 条 1 項）については、裁判官は専権的な権能を有するにもかかわらず、契約当事者たちの意思を尊重する義務を負うことになり、被告の債務不履行がいかなるものでも解除を言い渡さねばならなくなる、と批判する[34]。また、合意を当事者間の法律と構成すること（仏民 1134 条 1 項）についても、裁判官は合意を法律のように尊重せねばならず、被告の不履行の事実があればそれが部分的な不履行であっても解除を言い渡さねばならなくなる、と批判する[35]。かくしてカピタンは、裁判官の評価権能が作用する部分的不履行による解除についても、裁判所が解除を言い渡すのは、事実状況に応じて「不履行が契約相手方の債務のコーズを消滅させる場合、すなわち相手方の追求する目的（but）を消滅させる場合である」[36]と理解

---

29) Demolombe, supra note 4, n° 497, p. 476-477.

30) Cf. Demolombe, supra note 4, n° 498-499, p. 477-480.

31) Larombière, supra note 20, Art. 1184, n° 6, p. 92.

32) Larombière, supra note 20, Art. 1184, n° 11, p. 97-98.

33) Larombière, supra note 20, Art. 1184, n° 10, p. 95-97.

34) Capitant, supra note 23, n° 151, p. 337.

35) Capitant, supra note 23, n° 153, p. 341.

36) Capitant, supra note 23, n° 154, p. 344.

184 第1章 フランス民法典1184条による裁判解除

する。

　カピタンにおいてコーズは目的概念から一元的に把握される[37]。それゆえ、解除の可否の判断において、契約当事者の二つの意思を真に尊重するために裁判官に評価権能を与えることが必要なのだとしながらも[38]、その権能の基準について最上位のもの（souverain）は契約当事者たちの意思（volonté des parties）ではなく、契約当事者の追求する目的（but poursuivi par le contractant）とされることになる[39]。この目的は当事者の意思あるいはそこから生じる債務そのものではないが、しかしまた動機のように契約の外にあるものでもなく[40]、この概念連関ゆえに評価権能の行使基準を理論的に説明できるものとなる。

　(3)　もちろん、20世紀前期の学説には、カピタンの所説とは異なる色彩の議論も存在する。例えば、ジョスラン（L. Josserand）においては、解除制度は双務契約における債務の牽連性によって[41]、しかしより具体的には両当事者の推定的意思と契約上の義務の真の制裁（une véritable sanction）という二つの指導理念によって把握される[42]。解除が裁判によるという点は後者に位置づけられるが[43]、裁判官の評価権能については、解除が契約法（loi contractuelle）に属する制裁であるにもかかわらず、契約当事者の意思を解釈したものである点に焦点を当てて、前者の指導理念すなわち両当事者の推定的意思からの帰結として位置づけられる[44]。

　また、ボードリ・ラカンティヌリ／バルドにおいては、衡平（équité）の理念による解除制度の把握に好意的な態度を示すものの[45]、形式的には当事者

37）小粥・前掲注27）61頁は、カピタン説の特徴を目的（but）概念によるコーズの一元的把握という点に求める。

38）Capitant, supra note 23, n° 147, p. 324.

39）Capitant, supra note 23, n° 151, p. 338 note 1.

40）Capitant, supra note 23, n° 4, p. 22-25.

41）L. Josserand, Cours de droit civil positif français, tome 2, 1930, n° 377, p. 179.

42）Josserand, supra note 41, n° 378, p. 179-180.

43）Josserand, supra note 41, n° 382, p. 182.

44）Josserand, supra note 41, n° 383-384, p. 182-183.

45）G. Baudry-Lacantinerie/ L. Barde, Traité théorique et pratique de droit civil, Des obligations, tome 2, 3e éd., 1907, n° 903, p. 95 は、コーズによる解除制度の把握を批判す

第2節　契約による拘束の維持と解消　185

たちの推定的意思を示す黙示の解除約款（pacte commissoire tacite）が解除制度
の基礎となる[46]。したがって、評価権能も推定的意思によって説明される。
この説明では、部分的不履行が契約の解除を許すか、あるいは損害賠償にとど
まるかを左右するのが両当事者の意思であることが述べられた後に、それを法
的な帰結として説明するために推定的意思が持ち出される[47]。ここで推定的
意思は当事者意思の実体的把握と結びつけられ、また司法との関係よりもむし
ろ契約当事者間の法関係を問題とする文脈に置かれている。

　(4)　判例の状況に目を向けてみよう。確かに、条件構成からの離脱の影響は
裁判例にも見られる。本章第1節で取り上げた破毀院民事部1891年4月14日
判決[48]あるいは破毀院民事部1920年5月5日判決[49]は、「双務契約では、当
事者の一方の債務は相手方の債務をコーズ（cause）としており、したがって、
一方当事者の債務が履行されないとき、その理由がいかなるものであれ、他方
当事者の債務はコーズのないものとなる」と述べる。

　しかし、この命題が裁判官による評価権能の行使において直接的に機能する
のではない。破毀院1891年判決は先の一般的説示に続けて、「裁判所は、契約
の文言および当事者たちの意図（intention des parties）において」、不履行を犯
した債務者の「同意した義務の範囲ないし射程がどのようなものかを評価せね
ばなら」ないとし、破毀院1920年判決も、裁判所には、債務者が違反した
「義務の範囲ないし射程がどのようなものかを契約の文言および当事者たちの
意図（intention des parties）を通じて探求する権限がある」と続ける。要する
に、裁判実務において、評価権能の行使基準としてより直接的にあるいはより
中心的に作用するのは、コーズあるいは牽連性といった概念ではなく[50]、

　る文脈で、1184条による解除を衡平の準則を認めるものだとする破毀院判決（Cass.
　civ., 29 novembre 1865, D. 1866, 1, 27; S. 1866, 1, 21. 付随的な条項の不履行を理由とする
　解除が問題となった事例である）を肯定的に引用する。

46)　Baudry-Lacantinerie/ Barde, supra note 45, n° 902, p. 94-95.

47)　Cf. Baudry-Lacantinerie/ Barde, supra note 45, n° 912, p. 103-104.

48)　Cass. civ., 14 avril 1891, D. P. 1891, 1, 329 note Planiol; S. 1894, 1, 391.

49)　Cass. civ., 5 mai 1920, D. P. 1926, 1, 37; S. 1921, 1, 298.

50)　Boyer, supra note 11, p. 49 は、実務との対比を意識して、このような試みは法的論理
　あるいは法的分析の観点からのみ利益がある、とする。また、C. Jamin, Les conditions
　de la résolution du contrat: vers un modèle unique?, in: M. Fontaine/ G. Viney（dir.）, Les

186　第1章　フランス民法典1184条による裁判解除

個々の事件における契約当事者の意思あるいはそこから生じた債務の内容である。条件構成からの離脱が進んだとしても[51]、実務の局面において前者が後者に取って代わってしまうのではない[52]。

第2款　拘束の維持

1　追履行と裁判解除

（1）　解除の効力が裁判所の判決によって生じるとの規範は、異なる観点からも見ることができる。すなわち、この規範は、裏を返せば、判決の時点までは合意が存続し、効力を生み出し続けることを意味する[53]。したがって、解除の判決が下されるまでは、債務者が自らの債務を履行して解除を回避できる[54]。債権者にしても、訴訟において契約の解除を求める旨の主張をしたことのみで履行請求を放棄したことにはならず、その主張の後に履行を求めることもできる[55]。債務者による履行の提供があれば、それが解除を妨げる履行となる否かにつき、事実審裁判官が専権的に評価する[56]。

---

　　　sanctions de l'inexécution des obligations contractuelles, 2001, n° 11, p 464 は、20世紀後期の裁判例も対象とする分析において、判例がコーズの概念と無関係ではないとしても、もっと柔軟な態度を示している、とする。

51)　時期的に見て条件構成からの離脱の影響を受けたとは評価するか否かはともかく、破毀院民事部1865年11月29日判決（D. P. 1866, 1, 27; S. 1866, 1, 21）は、前注45)で述べたように、仏民1184条を衡平（équité）の準則と呼ぶが、しかし同時に、裁判所は、義務に違反した当事者の約束した「義務の範囲ないし射程がどのようなものかを、契約の文言と当事者らの意図の評価において探求」せねばならない、とする。

52)　そもそも、判例実務において、条文で定められた条件構成からの離脱が強い要請として現れるわけではない。ほんの一例であるが、保険契約の解除を問題とする破毀院審理部1899年3月6日判決（Cass. req., 3 mars 1899, D. P. 1899, 1, 405）は、判決理由において、双務契約では解除条件が常に予定されている（sous-entendu）と述べる。ここでは、条件構成が積極的に維持されているのではなく、条文の文言が繰り返されているにすぎない。

53)　Baudry-Lacantinerie/ Barde, supra note 45, n° 927, p. 117; Demolombe, supra note 4, n° 515, p. 490.

54)　Baudry-Lacantinerie/ Barde, supra note 45, n° 927, p. 117-118; Laurent, supra note 5, n° 135, p. 151; Larombière, supra note 20, Art. 1184, n° 46, p. 144; Demolombe, supra note 4, n° 515, p. 490; Delvincourt, supra note 3, p. 127 et 702 note 9.

55)　Cass. civ., 6 janvier 1932, D. H. 1932, 114.

56)　例えば、破毀院民事部1911年3月27日判決（Cass. civ., 27 mars 1911, D. P. 1915, 1,

第2節 契約による拘束の維持と解消　187

(2)　解除判決の確定まで当事者たちが契約の拘束力の原理に服し、したがっ
てその時点まで契約の履行が可能であるとの規範は、裁判官が債務者に履行期
間を付与した場合にも妥当する。19世紀から20世紀初頭の文献では、第1審
において履行期間の付与を伴う契約解除の判決が下され、被告である債務者か
らの履行なくその期間が経過したとしても、債務者は控訴しその裁判手続のな
かで自らの債務を履行して解除を回避できると説かれる[57]。したがって、控
訴審において、債務者から解除を妨げる履行の提供がなされた場合、契約の解
除は認められないことになる[58]。

────────────

97 note Cézar-Bru; S. 1913, 1, 289 note Tissier）は、対価の不払いを理由に特許譲渡契約
を解除する判決が下されたが、この判決について譲受人からの転得者が譲渡人に対して
第三者異議の訴えを提起し、この訴えにおいて転得者から譲渡代金の現実の提供が行わ
れたという事案について、1184条によれば、「解除は当然には生じない。双務契約が消
滅したものと考えるには、裁判上の請求では十分ではない。解除が最終的に言い渡され
ない限り、状況に応じて、契約を有効に履行できる。したがって裁判官は、訴訟手続中
に債務者あるいは債務者の承継人からなされた現実の提供を前にして、この提供が請求
された解除を妨げる履行となる性質のものかどうかを審理しなければならない」として、
解除を肯定する部分に限り控訴審判決を破棄する。
　破毀院審理部1923年7月17日判決（D. P. 1923, 1, 240）は、鉄道用タンク車両の引
渡義務につき遅滞にある売主が、買主からの解除訴訟提起後に目的物を彼の処分下にお
いたが、それは訴訟提起から約8ヶ月後、遅滞発生からは約1年後であったという事案
において、訴訟手続中に行われた提供が解除を妨げるような履行の性質を有するか否か
の評価は事実審裁判官の専権にあるとして、契約の解除を言い渡した控訴審判決を肯定
する。
　破毀院民事部1928年4月19日判決（Cass. civ., 19 avril 1928, J.C.P 1928, 850）は、不
動産売買において法廷で代金とその利息が提供された事案において、解除は当然には生
じず、訴訟中は契約はなお有効に履行できるのであり、解除を妨げる履行の提供か否か
を評価するのは控訴院の権限であるとして、履行の提供を有効とする控訴審判決を正当
なものとする。
57）Baudry-Lacantinerie/ L. Barde, supra note 45, n° 927, p. 118; Larombière, supra note
20, Art. 1184, n° 46, p. 144; Laurent, supra note 5, n° 135, p. 151; Demolombe, supra note 4,
n° 517, p. 492.
58）以上に対し、控訴審において解除を妨げる履行の提供がそもそもなく、あるいは債務
者から履行の提供がなされたものの裁判官の評価権能により解除を妨げるものではない
と判断され、したがって契約の解除を認める原審判決が肯定された場合において、この
原審判決に債務者のための履行期間が定められていたときには、やや複雑な問題が生じ
る。判例によれば、控訴の効力により原審判決の執行は停止する（1806年のフランス
民事訴訟法典457条）が、控訴の停止的効力は原審判決の執行力のみを対象とするため、

188　第1章　フランス民法典1184条による裁判解除

（3）　履行の提供の可否は事実審裁判官によって専権的に評価されるのであるから、機能的にはこれによって追履行の限界が画される[59]。裁判解除準則は、この機能を法制度として支えるものと言える[60]。

2　付遅滞と裁判解除

（1）　解除の効力が裁判所の判決によって生じるとの規範は、損害賠償の要件である付遅滞（mise en demeure）との関係においても問題となる。付遅滞とは、執達吏の送達証書による催告（sommation）又は執行力ある弁済催告（commandement）によりなされる手続である。債務者を履行遅滞に陥れるには催告又はその他の相当な行為を要し（仏民1139条[61]）、債務者は遅滞に陥ることにより損害賠償の義務を負う（仏民1146条[62]）。付遅滞制度の目的は、履行が債権者にとって有益であることを債務者に知らせること、また、債務者に履行の機会を与えて裁判を回避させることにある[63]。

　　原審の解除判決に付加されていた履行期間の進行は停止しない（Cass. req., 17 novembre 1930, D. H. 1930, 605）。解除の効力は原審判決で債務者に付与された履行期間経過後には生じることになる（本書の考察対象時期から外れるが、Cass. com., 16 février 1967, J. C. P. 1967, II, 15079）。

59）　森田修『契約責任の法学的構造』（有斐閣、2006年）360-365頁は、本書で扱う時期を超える裁判例を検討して、裁判官の評価権能により履行の追完の可否が判断される点に、わが国の541条の催告の機能的等価物を見出す。

60）　Lepeltier, supra note 12, n° 35, p. 80 は、ドイツでは解除に裁判官の介在が求められていないことを引き合いに出して、裁判による解除が必然的なものでないことを確認した上で、フランス民法典の起草者たちが裁判解除制度を採用した理由を、訴訟手続中に債務者による履行が可能であること、また債務者に履行のための期間が付与されることから説明できる、とする。

61）　次のような規定である。
　　フランス民法典1139条　債務者は、あるいは催告又は相当な行為によって、あるいは行為の必要なしに期限の到来のみによって債務者が遅滞となる旨を合意で定めるときはその効果によって、遅滞に付される。

62）　次のような規定である。
　　フランス民法典1146条　損害賠償は、債務者がその債務を履行するについて遅滞にあるときでなければ、義務づけられない。ただし、債務者が与え、又は行う債務を負ったものが、徒過した特定の期間内においてでなければ与え、又は行うことができないものであったときは、その限りでない。

63）　フランスの付遅滞について詳しくは、北居功『契約履行の動態理論Ⅰ』（慶應義塾大

第2節　契約による拘束の維持と解消　**189**

（2）　本書にとってまず問題となるのが、損害賠償の要件である付遅滞が契約の解除にも必要かどうかである。当時の文献には、損害賠償のみならず、契約の解除についても、債務者を遅滞に付さねばならない、とする説明が見られる[64]。判例は、この説明とは矛盾はしないものの[65]、債権者が解除を求める場合には債務者に対する訴訟開始令状（exploit introductive d'instance）で十分

　学出版会、2013年）271-277頁（本文で述べた付遅滞の目的については272頁）を、また付遅滞と損害賠償との関係について森田・前掲注59）117頁以下（本文で述べた付遅滞の目的については140頁）を参照。

[64]　Planiol/ Ripert, supra note 7, n° 1318, p. 469. また、Demolombe, supra note 4, n° 513, p. 489.

[65]　解除を言い渡すためには付遅滞が必要であるとする判例の立場を説明する際に、Planiol/ Ripert, supra note 7, n° 1318, p. 469 および R. Cassin, De l'exception tirée de l'inexécution dans les rapports synallagmatiques, 1914, p. 343 note 4 は、破毀院審理部1898年4月23日判決（Cass. req., 23 avril 1898, D. P. 1898, 1, 507; S. 1902, 1, 524）を引く。

　この1898年判決は、次のような事案に関するものである。すなわち、不動産賃借人Aが精神に異常のある兄弟Bを賃貸借物件に住まわせていたが、この兄弟Bが倉庫にある雑誌に火をつけたり、刃物をもって子どもを追いかけたりして、他の賃借人に危険を感じさせる行動をとるので、不動産賃貸人CがAに対して用法遵守義務（仏民1728条）の違反を理由に賃貸借契約の解除（resiliation）と損害賠償を求めた。1896年8月26日〔19日？：筆者〕の第1審判決は、解除は認めたが、損害賠償については、賃貸人Cからの証明がないことからこれを否定した。控訴審はこの第1審判決を肯定した。賃借人Aが上告するが、その理由は、原審判決は賃借人Aの濫用的な使用収益を理由とする賃貸借契約の解除を言い渡しているが、借主はこの濫用を止めるようにすることにつき遅滞に付されておらず（催告されておらず）、また、この濫用は兄弟Bが本件物件を離れて精神病用施設に入ることで控訴審判決による判断の数ヶ月前にはなくなっている、というものである。

　破毀院は次のように述べて、上告を棄却した。「1895年12月4日の召喚状により、Cは、精神異常にあるBを賃貸借物件で看護しないようにすることにつきAを遅滞に付した。しかし、控訴院判決の確認したことから明らかなように、この付遅滞は成果のないものであった。したがって、控訴院は、指摘された条文に違反することなく、1896年8月19日〔26日？：筆者〕に下された判決を肯定することで、Cから請求された賃貸借の解除を言い渡すことができた。判決の日には、Cの主張していた事情がなくなっていたとしても、である。」

　確かに、本判決は、付遅滞の手続にもかかわらず債務者からの適切な履行のないことを理由に解除を認めた原審判決を肯定しており、その点では解除に付遅滞が必要であることを示す。しかし実際には、解除訴訟提起による召喚状をもって債務者が遅滞に付されたとしているのであり、すぐ後の本文に述べる立場と同様のものであるとも言える。

190 第1章 フランス民法典1184条による裁判解除

であり、付遅滞手続をなす催告又は弁済催告がこれに先行する必要はない、との立場を示す[66]。学説の多くもこれに従い、解除を裁判所に申し立てる場合には、この手続と区別される付遅滞の手続が必要となるのではない、とする[67]。

　判例および学説の以上のような態度につき、現在の文献では、解除訴訟の召喚状（assignation）よって債務者は自己の債務につき履行を提供して解除を回避することが可能となることから、この召喚状が債務者に対する通告（avertissement）の機能を果たし、付遅滞と同じ役割を担う、と説明される[68]。

　(3)　解除訴訟の召喚状に付遅滞と同じ機能が認められ、したがって判決による解除にとって召喚状とは別に付遅滞の手続が必要となるのではないとき、次に問題となるのが、付遅滞のみでもって契約による拘束を解くことが正当化されるか否か、である。一般的に言えば、契約を解除するには、債務者を遅滞に陥れるのみでは足りず、裁判所の判決を要する[69]。もっとも、20世紀前期の文献には、付遅滞が司法の介在のない契約の破棄（une rupture du contrat sans intervention de la justice）を正当化することもある[70]、あるいは付遅滞に示された期間の経過により債権者は解放されたと考えるだろう（il se considèrera comme dégagé）[71]、との記述が見られる。この記述はどのように理解されるべきであろうか。

---

66) Cass. civ., 28 mars 1904, D. P. 1904, 1, 315; S. 1908, 1, 221; Cass. civ., 19 octobre 1931, D. H. 1931, 537.

67) M. Planiol/ G. Ripert/ P. Esmein, Traité pratique de droit civil français, tome 6, 2ᵉ éd., 1952, n° 426, p. 574; Colin/ Capitant, supra note 6, n° 153, p. 144; Josserand, supra note 41, n° 382, p. 182; Baudry-Lacantinerie/ Barde, supra note 45, n° 929, p. 119; T. Huc, Commentaire théorique et pratique du code civil, tome 7, 1894, n° 270, p. 364; Larombière, supra note 20, Art. 1184, n° 44- 45, p. 143-144.

68) M. Storck, Résolution judiciaire, in: Juris-classeur civil, 1997, At. 1184, Fasc. 10, n° 79, p. 20.

69) Larombière, supra note 20, Art. 1184, n° 45, p. 143 は、債務者を遅滞に陥れるのみでは足りず、解除は裁判上言い渡されねばならない、したがって債権者は訴訟を提起する義務を負う、とする。

70) Planiol/ Ripert/ Esmein, supra note 67, n° 426, p. 575 et note 2. また、本書の対象とする時代を超えるものであるが、Storck, supra note 68, n° 82, p. 20 も参照。

71) Lepeltier, supra note 12, n° 74, p. 180 et note 4.

第 2 節　契約による拘束の維持と解消　191

　この記述が依拠する破毀院判決のうち、取り上げられるべきは破毀院審理部 1900 年 12 月 4 日判決[72]であり[73]、事案および判旨はおおよそ次のようなものである。すなわち、売主が買主に 200 袋の小麦粉を買主の要求に応じて月 20 袋の割合で、買主が転売相手に引き渡すことができるように供給する義務を負担していたところ、最初の供給期日である 8 月 15 日を過ぎても商品が買主の下に届かなかった。同月 18 日に買主は売主に対し、「商品が 48 時間以内に到着しない場合には引渡し（livraison）を拒絶する」と書面で知らせたが、実際に商品が発送地の駅を出たのが同月 21 日であり、買主による処分が可能となったのは同月 25 日であった。このような状況の下、買主は売主からの引渡しを拒絶し、売主の不履行を理由として取引の解除（résiliation）を求めた。原審が売主の不履行を理由に解除を言い渡し、買主に 300 フランの損害賠償を認めたところ、売主は引渡しについて正式の遅滞に付されていないとして 1146 条および 1184 条等の違反を理由に上告を申し立てた。破毀院は、控訴審判決が「同意された期限での引渡しのないことを理由に取引の解除を言い渡し、8 月 18 日の書面を債務者の付遅滞を構成する催告と同等の書面とする」点で正当であり、挙げられた条文に違反していない、と判断した。

　事実の側面のみから本件を見れば、買主は、付遅滞の手続に相当する 8 月 18 日の書面でもって、あるいはそこで示された 2 日の催告期間が経過するまでに履行のないことを理由として、裁判を経ることなく、当該取引から離れたことになる。本件で問題となったのが種類物売買であり、商取引的性質を備えていることに着目するとき、売主が引渡義務を履行しない場合に買主に裁判所の許可なく売主の計算において市場からの同種同量の商品の調達を認める代替取引（remplacement）が想起され、遅くとも 19 世紀中葉には商慣習として認

---

72) Cass. req., 4 décembre 1900, D. P. 1901, 1, 518; S. 1901, 1, 222.

73) Planiol/ Ripert/ Esmein, supra note 67, n° 426, p. 575 note 2 および Lepeltier, supra note 12, n° 74, p. 180 note 4 が引用するもう一つの破毀院判決である、破毀院審理部 1905 年 3 月 22 日判決（Cass. req., 22 mars 1905, S. 1905, 1. 264）は、売主が代金の支払につき買主に付遅滞の手続をしたにもかかわらず、買主が代金を支払わない場合には、売主が商品を他の買主に売却できるとする。契約の解除を認めたのと同様の帰結が生じているが、この判決は期限での代金の支払を停止条件とする売買に関するものであり、1184 条の定める裁判解除準則との直接的な抵触が問題となるものではない。

192　第1章　フランス民法典1184条による裁判解除

められるこの法制度[74]と対比するなら、本件において同種同量の調達が行わ
れたか否かは定かではないものの、売主の不履行を理由に買主が裁判によるこ
となく当該取引から離脱することは、少なくともその実際上の帰結においては
おそらく大きな問題を引き起こすものではない[75]。

　しかし、本判決において、債権者が付遅滞の手続を行うことでもって、ある
いは付遅滞の手続にもかかわらず債務者からの履行がないことを理由として、

---

74) Cf. D. Plantamp, Le particularisme du remplacement dans la vente commerciale, D.
　 2000, chron. p. 244, n° 6.

75) 代替取引を行うことにより、実際上は、売主はもはや追履行を行うことはできず、買
　 主は裁判を経ることなく、元々の契約関係から離脱することになる。もっとも、代替取
　 引の法的性質をどのように理解するかについては、見解は分かれる。
　　 一方では、仏民1144条（作為債務の不履行の場合において、債権者自らが債務者の
　 費用で債務を履行させることの許可を受けることができる旨を定める）が援用される。
　 例えば、A. Boistel, Précis de droit commercial, 2ᵉ éd., 1878, n° 455, p. 305 は、民法典
　 1144条によって買主が代替取引をできる旨を示し、Ch. Lyon-Caen/ L. Renault, Traité
　 de droit commercial, tome 3, 5ᵉ éd., 1923, n° 109. p. 106-107 は、代替取引をする買主の権
　 利は、裁判所の事前の許可を要しない点で異なるものの、「民法1144条の商慣習による
　 適用の一つ」である、とする。より時代を下っても、基本的には、仏民1144条の特則
　 と理解する方向にある。J. Hémard, Les contrats commerciaux, 1953, n° 254, p. 136 は、
　 裁判所の許可を要しないので1144条を援用することはできないとしつつ、しかし同条
　 を意識して、代替取引は等価物による履行ではなく債務者の費用での現実履行（une
　 exécution en nature）の問題であるとする。
　　 しかし他方で、L. Lacour/ J. Bouteron, Précis de droit commercial, tome 1, 3ᵉ éd., 1925,
　 n° 797, p. 589-590 は、代替取引が元々の売買の解除を含んでおり、普通法たる1184条
　 によれば解除は裁判所により事前に言い渡されねばならないところ、訴訟の終了を待た
　 なくともよいところに多大な利益があることもあると述べて、代替取引を裁判解除との
　 対比で説明する。より時代が下り、J. Martin de la Moutte, Les sanctions de l'obligation
　 de délivrance, in: J. Hamel（dir.）, La vente commerciale de merchandises, 1951, n° 48, p.
　 238 は、買主にとって元々の売主に対して負担する義務から免れることが重要であるこ
　 とから、代替取引の権能は売買契約の一方的解除を構成する、とする。また、M. Alter,
　 L'obligation de délivrance dans la vente de meubles corporels, 1972, n° 214, p. 360-361 は、
　 買主が代替取引を行うことにより元々の売主との契約関係を終了させるのであるから、
　 契約の一方的当然解除が問題となる、とする。
　　 なお、商慣習である代替取引には、売主を遅滞に付することが必要である。当時の裁
　 判例として Douai, 2 février 1892, D. P. 1892, 2, 181 を、文献として Lyon-Caen/ Renault,
　 op. cit., n° 109. p. 106; Lacour/ Bouteron, op. cit., n° 797, p. 590 を、また Martin de la
　 Moutte, op. cit., n° 38, p. 228-229; Alter, op. cit., n° 213, p. 358 を参照。

裁判所の判決なく契約による拘束を解くことが規範の次元において正当化されているわけではない。先に示した 20 世紀前期の文献の記述に即して言えば、付遅滞の後に債権者が行ったのは事実上の「破棄」であり、債権者は事実上「解放されたと考える」に過ぎず、裏を返して言えば、正式には契約の「解除（résolution）」とは整理できないことを意味することになる。

第3款 ま と め

　フランス民法典 1184 条 3 項によれば、契約の拘束力の解消は裁判官の判決による。しかるに、契約の解除を黙示の解除条件と構成する同条 1 項は、当事者間で有効に成立した契約の解除は両当事者の意思に基づく、との論理も含む。かくして、1184 条に表現された裁判解除準則の下では、当事者の意思関係を要素とする契約の拘束力は、一方では解除の対象として登場し、しかし他方では解除の根拠として、より言えば裁判官の解消権能の正当化根拠として現れる。

　19 世紀の展開のなかで、黙示の条件という構成には否定的な評価が与えられる。これにより、公権力である司法との関係という文脈のなかで、裁判官による契約の解消を両当事者の意思に基づいて正当化する思考は後景に退く。これとあたかも入れ替わるようにして、解除の正当性は裁判官の評価権能を念頭に置いて、解除かあるいは損害賠償かといった契約当事者間の法関係を問題とする文脈で論じられ、とりわけ学説では、コーズ、牽連性、均衡性あるいは衡平といった概念が持ち出される。

　もっとも、解除が裁判によらねばならないとの条文は変わらず存在しており、それを足場とする基本構造すなわち適法に成立した契約は裁判所の判決によってようやく解消され、それまでは拘束力を維持するという基本構造は崩れない。解除の対象となる契約は、たとえ不履行が存在しても、また付遅滞の手続を経たとしても、一方当事者の意思のみで消滅させることができるものではなく、当事者からの履行の追完を受け入れる法的基礎を構成し、裁判官による解除の可否の判断基準となる。

　フランス民法典制定時と 20 世紀前期とでは、とりわけ契約解除の正当性を論ずる場と文脈には大きく違いがある。しかし、それにもかかわらず、解除制度に属するあるいはこれと関連する様々な法規範は、その解釈および適用にお

194　第1章　フランス民法典1184条による裁判解除

いて、契約の拘束力との有機的な関係を保持する。以上のような意味において、19世紀から20世紀前期のフランスでは、契約の拘束力の原理が裁判解除準則の背骨をなしていた[76][77]、と言える。

---

76) Jamin, supra note 50, nº 1, p. 452 は、より近時の法状況も含めた分析の冒頭において、契約の拘束力という守護霊（ombre tutélaire）が仏民1184条3項の規定を常に俯瞰していると述べる。また、T. Genicon, La résolution du contrat pour inéxecution, 2007, nº 539, p. 381-382 は、解除の裁判的性格の諸理由に関する検討の冒頭において、慎重にではあるが、「契約の拘束力が解除の裁判的性格を正当化するとき、それは拘束力によって契約当事者の一方的な撤退（retrait uniratéral）が禁止されるからである」と述べる。これらの記述の背後には、本文で述べたような布置連関が存在しているように思われる。

77) Y.-M. Laithier, Étude comparative des sanctions de l'inexécution du contrat, 2004, nº 275, p. 360 は、本書の検討対象を時代的にも素材的にも超えて行われる、解除の裁判的性格に関する分析（op. cit., nº 156-213, p. 227-296）を踏まえて、「フランス法における解除の裁判的性格に基礎を与えるのは、契約の拘束力（force obligatoire）ではない」と結論づける。その趣旨は、契約の拘束力と現実履行の優先性との混同に対する批判という問題意識（op. cit., nº 26-42, p. 58-66）との関係で理解されるべきものと考える。
　一例として、裁判によらない一方的解除を認めるにあたって障害になる論拠として仏民1184条と1134条を取り上げて行われる分析を見てみる。この分析では、契約の拘束力が意味するのは「契約は法的に認められた紐帯（un lien juridiquement sanctionné）である」ということに過ぎず、1134条は不履行の救済手段の間で序列を確立するものではない、との理解のもとで、「フランス法における解除の裁判的性格は契約の拘束力によって命じられるのではない」との命題を示し、裁判解除は単に1184条の内容から生じることを述べる（op. cit., nº 184, p. 264-265）。かくして、裁判によらない一方的解除にとって1184条が障害となるかどうかの分析に向かうことになるが、そこでは、1184条の定める裁判解除は契約の維持を確保することに向けられた立法技術（une technique législative destinée à assurer le maintien du contrat）であり、このことと一方的解除は調和しうることが論じられる（op. cit., nº 195, p. 275-278）。
　レチエの問題意識において重要であるのは、契約の拘束力あるいはそれを示す1134条1項が不履行の救済手段における現実履行（exécution en nature）の優先性を規定するのではないこと、より言えば債権者が用いる救済手段の要件を示す権限は裁判官を含む客観法（droit objectif）にあること（op. cit., nº 42, p. 64-65）、である。ここでは、契約の拘束力の概念は不履行の場合の救済手段との関係を意識的に切断して、したがってまた裁判解除との関係も切り離して把握されている。
　もちろん、契約の拘束力についてレチエの理解しかあり得ないわけではない。実際、Genicon, supra note 76, nº 362, p. 262 は、それがアングロサクソンの契約法に示唆を受けたものであること、しかしフランスにおいて今日まで支配的な理解とは異なるものであり、契約の拘束力は強制履行（exécution forcée）を第一のものとすることを述べる。
　本書は契約の拘束力と現実履行ないし強制履行との関係に立ち入る資格と能力を欠く。

それでも、本書の作業との関係で若干敷衍すれば、たしかに契約の拘束力の原則から論理必然的に裁判解除準則が導かれるのではないものの、本書第2部は、契約の拘束力との連関を抜きにしてフランスにおける裁判解除準則の意義すなわち根拠なり目的なり機能なりを確認することはできないとの認識を前提としている。別言すれば、本書第2部は、契約の拘束力という概念の姿を、20世紀前期までのフランスにおける契約の解除をめぐる諸言説という小さな窓から眺めるに過ぎない。

第2章　役務賃貸借における一方的解除

　19世紀末から20世紀初頭の判例に現れる、裁判解除準則に対する例外則の検討が本章の主たる課題である（第2節）。この例外則は役務賃貸借に関する裁判例の集積によるものである。そこで、主たる課題に先立ち、役務賃貸借に関する当時の法状況を簡単に確認する（第1節）。

第1節　役務賃貸借とその終了

　(1)　1804年のフランス民法典は、第3編第8章「賃貸借契約」の第1節の冒頭規定において賃貸借には物の賃貸借（louage des choses）と仕事の賃貸借（louage d'ouvrage）との2種類があることを定めたのち、後者につき、同章第3節「仕事および勤労の賃貸借（Du louage d'ouvrage et d'industrie）」を置く。同節中、役務賃貸借（louage de service）に関する規定は1780条と1781条の2箇条である[1]。

　(2)　本章で問題となるのは1780条である[2]。もっとも、同条は、1804年の原始規定では、「役務は、時間によって、又は特定の事業についてでなければ、約することはできない」として、契約による役務提供者の永久拘束を禁止する旨を定めるのみである。したがって、役務賃貸借に適用される規範の多くは契

1）フランス民法典における、人の労務に関わる契約類型の位置付けと現代の姿につき、後藤元伸「役務提供契約における典型契約としての請負契約・委任契約」潮見佳男編集代表『民法学の軌跡と展望』（日本評論社、2002年）233頁以下を参照。

2）1781条は使用者および被用者間の訴訟における主張立証に関する規定であり、「雇主は、給金（gages）の金額、期限の到来した賃金（salaire）の支払および期間中に与えられた前払金に関する自らの陳述について、信頼される」と定める。本条は1868年8月2日の法律により廃止されるが、その内容と廃止までの経緯につき、本久洋一「フランスにおける『労働契約』の誕生・準備的諸考察」早稲田大学法学会誌43巻（1993年）414-416頁を参照。

第 1 節　役務賃貸借とその終了　197

約の一般原則に従うことになり、またこの原則の下でのより具体的な規範の形成は判例の作業となる。

　判例による規範形成の一つの帰結が、1890 年 12 月 27 日の法律による民法典 1780 条の改正である（以下、「1890 年改正」とする）。期間の定めのない役務賃貸借については、両当事者がいつでも契約を終了できることが判例[3]において認められていたところ[4]、1890 年改正により、1780 条の第 2 項に「期間の定めなくなされた役務賃貸借は、契約当事者の一方の意思によりいつでも終了する（cesser）ことができる」と定められ、第 3 項以下で、契約当事者の一方のみによる契約の解約（résiliation）[5]が損害賠償を生じさせることもあること、賠償金額を定めるために慣習、役務の性質、経過した期間などを考慮しなければならないこと、この賠償の権利をあらかじめ放棄することはできないこと等が規定される。この改正は、労働法における解雇権濫用法理の形成にとって一つの画期をなすことになる[6]。

---

3 ）例えば、破毀院民事部 1872 年 2 月 5 日判決（D. P. 1873, 1, 63; S. 1872, 1, 132）および破毀院民事部 1879 年 8 月 4 日判決（D. P. 1888, 1, 272）は「期間の定めのない役務賃貸借は、契約当事者の一方又は他方の自由な意思によって、いつでも、終了できる」とする。

4 ）学説の一例として、L. Guillouard, Traité du contrat de louage, tome 2, 2ᵉ éd., 1887, nᵒ 718, p. 239. もっとも、期間の定めのない役務賃貸借は当事者の一方の意思によりいつでも終了させることができるとの規範は条文から直ちに明らかとはならず、それゆえ、例えば F. Laurent, Principes de droit civil, tome 25, 2ᵉ éd., 1876, nᵒ 511, p. 565-566 は、期間の定めのない賃貸借においても、以下本文で述べるように、民法典 1134 条および 1184 条に基づいて、契約を終了させるには裁判上の請求によるほかないとしている。

5 ）役務賃貸借はいわゆる継続的契約に分類することができるが、継続的契約の解消を論じるとき、現代のフランス法では、解除（résolution）ではなく、解約（résiliation）という語句が用いられることがある（この対比につき、F. Terré/ Ph. Simler/ Y. Lequette, Droit civil, Les obligations, 10ᵉ éd., 2009, nᵒ 655, p. 664-665; A. Bénabent, Droit civil, Les obligations, 11ᵉ éd., 2007, nᵒ 391, p. 276 を参照）。この区分はすでに 20 世紀初頭に見られるものであり（例えば、M. Planiol/ G. Ripert, Traité élémentaire de droit civil, tome 2, 10ᵉ éd., 1926, nᵒ 1328-1333, p. 472-474）、以下の記述において、訳語としては、解約と解除とを訳し分ける。

　もっとも、継続的契約の解除が「解約（résiliation）」と表現されるとしても、本書第 2 部の分析の中心をなす裁判解除準則は継続的契約にも妥当する（賃貸借契約の解除につき、小柳春一郎『近代不動産賃貸法の研究』（信山社、2001 年）183-186 頁を参照）。それゆえ、一般的な記述においては「解除」の語句を用いる。

198　第2章　役務賃貸借における一方的解除

（3）　これに対して、期間の定めのある役務賃貸借の場合には、契約当事者の一方がその意思のみによっていつでも契約を終了させることができるわけではない。債権債務関係の一般規定である民法典 1134 条が適用されるからである[7]。したがって、契約当事者の一方が相手方の同意もなく期間経過前に契約を終了するには、同じく債権債務関係の一般規定である民法典 1184 条により、契約の解除を裁判所に請求しなければならない[8]。しかし、判例では、この原則に対する例外則が認められることになる。節を改めて検討する。

第2節　期間の定めのある役務賃貸借の一方的破棄

第1款　判例法理の確立

1　一方的破棄の否定

まず、先に示した原則に従い、期間の定めのある役務賃貸借（以下、文脈により、「有期役務賃貸借」と略す）を裁判外で一方的に破棄する[9]ことを認めない裁判例に検討を加える。期間の定めのない役務賃貸借において各当事者にその意思のみによる契約終了の権利を認めた 1890 年改正は、期間の定めのある役務賃貸借には適用されないものの[10]、明瞭なコントラストをなすものである。

6）1890 年 12 月 27 日の法律による改正の前後を含め、フランスの解雇権濫用法理の歴史的展開について、野田進『労働契約の変更と解雇』（信山社、1997 年）169 頁以下、とりわけ 174 頁以下を参照。

7）Laurent, supra note 4, n° 509, p. 562; Guillouard, supra note 4, n° 727, p. 249. また、A. M. Demante/ E. Colmet de Santerre, Cours analytique de code civil, tome 7, 1873, p. 337, n° 231 bis. II; G. Baudry-Lacantinerie/ A. Wahl, Traité théorique et pratique de droit civil, Du contrat de louage, tome 2, 1. partie, 3e éd., 1907, n° 2879, p. 569 も、1134 条に明示的に言及しないが、一方当事者の意思のみによって期間の定めのある役務賃貸借を終了させることができないことを述べる。

8）Laurent, supra note 4, n° 509, p.563. また、1184 条に明示的に言及しないものとして、Guillouard, supra note 4, n° 727, p. 249; Baudry-Lacantinerie/ Wahl, supra note 7, n° 2899, p. 581.

9）以下の記述において、破棄（する）という表現を rupture あるいは rompre の訳語として用いるが、一般的な記述においては、事実として契約関係から離脱する事態を指すものとして用いる。

10）破毀院民事部 1902 年 11 月 24 日判決（D. P. 1904, 1, 60; S. 1903, 1, 12）は、1890 年 12 月 27 日の法律は期間の定めのない契約にしか適用されない、とする。

そこで以下では、1890 年改正を一つの区切りとして、主にそれ以後の裁判例を取り上げる[11]。

○ブザンソン控訴院 1896 年 12 月 30 日判決[12]

裁判外での有期役務賃貸借の一方的破棄を認めない立場を示す一例として、ブザンソン控訴院 1896 年 12 月 30 日判決を挙げることができる。雑誌編集長 X が雑誌の所有者（propriétaire）である Y との間で 1 年間 4000 フランの給料という条件で役務賃貸借契約を締結したが、X の度重なる不適切な言動を理由に Y が X を解雇したので、この突然の解雇を理由に X が Y に対して 4000 フランの賠償金（indemnité）を請求したという事案である。X の請求を一部認めて Y に 700 フランの賠償金の支払を命じた原審に対し、Y が控訴し、X も付帯控訴した。

ブザンソン控訴院は、雑誌所有者はその編集について絶対的な主人であるので、編集者を任意に解雇する権利を有し、その決定の理由を正当化する必要もなく、編集者に対して損害賠償の義務を負わないこと[13]、その厳格さに対してなされた緩和策はこの原則を変えるものではなく[14]、1890 年 12 月 27 日の法律もこの原則に何の修正ももたらさないことを述べた上で、次のように言う。すなわち「しかしながら、この原則が適用されるのは、約務が期間の定めなく為された場合のみである。雑誌所有者の権利が絶対的であるのは、約務の条件および期間を規律し、当事者たちにとって唯一の法律となる契約が存在しない場合に限られるからである。このような契約が証明されるとき、雑誌所有者が契約の効果を終了させることができるのは、編集者に対して申し立てられた不利益（griefs）がどのようなものであったとしても、裁判所に請求することに

11) 1890 年改正以前の有期役務賃貸借の一方的破棄に関する裁判例として、Paris, 1 février 1873, D. 1873, 2, 166; S. 1873, 2, 87 を参照。

12) Besançon, 30 décembre 1896, D. P. 1898, 2, 86.

13) ブザンソン控訴院は、ここで、破毀院民事部 1864 年 8 月 31 日判決（D. P. 1864, 1, 372）および破毀院民事部 1865 年 1 月 24 日判決（D. P. 1865, 1, 40）を引用する。これらの判決は、雑誌所有者が解雇の権利を有しており、その行使によって相手方に対して損害賠償義務を負わない旨を判示する。

14) ブザンソン控訴院は、ここで、破毀院民事部 1867 年 8 月 19 日判決（D. P. 1867, 1, 372）を引用する。この判決は、雑誌所有者の有する解雇の権利の行使は事情に従い衡平と合致するものでなければならない旨を判示する。

200　第 2 章　役務賃貸借における一方的解除

よってのみである（民法典 1184 条）」。以上のように述べたのち、ブザンソン控
訴院は、X が 1 年間 4000 フランの給与で雇用されていること、X の義務は期
間について定めのあるものであり、双方の合意がなければその解除は裁判に
よってのみ可能であること、Y は裁判上の手段に訴えることなく契約を破棄し
ており、損害賠償を生じさせるフォート（faute）を犯していることを指摘して、
X の請求を認める原審の判断を肯定した。

　ブザンソン控訴院判決についてまず確認されるべきは、裁判解除準則に関す
る争点の形式である。事案として見れば、本件では、Y による契約破棄は X の
度重なる不適切な言動を理由とする。しかし、争点として現れているのは、X
の行為が解除原因たる不履行を構成しうるか否かではなく、裁判上の手段によ
ることなく契約を破棄した Y の行為が裁判解除準則に抵触するか否か、である。
　第 2 に確認すべきは、争点における裁判解除準則の作用の仕方である。Y の
契約破棄行為が裁判解除準則に抵触するか否かという問題が、破棄行為の効力
の問題すなわちそれにより契約が有効に消滅するか否かという問題に直接的に
結びつけられてはいない。Y による契約破棄が裁判外で行われ、その相手方た
る X が損害賠償を求め、その判決の中で裁判解除準則が論じられる。ここでは、
裁判解除準則は、一方的な契約破棄を行った者の損害賠償義務の存否を判断す
る基準として作用している[15]。

15）裁判解除準則がどのように作用するかは、事案の形態により異なる。その一例として、
　破毀院審理部 1897 年 12 月 1 日判決（Cass. req., 1 décembre 1897, S. 1899, 1, 174; D. P.
　1898, 1, 289 note Planiol）を見てみる。事案および判旨は次のようなものである。すな
　わち、ホテルの所有者 X と電気会社 Y との間でホテルに照明器具を提供し電流を供給す
　る契約が締結されたが、Y から請求書が示されるたびに X が異議を唱えて値引きを迫り、
　また電流設備の設置にも協力的でないという状況にあった。そのような中、X が約
　3360 フランの債務者となり、この支払を拒絶したので、Y は電流の供給を停止した。
　X は契約どおりに電流を供給することを求めて提訴した。第 1 審および第 2 審ともに、
　Y に対し、アストラント（astreinte）の下で電流供給を命じた。Y が上告したが、破毀
　院審理部は、1184 条に従って、「双務契約では、当事者の一方がその約務をしない場合
　に解除条件は暗黙に了解されている」という場合、「契約は当然には解除されない」こ
　とを前提に、本件では、Y が自己に支払われるよう主張する金額の弁済を請求できると
　しても、また X の非行を申し立てて XY 間にある合意の解約を請求できるとしても、
　「Y は独断で（de leur propre autorité）その合意を破棄することはできず、合意が存在
　しなくなるのではない」と述べて、アストラントの下での電流供給を命じた原審判決を

第 2 節　期間の定めのある役務賃貸借の一方的破棄　**201**

確認すべきことの第 3 は、既給付それ自体の返還が利害関係上の主たる関心ではないこと、解除の機能に即して言えば、契約関係からの将来に向けての離脱が主たる関心であること、である。

○破毀院審理部 1906 年 1 月 10 日判決[16)]

契約を解除するには裁判上の請求を要するという実務の態度は、破毀院審理部 1906 年 1 月 10 日判決でも確認できる。事案の詳細は不明であるが、X が技師の資格で Y の商店に入り、14 年間の期間で役務賃貸借契約を締結したものの、およそ 3 年が経過した時点で Y が契約の解除と清算を求めて提訴した。裁判所では契約を破棄する理由が不十分であるとして請求が認められなかったので、Y は、控訴した上で X を解雇した。この行為を受けて、X が契約の解除と損害賠償を求める別の訴えを提起したのが本件である。第 1 審裁判所は、Y による解雇は「個人的な動機（considérations personnelles）」によるものであり決して正当化されないとして X の請求を認め、控訴院もこれに従った。Y が民法典 1184 条、1780 条等の違反および誤適用を理由に上告したところ、破毀院は「本件では、期間の定めのある約束が問題であり、契約当事者の一方の意思に依拠して契約の効果を停止させることはできない」と述べて、上告を棄却した。

○破毀院民事部 1909 年 8 月 4 日判決[17)]

同種の判断を示すものとして、破毀院民事部 1909 年 8 月 4 日判決がある。本件もまた事案の詳細は不明であるが、X は Y の機械製作所（scierie mécanique）の職長（contremaître）として 1907 年 11 月 4 日から 1908 年 1 月 31 日までの期間で雇われたところ、1907 年 11 月 14 日には X が労働契約を破棄したという事案で、破毀院は、合意期間満了前の履行拒絶は使用者のための損害賠

民法典 1134 条及び 1184 条の正確な適用であるとして是認し、上告を棄却した。

　この判決は、一般には、解除が裁判によらねばならないことを示す裁判例として、20 世紀前半の概説書類で引用される（例えば、G. Baudry-Lacantinerie/ L. Barde, Traité théorique et pratique de droit civil, Des obligations, tome 2, 3ᵉ éd., 1907, nᵒ 923, p. 115 note 5; M. Planiol/ G. Ripert/ P. Esmein, Traité pratique de droit civil français, tome 6, 2ᵉ éd., 1952, nᵒ 428, p. 576 note 5）。しかし、本件の評釈において、プラニオルは、契約の破棄の問題ではなく、契約の履行を継続することの暫定的な拒絶、すなわち契約不履行抗弁の問題であると指摘する（Planiol, Note sous 1 décembre 1897, D. P. 1898, 1, 289）。

16) Cass. req., 10 janvier 1906, D. P. 1906, 1, 104.

17) Cass. civ., 4 août 1909, D. P. 1911, 1, 224.

202 第2章 役務賃貸借における一方的解除

償請求に道を開くものであると述べて、上告を棄却した[18]。

2 適法な一方的破棄

　以上のように、判例においても、債権債務関係の一般原則に従い、合意された期間の満了する前に当事者の一方がその意思のみで契約を終了させることはできず、契約の解除は裁判によらねばならない。しかし、判例の動向を子細に見れば、19世紀末から20世紀初頭にかけて、役務賃貸借に期間の定めがあるにもかかわらず、期間満了前に当事者の一方が裁判所の判決によらずに契約を終了させることを認める裁判例がいくつか存在する。

○パリ控訴院1887年5月10日判決[19]

　例えば、1890年改正前の下級審判決であるが、1887年5月10日のパリ控訴院判決がある。XがYに15年の期間でタピオカ製造工場の管理を任せたが、Yが横領（abus de confiance）の前科を隠しており、依頼した仕事に相応しいものでないので、Xが雇用期間満了前に裁判所に請求することなく、また賠償金を支払うこともなくYを解雇したところ、Yが損害賠償（年給3600フランに対し、20万フランの損害賠償）を求めて提訴したという事案である。第1審であるセーヌ商事裁判所は一定の限度（1万5000フラン）でYの請求を認容したので、Xが控訴し、Yも付帯控訴したところ、パリ控訴院は、Yが有罪判決を受けていたことはXに対する第三者の信頼を失わせるものであることから、Xには、賠償金を与えることなくYを解雇する権利がある、と判断した。

　この判決では、契約を一方的に破棄された役務賃貸人Yからの損害賠償請求に対し、役務賃借人であるXには解雇すなわち契約終了の権利があるとして、損害賠償請求を棄却する。Xによる解雇は裁判所の判決によらない契約終了であるが、判決理由では、裁判解除準則を定める1184条との関係は示されていない。

18）また、破毀院民事部1911年7月11日判決（Cass. civ., 11 juillet 1911, D. P. 1912, 1, 69）も、傍論部分の説示であるが、使用者による賃金不払いがあるとしても、それは契約の解除を当然に引き起こす性質のものではない、とする。

19）Paris, 10 mai 1887, D. P. 1887, 2, 76.

○破毀院審理部 1889 年 5 月 1 日判決[20]

民法典 1184 条との関係を認識した上で下された判決例として、破毀院審理部 1889 年 5 月 1 日判決を挙げることができる。製糸工場を営む A 社の支配人 X と技師 Y との間で、Y がその工場に従業員として加わる契約が締結されたが、同時に、一定の時期以降に X は Y を一定の給料で A 社の管理業務に推薦するとの条件の下で、Y が当該工場を辞めてもベルギーおよびフランス北部の同種の製糸工場で働くのを禁止することが取り決められた。しかし、工場の管理職に Y を推薦する義務を X が守らなかったので、Y はリール地方にある別の製糸工場で支配人として働くために、X の会社を離れた。X は Y にリール地方の工場を辞めるように裁判で求めたが、ドゥエ控訴院は、X は、自らの行為ないし意思によって実現されていない条件を根拠とする合意について、その履行を Y に請求することはできない、と判示した。これに対して X が 1184 条違反を理由に上告したが、破毀院審理部は、控訴審判決は 1184 条に違反していないと述べて、この上告を棄却した。

本件では、役務賃貸人である Y が契約を裁判外で終了させており、役務賃借人である X がこの点を 1184 条に違反すると主張している。本判決はこの主張を認めないのであるから、結論的には、裁判所の判決によらない契約終了を不当とはしないことになる。先と異なり、上告理由で 1184 条違反が唱えられている点で注目すべきであるが、破毀院は単に 1184 条に違反していないと述べるのみであり、その理由を積極的に展開していない。

○破毀院民事部 1910 年 1 月 4 日判決[21]

裁判所の判決によることなく契約を終了させ、それについて 1184 条違反が問題とされているものとして、1910 年 1 月 4 日の破毀院民事部判決を挙げることができる。ある地域に安定した関係を有していた商事代理人 Y が、その地域で商社 X の生産品を販売する契約を締結したが、しばらくして X が、Y の後

---

20) Cass. req., 1 mai 1889, S. 1892, 1, 372.

21) Cass. civ., 4 janvier 1910, S.1911, 1, 195. これは、現在でも引用される基本的な裁判例の一つである。例えば、Y.-M. Laithier, Étude comparative des sanctions de l'inexécution du contrat, 2004, n° 189, p. 268 note 300; T. Genicon, La résolution du contrat pour inéxecution, 2007, n° 559, p. 398 note 135; A. Brès, La résolution du contrat par dénonciation unilatérale, 2009, n° 21, p. 17 note 87 を参照。

204　第2章　役務賃貸借における一方的解除

任となることを予定して、別の代理人AをYの巡回行商（tournées）に同行さ
せた。これを理由に、Yは、契約で定められていた1週間の解約予告をXに対
して行うことなく、仕事を辞めてしまった。そこでXはYに対して損害賠償を
請求し、他方でYもXの悪意ある行為により仕事を辞めざるを得なかったとし
て、損害賠償請求の反訴を提起した。第1審であるサンテティエンヌ商事裁判
所はXの請求を棄却し、Yの反訴請求を認容した。控訴審の詳細は不明である
が、第1審と同様にYの請求を認容したようである。Xは、裁判所に提訴する
ことなく双務契約を解除することを認めた点で1184条違反があることを理由
に上告した。

　破毀院民事部は、Yの顧客を奪うためにXが新たに別の代理人をYに同行さ
せた点を重視して「このような事情の下、控訴審裁判所は、自らの不誠実
（mauvaise foi）により契約の破棄を引き起こした当事者〔本件ではX：筆者〕は
1184条の規定を利用することについて権利を有さず、反対に、契約相手方に
対して賠償を付与する義務を負うと判断したのであり、上告理由の指摘する法
律に何ら違反していない」と判断した。

　この判決もまた、役務の賃貸人による裁判外での契約破棄を、後の裁判で認
めている。上告理由ではこの契約破棄が1184条の定める裁判解除準則に反す
ると指摘されたが、破毀院はその契約破棄が相手方の「不誠実（mauvaise foi）」
に起因するものであることを根拠に同条違反はないとする。形式的には、この
ような根拠付けをもって、裁判解除準則に対する例外則を認めていると言える。

○破毀院民事部1914年6月15日判決[22]

　先の判決では、裁判外での一方的破棄が相手方の不誠実な態度によって正当
化されていた。しかし、契約の一方的破棄の正当化は、このような枠組みのみ
によるのではない。例えば、破毀院民事部1914年6月15日の判決である。事
案は、2年間の役務賃貸借において契約締結から4ヶ月後に使用者Yが職務の
怠慢を理由に労働者Xを解雇したので、XがYに損害賠償を請求したというも
のである。同判決は、まず、「期間の定めのある役務賃貸借の場合、契約当事
者たちは定められた期限まで各自がその義務を履行せねばならず、そして当事

---

22) Cass. civ., 15 juin 1914, D. P. 1918, 1, 32.

者の一方には相手方に対して契約の解約を正当化するのに十分な不利益（griefs suffisants）があると主張したとしても、民法典1184条3項の規定に従い、この解約は裁判所に請求されねばならない。したがって、裁判所の判決を経ない一方的な破棄は、この破棄を受ける者にとって、この破棄を押しつけた者の負担での賠償を求める権利となることもある」と原則を述べた上で、「しかしながら、そのようなこと〔一方的破棄：筆者〕を理由にして提起された訴えに対して、契約を破棄した当事者は、相手方が自己の負担する債務を履行しないことでその破棄を必然的なもの（nécessaire）としたとの反論を申し立てることができる」として、Xの損害賠償請求を棄却した原審の判断を正当なものとした。

この判決は、1184条3項により解除が裁判上請求されねばならず、これに違反した者には損害賠償の義務が生じうることを述べる。しかしその上で、裁判解除準則に反して一方的に契約を破棄する行動について、それが相手方の行為に起因する必然的なもの（nécessaire）であったとの主張によって正当化できることを認める。すなわち、形式的には、この理由付けをもって、裁判解除準則に対する例外を正当化していると言える[23]。

○破毀院審理部 1920 年 12 月 20 日判決[24]

期間の定めのある役務賃貸借とは契約類型が異なるが、契約の一方的破棄が

23）類似の定式を用いる裁判例として、破毀院民事部1936年4月25日判決（Cass. civ., 25 avril 1936, G. P. 1936, 1, 879）がある。Xは、自動車修理工場経営者（garagiste）であるYに、自動車販売を担当する協力者として、1年の期間で雇われた。しかし、役務の3ヶ月半を過ぎたところで、Xは、能力不足を理由に解雇され、その後自らの落度を理由とする解約について労働裁判所（Conseil de prud'hommes）に呼び出されたので、Yに対する反訴請求として、期間の定めのある役務賃貸借を正当な理由なく破棄したことによる損害賠償を求めた。破毀院は「期間の定めのある役務賃貸借では、相手方に対して契約の解約を正当化するのに十分な不利益（griefs suffisants）があると主張する者は、原則として、民法典1184条の規定に従い裁判所にこの解約を請求せねばならず、この者が裁判所の判決の介在なく契約を破棄することができるのは、相手方が自己の負担する債務に対する重大な違反によってこの破棄を必然的なもの（nécessaire）とした場合である」と述べ、Xと同じ時期に同じ期間で雇われた者が12台あるいは9台と売り上げているのに対してXは8人の顧客を訪ね1台しか売り上げておらず、気力あるいは能力がないゆえにYの解雇を正当化する原審の判断を肯定した。

24）Cass. req., 22 décembre 1920, S. 1922, 1, 369 note Morel. これは、現在でも引用される

206　第2章　役務賃貸借における一方的解除

問題となった事例として、破毀院審理部 1920 年 12 月 20 日判決を見ておきたい。戦時中に公的組織である国立石炭事務所（Bureau national des charbons）と取引するために商人間で団体が組織され、各構成員は、艦隊の支援でもって到着した石炭を国立石炭事務所の指示に従い配分する義務を負担していたところ、構成員の 1 人である商人 X が船舶で到着した積荷のすべてを自らのものとしたので、この団体から除名されてしまった。そこで X はこの商人団体のその他の構成員 Y らに対して損害賠償を請求した。X の請求は第 1 審のルアン商事裁判所の判決で棄却され、ルアン控訴院も同様であった。X は、契約の解除は裁判上言い渡されねばならないところ、Y らは X を団体から除名することによって自らの判断で濫用的に契約を破棄しているとして、民法典 1184 条等の違反を理由に上告した。

　　破毀院は、「X は国立石炭事務所の指示と命令に厳格に従う義務を負担し、救護艦隊の支援でもって取引された石炭を最も国の利益になるように配分することを引き受けているが、前記事務所の命令を全く考慮に入れず、蒸気船 Grave 号の積荷すべてを自らのためにのみ保持した。このような契約不履行の結果、国立石炭事務所と取引するために設立された団体は X との関係を破棄したのである。このような契約破棄は、食料補給の組織のなかで当該団体とそれが属する権力との関係を損ねる行動の不可避の帰結（conséquence inévitable）でしかない」と述べて、控訴院の判断は上告理由の挙げる条文のいずれにも違反していないとした。

　　ここまでの検討と対比して述べれば、この判決における裁判外の一方的破棄を正当化する形式的枠組みは、相手方の行為からの「不可避の帰結（conséquence inévitable）」である。

○破棄院民事部 1896 年 2 月 26 日判決[25]

　　期間の定めのある役務賃貸借において期間満了前に裁判外で行われる一方的破棄は、裁判解除準則を定める 1184 条との関係のみでなく、その前提である

　　　基本的な裁判例の一つである。例えば、Laithier, supra note 21, n° 189, p. 268 note 299; Genicon, supra note 21, n° 559, p. 398 note 136; Brès, supra note 21, n° 21, p. 17 note 86 を参照。

　25)　Cass. civ., 26 février 1896, D. P. 1896, 1, 158; S. 1897, 1, 187.

契約の拘束力の原理を示す1134条との関係においても問題を引き起こす。このような観点から一方的破棄の適法性が問題となった例として、破棄院民事部1896年2月26日判決がある。事案は、XがY夫妻の家事使用人として7ヶ月半の期間で役務を引き受けたが、役務開始から2ヶ月後に妊娠を理由にYに解雇されたので、XがYに契約期間中に支払われる給金および損害賠償の支払を求めたというものである。治安裁判所は契約期間中の給金と賠償金100フランの支払をYに命じた。これに対して、控訴院は、契約破棄は正当な理由に基づくというYの主張が検討されていないとして、この点について、Xが妊娠の有無に異議を唱えないこと、Xが医師の診断を受けたがその結果をYに告げるのを拒否していることなどからYはXを解雇できると信じることができたこと、また実際上も妊娠に由来する労働上の不自由や不便さのあることを考慮して、治安裁判所の判決を変更し、Yに賠償義務はないとした。Xは、控訴審判決が2ヶ月の役務に対する給金さえも認めていないこと、期間の定めのある役務賃貸借において裁判所の判決なく一方当事者の意思により契約を破棄する権利を認めてしまっていることの2点につき、それぞれ1134条等の違反を理由に上告した。

　破毀院は、後者の上告理由について「事実審裁判官に委ねられる唯一の問題は、Yが、7ヶ月半という定められた期間で仕事をさせるために雇ったXを2ヶ月後に解雇することでフォート（faute）を犯したかどうかである」とした上で、控訴審判決の確認した事実からは、Xが自らの態度（attitude）とりわけ医師によるYへの診断結果の告知を承諾しないことにより、自らが妊娠しているとYに思わせたことが分かり、これを理由として控訴審判決は損害賠償の名目での期限未到来の給金の支払を認めていないのであって、1134条に違反するものではない、と述べて、上告を棄却した。もっとも、前者の上告理由については、治安判事が認めた132フランの支払のうち100フランは解約がなければXが得られた給金であるとの理解のもとでこれを受け入れ、Xに対する2ヵ月分の給金の支払を認めなかった控訴審判決を破毀した。

　この破毀院判決では、期間満了前に解雇されたXからの損害賠償請求につき、この請求を否定するなかで、雇主であるYによる解雇即ち裁判外での契約破棄が肯定されている。その正当化の論理は一方的破棄の相手方である被用者の態

度（attitude）に向けられている。しかし、裁判解除準則との関係が前面に出ているのではなく、焦点は合意期間満了前の契約終了が相手方への損害賠償を義務づけるかどうかに置かれている。

第2款　判例法理の諸側面

1　正当化の枠組み

(1)　裁判解除準則に字義通りに従えば、契約当事者は相手方の不履行を理由に契約関係を終了させるときには、まずもってこれを裁判所に申し立てねばならない。しかし、19世紀末から20世紀初頭にかけての裁判例では、個別の事案において、この原則に抵触して裁判所への提訴なく契約を破棄しても、原則との抵触を不問に付し、結論としてはこの破棄を正当とする例外則が形成されていた。裁判外での契約の一方的破棄を認めるこの例外則は、相手方の不誠実（mauvaise foi）、相手方の行為に起因する必然的なもの（nécessaire）、相手方の行為からの不可避の帰結（conséquence inévitable）、といった定式の下で正当化されていた。

(2)　20世紀初頭は役務賃貸借契約から労働契約が独自の契約類型として独立してくる[26]時期に柾当する。以上に取り上げた裁判例のうち、労働契約に関する事例として評価できる幾つかは、20世紀中葉に破毀院社会部を中心に展開する、有期労働契約の期間満了前解約を相手方に十分に重大なフォート（faute suffisamment grave）があるときに認める判例法理[27]の先駆けとして位置づけられる[28]。この判例法理はやがて労働法典に組み込まれる[29]ことにな

---

26)　この展開を役務賃貸借契約の側から見るものとして都筑満雄「フランスにおける請負契約の性質決定と再定位の議論に見る各種契約の一般理論と新たな契約の分類（1）」南山37巻3・4号（2014年）156-157頁および F. Labarthe, Du louage d'ouvrage au contrat d'entreprise, la dilution d'une notion, in: Études offertes à Jacques Ghestin, Le contrat au début du XXIᵉ siècle, 2001, nᵒ 7-10, p. 492-495 を、労働契約の側からのものとして野田進「労働契約理論における民法の一般原則」阪法149・150号（1989年）202-203頁を参照。

27)　その概要につき、G. H. Camerlynck, Contrat de travail, 1968, nᵒ 276-278, p. 461-463; A. Brun/ H. Galland, Droit du travail, t. 1, 1978, nᵒ 631, p. 806-808 を、また、有期労働契約に関する当時の一般的な法状況につき、大山盛義「労働者派遣法制の研究（2）」都法40巻2号（2000年）361-362頁を参照。

第2節　期間の定めのある役務賃貸借の一方的破棄　**209**

る[30]。

（3）　これに対し、民法の分野では、判例において認められた裁判解除準則に

28）　P. Durand, Traité de droit du travail, tome 2, 1950, n° 471, p. 887; M. Planiol/ G. Ripert/ A. Rouast, Traité pratique de droit civil français, tome 11, 2ᵉ éd., 1954, n° 853, p. 98; A. Dunes, La rupture anicipée du contrat à durée déterminée, Dr. soc., n° spéc. sept/oct 1980, p. 66 は、1896 年 2 月 26 日判決および 1914 年 6 月 15 日判決を引用する。

29）　有期労働契約の期間満了前終了に関し、フランスにおける有期労働契約に関する最初の立法である 1979 年 1 月 3 日の法律第 79-11 号は、労働法典 L.122 条の 1 第 3 項に「当事者の合意又は裁判解除の場合を除き、期間の定めのある労働契約は、重大なフォート（faute grave）又は不可抗力（force majeure）のある場合以外は、期間満了前にこれを解約することはできない（ne peut être résilié）」との規定を置くことで、民法典 1184 条の定める裁判解除の外側に、重大なフォート等を理由とする裁判外の解除の方法を認める。

　　労働法典 L.122 条の 1 は、1982 年 2 月 5 日のオルドナンスにより、労働法典 L.122 条の 3 の 9 となる。同条第 1 項は「当事者の合意がある場合を除き、期間の定めのある契約は、重大なフォート又は不可抗力のある場合以外は、期間満了前にこれを破棄することはできない（ne peut être rompu）」と定め（条文訳として、約仕憲一郎「期間の定めのある労働契約に関する 1982 年 2 月 5 日のオルドナンス」日本労働協会雑誌 312 号（1985 年）78 頁）、裁判解除への言及が条文から抜け落ちる。しかし、1982 年 2 月 23 日の通達（circulaire）において、裁判解除による期間満了前の破棄の可能性が示されていないのは、1184 条の適用において常にこれが可能であるからである、とされる（J. O., Lois et Décrets（13 mars 1982）, p. 833, 837）。

　　労働法典 L.122 条の 3 の 9 は、1986 年 8 月 11 日のオルドナンスにより、労働法典 L.122 条の 3 の 8 となる（条文訳として、矢部恒夫「フランスにおける有期労働契約規制法」修道 9 巻 2 号（1986 年）209-210 頁、島田陽一訳「フランス非典型的労働契約の新立法」労旬 1261 号（1991 年）52 頁を参照）。なお、労働法典 L.122 条の 3 の 8 に相当するのは、現行の労働法典では L.1243 条の 1 である。

　　以上につき、J. Ghestin/ C. Jamin/ M. Billiau, Traité de droit civil, Les effets du contrat, 3ᵉ éd., 2001, n° 446, p. 501-502; A. Brès, supra note 21, n° 575-577, p. 352-354 を参照。

30）　前注 29）に見たように、有期労働契約における裁判解除の可能性は、立法により排除されたのではない。しかし、1999 年以後の破毀院社会部の判例により、有期労働契約の使用者による裁判解除の訴えは受理されず、裁判外での期間満了前解約として扱われることになる。その結果、使用者は労働法典 L.1243 条の 1 による解約方法すなわち不可抗力あるいは労働者の重大なフォートを理由とする解約しか利用できず、この方法において実際に労働者の義務違反が重大なフォートと評価されないときは、労働法典 L.1243 条の 4 により、使用者には損害賠償義務が発生することになる。他方、有期労働契約の労働者による裁判解除の訴えは可能である。以上につき、Brès, supra note 21,

210 第2章 役務賃貸借における一方的解除

対する例外則は、学説により「緊急性（urgence）」という定式[31]で一般化される[32]。問題となった事案との関係で見れば、債権者に差し迫った危険のある場合あるいは債務者が極めて不誠実である場合に一方的破棄が認められているとも言えるが[33]、より抽象的な「緊急性」という概念でもって、契約の一方的破棄が正当化されると考えられた[34]。

2 妥当範囲

(1) 緊急性によって正当化される裁判外の一方的破棄の法理はどの程度の妥当範囲を有していたであろうか。

先に見たように、一方的破棄を認める例外則の形成は、期間の定めのある役務賃貸借を主たる事例としていた。ところが20世紀初頭には、労務を給付目的とする契約において期間の定めのある役務賃貸借の形式をとることはほとんどなく[35]、役務賃貸借契約の大部分が期間の定めのないものである[36]とされていた[37]。したがって、緊急性により正当化される一方的破棄の射程は、役

---

n° 603-605, p. 369-372 を参照。

31) R. Cassin, De l'exception tirée de l'inexécution dans les rapports synallagmatiques, 1914, p. 358 にはすでに「緊急性」の語が見られるが、一方的破棄の正当化という点で中心にあるのは、誠実という一般的な義務（l'obligation générale du bonne foi）の違反である。

32) 緊急性という定式化でこの例外則に言及する教科書および概説書類として、Planiol/ Ripert/ Esmein, supra note 15, n° 428, p.577; G. Marty/ P. Raynaud, Droit civil, les obligations, tome 1, 2ᵉ éd., 1988, n° 337, p. 348; P. Malaurie/ L. Aynès, Cours de droit civil, tome 6, Les obligations, 9ᵉ éd., 1998, n° 754, p. 444. また、論文あるいは著作として、M. Vasseur, Urgence et droit civil, RTD civ. 1954, n° 11, p. 421; P. Jestaz, L'urgence et les principes classiques du droit civil, 1968, n° 217 et s., p. 183 et s.; D. Tallon, Les remèdes - Rappot français, in: D. Tallon et D. Harris（dir.）, Le contrat aujourd'hui: Comparaisons franco-anglaises, 1987, n° 18, p. 277; M. Storck, Résolution judiciaire, in: Juris-classeur civil, 1997, Art. 1184, Fasc. 10, n° 127, p. 28-29; M.-È. Pancrazi-Tian, Résolution et résiliation judiciaires, in: La cessation des relations contractuelles d'affaires, 1997, p. 67.

33) 本節で取り上げた裁判例につき、Genicon, supra note 21, n° 559-560, p. 398-400 はこのような観点で整理する。もっとも、最終的にはより抽象化して、本文にあるような緊急性という観点を持ち出す。

34) Laithier, supra note 21, n° 190, p. 270.

35) Planiol/ Ripert, supra note 5, n° 1879, p. 651.

36) Baudry-Lacantinerie/ Wahl, supra note 7, n° 2914, p. 589.

務賃貸借という契約類型内においてすでに限定されたものであった。

　もっとも、このことは、期間の定めのない役務賃貸借において裁判解除準則がそのまま妥当したことを意味するのではない。1890年改正において認められた一方当事者の意思のみによる契約終了に関する規律は、20世紀に入ると労働法典に収められ[38]、20世紀中葉の労働法学では契約終了に裁判を要する1184条は大きな利益をもたらさないと認識されるに至る[39]。すなわち、民法典に規定されているという意味で普通法（droit commun）である裁判解除準則は、労働法の領域では、その主たる対象である期間の定めのない労働契約の属性ゆえに、異なる姿で妥当した。別言すれば、裁判外の一方的破棄という民法典から見た例外則は、特別法たる労働法においては、原則的な地位を占めるものであった。

　(2)　給付目的である役務を緩やかに捉えて視野を広げてみても、適用領域の限定性は否めない。広い意味で役務を契約の目的とする契約類型については、その類型に固有の規定により、裁判所の判決を要することなく契約を解除することが認められている。例えば、内容上は請負契約にかかわるものであるが、法典上は「仕事および勤労の賃貸借」の節に置かれる仏民1794条は、「注文者は、たとえ仕事がすでに始められている場合であっても、その単なる意思によって、請負人にそのすべての支出、すべての作業およびその請負人がその請負から得ることができたであろうすべてのものを賠償して、一括請負契約（marché à forfait）を解約する（résilier）ことができる」と定める。いわゆる注文者の任意解約権を定める規定である。

　19世紀の学説は、1794条の適用範囲を広く理解しようと試みる。例えば、

---

37)　法律において、期間の定めのある労働契約の例外性が承認されるのは、1982年2月5日のオルドナンスが労働法典L.121条の5に「労働契約は期間の定めなく締結される」との規定を定めたことによる。浜村彰「フランスにおける有期労働契約法」労旬1229号（1989年）32頁。なお、労働法典L.121条の5に相当するのは、現行の労働法典ではL.1221条の2である。

38)　民法典1780条は1910年に成立する労働法典に再録される。野田・前掲注6）189頁注15。

39)　Camerlynck, supra note 27, n° 276, p. 461.; G. H. Camerlynck, Droit du travail, Le contrat de travail, tome 1, 2ᵉ éd., 1982, n° 657, p. 668 et n° 429-432, p. 459-464.

212 第2章 役務賃貸借における一方的解除

注文者の任意解約権が認められるのは、文言上は、一括請負契約についてのみであるが、出来高支払の請負契約（marchés à la piece ou la mesure）などにも適用可能であると解釈される[40]。また、請負人が材料提供をする請負契約への適用の可否も、それが売買契約に近づくことから問題とされたが、適用を肯定する見解が多数を占め[41]、破毀院もこの見解に与する[42]。

(3) 最後に、役務を給付目的とする契約と対をなす売買契約に目をやると、19世紀にはなおも裁判解除準則が遵守されている[43]。結果として裁判によることのない契約解除を認める裁判例も見られるが[44]、裁判外の一方的破棄という判例上の例外則が正面から売買契約に及ぶのは、20世紀の後半のことである[45]。

3 裁判解除準則との関係

(1) それでは、緊急性を根拠に裁判外での一方的破棄を認める判例法理は、裁判解除準則との関係でどのように理解されたであろうか。

確かに、この判例法理によれば、契約当事者は裁判所の判決によることなく

---

40) Guillouard, supra note 4, nᵒ 804, p. 327-328;T. Huc, Commentaire théorique et pratique du code civil, tome 10, 1897, nᵒ 430, p. 599; C. Aubry/ C. Rau, Cours de droit civil français, tome 4, 4ᵉ éd., 1871, § 374, p. 528 note 12; C. B. M. Toullier/ J. B. Duvergier, Le droit civil français, tome 4, 1837, nᵒ 371, p. 422; A. Duranton, Cours de droit français suivant le code civil, tome 17, 1833, nᵒ 257, p. 252.

41) Guillouard, supra note 4, nᵒ 805, p. 328-329; Huc, supra note 40, nᵒ 430, p. 599; Aubry/ Rau, supra note 40, § 374, p. 528 et note 11; Toullier/ Duvergier, supra note 40, nᵒ 335, p. 390; F. Laurent, Principes de droit civil, tome 26, 2ᵉ éd., 1877, nᵒ 19, p. 22-23; G. Baudry-Lacantinerie/ A. Wahl, Traité théorique et pratique de droit civil, Du contrat de louage, tome 2, 2. partie, 3ᵉ éd., 1907, nᵒ 4093, p. 1175. また、やや時代は下るが、Planiol/ Ripert/ Rouast, supra note 28, nᵒ 937, p. 177-178.

42) Cass. civ., 5 janvier 1897, D. P. 1897, 1, 89 note Planiol; S. 1897, 1, 73.

43) Cass. civ., 12 décembre 1876, D. P. 1877, 1, 228; S. 1877, 1, 459 は、代金不払いを理由に行われた裁判外での契約解消の効力を認めない。

44) Cass. req., 4 janvier 1927, D. H. 1927, 65; S. 1927, 1, 188 は、買主による商品引取の明確な拒絶が、付遅滞を要することのない当然解除を引き起こし、売主を引渡義務から免れさせる、とする。もっとも、この判決の重点は付遅滞なく損害賠償を認めるところにある。

45) CA Colmar, 7 février 1975, D. 1978, 168 note Ortscheidt.

第 2 節　期間の定めのある役務賃貸借の一方的破棄　**213**

契約関係から離脱することが可能となる。それゆえ当時は、裁判によらない当然解除が認められたのだとする見解も見られた[46]。

　しかし、この判例法理は、一般には、不履行を被った当事者に対して、裁判所の判決によることなく契約を解除する権利を付与するものとは理解されない。裁判によることなく契約を一方的に破棄する者は、「自らの危険と負担で（à ses risques et périls）」行動するに過ぎず[47]、その行為は事後的なコントロール（contrôle a posteriori）に服する[48]。すなわち、20 世紀初頭の判例において認められた契約の一方的破棄は、裁判による契約破棄の宣言に先行するもの[49]、あるいは裁判による解除の判断を先取りするもの（anticipation）でしかなく[50]、裁判解除準則を正面から否定して債権者に契約破棄の権利の行使を認めるものとは考えられていない。

　（2）　事後的なコントロールに服するという点を通して反対から見れば、緊急性による裁判外での一方的破棄は、裁判解除準則から導かれる一つの要請、すなわち解除の帰結を獲得するには先行して裁判所に訴え出ねばならないという事前訴求要請を回避するものだと言える。20 世紀前期の文献には、解除の裁

46）J. Levy, La résolution de plein droit des contrats, 1931, n° 3, p. 25.

47）R. Morel, Note sous 22 décembre 1920, S. 1922, 1, 370.

48）P. Ortscheidt, Note sous 7 février 1975, D. 1978, 172; Tallon, supra note 32, n° 18, p. 277; Storck, supra note 32, n° 128, p. 29.

49）Cassin, supra note 31, p. 358-359 et note 1 は、判例により認められる一方的破棄を裁判解除と明示の合意あるいは仏民 1657 条のような法律の条文による当然解除の間に位置づけた上で本文のように述べ、脚注においてそれは裁判解除と重なる（doubler）ものだとする。E. Lepeltier, La résolution judiciaire des contrats pour inexécution des obligations, 1934, n° 28, p. 62-63 もこの理解に依拠しながら裁判外の一方的破棄を論じる。

50）Brès, supra note 21, n° 21, p. 17-18. また、より抽象的にであるが、Laithier, supra note 21, n° 195, p. 277 は、一方的解除が 1184 条と調和することを述べる文脈において、それが裁判解除の先取り（anticipation）として理解されると述べ、Genicon, supra note 21, n° 687-688, p. 489-490 は、一方的破棄が法的行為（acte juridique）ではなく法的事実（fait juridique）であること（*op. cit.*, n° 682, p. 484）から、事実としての一方的破棄を裁判解除の先取り（anticipation）と理解し、この破棄でもって法的には契約は消滅しない、とする。さらに、C. Paulin, La clause résolutoire, 1996, n° 164, p. 178 は、約定解除と裁判解除との相違を述べる中で、このような一方的解除が債権者にとっての権利ではない旨を述べる。

214 第2章 役務賃貸借における一方的解除

判的性格を自判又は自力救済禁止の観点から説明するものがあり[51]、裁判外
での一方的破棄を認める判例法理は、自判又は自力救済禁止の原則を相対化す
ることで説明される[52][53]。このような説明においては、裁判解除準則の一帰
結である事前訴求要請は否定されるが、裏を返して言えば、裁判解除準則が含
む別の要請、すなわち契約の拘束力の解消は裁判所の判決によるとの要請は規
範としては維持されることになる。

第3款 ま と め

(1) 前章で論じた裁判解除準則の意義を今一度確認すれば、裁判官により履
行期間が付与されること、債務不履行の程度と態様および救済手段の適宜性に
つき裁判官が評価すること、裁判所の判決によってようやく契約の拘束力から
解放されること、それゆえに付遅滞の手続後もなお裁判所の判決までは当事者
は契約に拘束され追履行が可能であること、である。

本章で検討した、裁判解除準則の例外則によれば、契約関係からの離脱が裁
判によることなく認められる。したがって、この例外則においては、裁判官に
よる履行期間付与の契機を確保することは困難である。また、この例外則が対
象とする事例では解除を回避できるような追履行を想定しがたく、それゆえ、
付遅滞の手続により実際に履行がなされるか、また仮に解除訴訟が提起された
として実際に履行期間が付与されるかも疑わしい。このような意味において裁
判解除準則の意義は乏しいものとなる。

しかし、この例外則の下でも、裁判外の契約破棄が十分に正当化できないも
のであれば、契約を破棄された当事者は相手方に損害賠償を請求できるのであ
り、その場合には裁判官の評価権能が機能することになる。また、例外則によ

---

51) 例えば、L. Josserand, Cours de droit civil positif français, tome 2, 1930, n° 382, p. 182;
   R. Cassin, Réflexions sur la résolution judiciaire des contrats pour inexécution, RTD civ.
   1945, n° 5, p. 170-171. なお、近時のものとして、Genicon, supra note 21, n° 547, p. 388.

52) Planiol/ Ripert/ Esmein, supra note 15, n° 428, p. 577. また、Cassin, supra note 31, p.
   346 et s.および R. Demogue, Les notions fondamentales du droit privé, 1911, p. 650-652
   も参照。

53) J. Carbonnier, Droit civil, tome 4, 19 éd., 1995, n°190, p. 307 は、このような説明を広範
   に見られるものだとする。

れば確かに裁判によることのない契約関係からの離脱が認められるものの、その正当性は裁判による事後的な判断に服するのであり、その限りで契約の拘束力からの真の解放は裁判所の判決によらねばならないという論理も維持されている[54]。したがって、本章で検討した、19世紀末から20世紀初頭の裁判例において現れる例外則は、裁判解除準則の重要な諸点を否定するものではなく、またその意味と限りにおいて裁判解除準則の背骨となる契約の拘束力の原理と矛盾するものではなかったと言える。

　(2)　20世紀初頭に登場したドイツ民法典では、不履行を被った債権者に解除権を与え、これを意思表示により行使させる規定が設けられた。この意思表示による解除は、その簡便さゆえ、当時のフランスでも高く評価された[55]。20世紀の中葉にさしかかると、法比較の見地から、フランス民法典の裁判解除準則は過去のものとされ[56]、これに対する判例上の例外則である一方的破棄がドイツ民法典の意思表示解除に類似していることが指摘された[57]。

　確かに、裁判解除準則の下でも、債権者自らが常に解除の訴えを提起する必要はなく、債務者が提訴するのを待ち、その訴訟のなかで契約の解除を主張することができるのであり[58]、その限りで意思表示解除との違いはそれほど大

54）契約の拘束力が維持されるとき、契約を裁判外で不当に破棄された当事者が、拘束力を保持している契約に基づいて、損害賠償ではなく現実履行を求めることができるか、という問題が生じる。本書が対象とする時代にこの問題が積極的に論じられることはないが、現在の議論では否定的に捉えられている。Ghestin/ Jamin/ Billiau, supra note 29, n° 478, p. 540; Brès, supra note 21, n° 791-792, p. 508-511 を参照。

55）Baudry-Lacantinerie/ Barde, supra note 15, n° 900, p. 93 は、フランスの裁判解除の体系は当事者に時間と費用を強いるものであり、ドイツの体系の方が好ましいと述べる。

56）E, Rabel, Der Entwurf eines einheitlichen Kaufgesetzes, in: Zeitschrift für Ausländisches und Internationales Privatrecht, 9. Jahrgang, 1935, S. 71 は、契約の解消に訴えと判決を必要とするフランス民法典の準則は歴史的には価値のあるものだが、世界における売買法の展開はすでにとっくの昔にこれを超えている、とする。

57）L.-J. Constantinesco, La résolution des contrats synallagmatiques en droit allemande, 1940, n° 185-186, p. 317-321 は、意思表示解除を採用するドイツ法でも裁判所の介在を完全に排除することに成功してはおらず、裁判所による事後的な介在が生じうること、この点においてフランスの判例法で見られる一方的破棄と類似すること、ただし一方的破棄がドイツ法のシステムの下では法律で定められた一般的なものであるのに対し、フランス法では判例による例外的なものであること、を指摘する。

58）A. Flessner, Befreiung vom Vertrag wegen Nichterfüllung, ZeuP 1997, S. 273.

216　第2章　役務賃貸借における一方的解除

きいものではない。また、意思表示解除においても債務不履行の要件を満たしているか否かの最終的な判断は裁判所に委ねられているのであり[59]、その点では裁判による解除との違いはなく[60]、したがってまたその正当性が裁判による事後的判断に服する一方的破棄との間にも大きな隔たりはない。これらの論理を20世紀以降に現れる先の指摘や評価と重ね合わせるなら、判例において認められた一方的破棄を可能な限りで直ちに一般化する解釈論も考えられる。しかし、それにもかかわらず、フランスでは、20世紀前期にはなお、裁判外での一方的破棄は例外的で限られたものと認識されていた[61]。

　(3)　本書序論および第2部冒頭で示したように、2016年の民法典改正により、裁判による解除とならんで、通知による一方的解除が認められた。20世紀初頭の裁判例において例外的に認められた裁判外の一方的契約破棄からすればおよそ一世紀を要したことになる。その間の法展開をたどることは本書の課題を超える[62]。しかし、2016年改正を目前にしてもなお、「裁判外の契約の一方的破棄の原則は、非常に危険である」[63]と言われるとき、裁判解除準則が契約の拘束力の原理を背骨とするという20世紀前期に見られた構造は、フラン

---

59)　ハンス・ゲオルグ・レーザー（福田清明訳）「日本民法との比較におけるドイツ民法典の解除制度の発展史」西村重雄／児玉寛編『日本民法典と西欧法伝統――日本民法典百周年記念国際シンポジウム――』（九州大学出版会、2000年）515頁は、「契約解除権者の一方的な意思表示が諸要件充足を必要とし、その要件が充足されているか否かに関して、争いのある場合は最終的には裁判官が判断しなければならないということ」は、「一つのリスクであるが、このリスクは、ほとんど不可避的だと思われるし、多かれ少なかれすべての一方的な意思表示による法的救済手段に付着している」とする。

60)　H.-G. Landfermann, Die Auflösung des Vertrages nach richterlichem Ermessen als Rechtsfolge der Nichterfüllung im französischen Recht, 1968, S. 88 は、フランスの裁判解除とドイツの意思表示解除との比較分析を行うなかで、裁判による解除が個々の事案について衡平の原則による満足のいく解決となり、債権者の理由なき要求から債務者を有効に保護するという理解に対して、ドイツ法においても、裁判官による事後的なコントロールが債務者の保護を保証している、とする。

61)　Cf. Lepeltier, supra note 49, n° 28, p. 62; M. Planiol/ G. Ripert/ P. Esmein, supra note 15, n° 428, p. 577.

62)　まずもって、齋藤哲志「フランスにおける契約の解除（2・完）」法協123巻8号（2006年）247頁以下を参照。

63)　ムスタファ・メキ（小林和子訳）「契約の消滅と裁判官」法時87巻7号（2015年）75頁。

スにおける法定解除制度の法展開のより深い階層において維持されているように思われる[64]。

---

64) 本書第2部の冒頭で示した、2016年の民法典改正による法規定の基礎となる2000年前後の破毀院判決に関して、馬場圭太「ヨーロッパ契約法原則とフランス法」川角由和ほか編『ヨーロッパ私法の展開と課題』（日本評論社、2008年）332頁は、これらの「判決によれば、債務者は、事後的に一方的解除の適法性について審査を受けることを裁判所に求めることができるとされており、裁判解除の枠組みが依然として維持されている」とする。本書第2部第1章および第2章の大部分は、この認識の歴史的基礎を確認したに過ぎない。

第3章　フランス民法典 1657 条による当然解除

フランス民法典 1657 条[1]によれば、売主は、作物および動産物件を対象とする売買について、買主が定められた期限に目的物を引き取らないとき、法律上当然に（de plein droit）、すなわち裁判所の介在なく、売買を解除できる。裁判上の請求を要することなく解除が認められる点で、1657 条は、法定解除制度の一般規定であり、裁判解除準則を定めるフランス民法典 1184 条に対する例外則となる。

　例外則である 1657 条の解除はどのように正当化されるのか。この点につき比較的詳しく述べる 20 世紀中頃の教科書の記述は次のようなものである。

　　「この例外は実務上の諸利益により正当化される。作物および動産物件は
　　状況に応じて急速に変化する時局的な価値（valeur d'actualité）を有してお
　　り、引取のないことで、売主が好状況から生じる利益を失ってはならない。
　　また、これらの目的物は急速に悪化することもあり、裁判手続の緩慢さに
　　より売主がその悪化の負担を被るかもしれない。さらに売主は、しばしば、
　　売却済みの目的物で自分の店舗（locaux）があふれないようにするのがよ
　　い。これらの様々な理由から、売却はしたがまだ引取のない物について売
　　主が自らの権利を迅速に回復することが重要となり、こうして売主は遅滞
　　なく新たな買主を見つけることができるであろう。」[2]

　動産取引の実務において迅速さが求められ、裁判上の請求を必要としない解除がその要請に応えるものであることは十分に理解できる。このとき、1657

---

1 ）次のような規定である。
　　フランス民法典 1657 条　作物および動産物件の売買については、売買の解除は、引
　　取のために合意した期限の満了ののち、売主のために法律上当然に、かつ、催告なし
　　に生じる。

2 ）M. Planiol/ G. Ripert/ J. Hamel, Traité pratique de droit civil français, tome 10, 1.
　　partie, Contrats civils, 2e éd., 1956, n° 287, p. 354. また、J. Ghestin/ C. Jamin/ M. Billiau,
　　Traité de droit civil, Les effets du contrat, 3e éd., 2001, n° 462, p. 530 も参照。

条による当然解除が 1184 条の定める裁判解除準則とどのような関係にあるのか、という疑問が生じる。

　本章では、1657 条の成立の経緯に一瞥を加えたのち（第 1 節）、19 世紀から 20 世紀初頭までの法状況を主たる素材にして 1657 条の様相を見る（第 2 節）。

第 1 節　仏民 1657 条の成立

第 1 款　当然解除の起草過程

⑴　フランス民法典 1657 条の直接の起源は、共和暦 8 年草案に対するトゥールーズ裁判所（Tribunal de Toulouse）の鑑定意見に求めることができる。したがって、共和暦 8 年草案の規定を確認することから、検討を始める。

　共和暦 8 年草案では、第 3 編「所有権を取得する様々な方法」、第 2 章「条件付契約ないし条件付債務一般」の 79 条において、すでに 1804 年の民法典 1184 条とほぼ同様の規定が見られ、解除が裁判によらねばならないことが示されている[3]。そのような一般規定の下、第 3 編の第 11 章「売買」において、次のような規定が起草される[4]。

> **共和暦 8 年草案売買編 75 条**　買主が代金を支払わないとき、売主は売買の解除を請求できる。
>
> **同 76 条**　売買の解除は、売主が物と代金とを失う危険があるとき、直ちに言い渡される。
>
> 　この危険がないとき、裁判官は、状況に応じて若干の期間を取得者に付与できる。
>
> **同 77 条**　売却の際に、合意された期間内に代金の弁済がなければ売買は法律上当然に解除される旨を約定した場合であっても、取得者は、催告によって遅滞に付されていない限り、期間の満了後も代金を支払う現実の提供をなすことができる。ただし、この催告の後は、裁判官は取得者に期間を付与することはできない。

　3）P. A. Fenet, Recueil complet des travaux préparatoires du code civil, tome 2, 1827 (réimp. 1968), p. 170. 訳文については、第 2 部第 1 章第 1 節第 1 款⑵を参照。

　4）Fenet, supra note 3, t. 2, p. 344.

220　第3章　フランス民法典 1657 条による当然解除

　草案 75 条は買主の代金支払義務違反を原因とする売主の解除権を一般的に定め、続く 76 条ではその解除権を行使する際に認められる裁判官の期間付与のあり方を、そして 77 条では解除について事前の合意が存在する場合を規定する。内容上は仏民 1654 条から 1656 条までの 3 箇条[5]にほぼ重なり、1655 条および 1656 条が不動産売買に関する規定であるのに対して、草案 76 条および 77 条にはそのような限定が存在しない点で異なる。いずれにせよ、草案 75 条から 77 条までは買主の代金支払義務に関するものであり、動産売買における買主の引取義務について定める仏民 1657 条に直接につながるものではない。

　(2)　以上の共和暦 8 年草案が各裁判所の鑑定意見に付される。ここで、仏民 1657 条の直接の起源と言える[6]、トゥールーズ裁判所の鑑定意見が現れる。そ

---

5)　次のような規定である。

　フランス民法典 1654 条　買主が代金を支払わないとき、売主は、売買の解除を請求できる。

　同 1655 条　不動産売買の解除は、売主が物と代金とを失う危険にあるとき、直ちに言い渡される。

　　この危険がないとき、裁判官は、状況に応じて多少の期間を取得者に付与できる。

　　取得者が弁済をすることなくこの期間が過ぎた場合には、売買の解除が言い渡される。

　同 1656 条　不動産の売却の際に、合意された期間内に代金の弁済がなければ売買は法律上当然に解除される旨を約定した場合にも、取得者は、催告によって遅滞に付されていない限り、期限の満了後も弁済できる。ただしこの催告の後は、裁判官は、取得者に期間を付与することはできない。

6)　間接的であっても起源をさらに遡るならば、例えば、シャロン慣習法（Coutumes de Chaalons［Châlons］）の第 268 条は、商品を購入した外国商人は 20 日以内に受け取らねばならず、この 20 日を経過すると売主はこの商品を売却することができる旨を規定する（規定につき、C. A. Bourdot de Richebourg, Nouveau coutumier général, ou corps des coutumes generales et particulieres de France, et des provinces connues sous le nom des Gaules, tome 2, 1724, p. 491 を参照）。しかし、この規定は商人に固有のものであり、民法典の起草過程で念頭に置かれたように思われない。

　また、ポティエは、契約の性質から生じる買主の義務として引取義務を論じ、そこでは、裁判上の催告（sommation jusiciaire）により買主が引取義務について遅滞に陥るとき、売主は、売却商品が店舗の場所を占拠したことを理由に催告後に被った損害の賠償を請求できること、また、買主を裁判所に呼び出して、裁判官の定める期間内に売却商品を引き取らない場合には日時を通告してこの商品を店舗の外に出す（mettre dehors）よう請求できることが述べられる（R. J. Pothier, Traité du contrat de vente, Œuvres de Pothier par Bugnet, tome 3, 1847,（réimp. 1993）, n° 290, p. 117-118）。商品を

こでは、共和暦 8 年草案売買編 77 条に関連して「商品、作物および動産物件の売買では、売買の解除は、引取のために合意された期限の満了の後には、法律上当然かつ催告なく生じるはずである。このような事案では、期限の定めは、とりわけ商品や作物の価格は急激に変化するゆえに、多くの場合に売買の本質的な条件となるからである」[7]とされる。

この鑑定意見を受け入れて、草案 76 条として「商品、作物および動産物件の売買では、売買の解除は、引取のために合意された期限の満了後、売主のために、法律上当然かつ催告なく生じる」というトゥールーズ裁判所の提案とほぼ同様の規定が置かれ[8]、共和暦 12 年霜月 30 日（1803 年 12 月 22 日）の国務院（Conseil d'État）における審議に付される。審議では、次の 2 点が争点となった[9]。

第 1 は、適用対象についてである。仏民 1657 条と異なり、草案 76 条では、適用対象となる売買の目的物として「作物および動産物件（denrées et effets mobiliers）」のほかに、「商品（marchandises）」が挙げられる。商品あるいは作物という商取引を思わせる語句[10]が存在することから、ベグアン（Bégouen）は、「この条文は商取引（commerce）に適用可能なようであるが、しかし、買主が商品の引取について遅滞に陥ることなくして売買が解除されることはない。この慣習から離れるなら、売却物の相場が高騰する際に売主にあまりに有利になるであろう」と指摘した。この指摘を受けて、規定の提案者であるガリ（Galli）が、この条文が動産物件の売買に限定されることに同意する。これに対してレアル（Réal）が、期限の到来のみで遅滞が生ずる旨の合意があるとき

店舗の外に出す権能は、売主が売却物保管義務から免れる点で解除と類似するが、編者であるビュネはこの記述を、債務の消滅原因である弁済供託を定める仏民 1264 条と結びつけている。

7) Fenet, supra note 3, t. 5, p. 616.

8) Fenet, supra note 3, t. 14, p. 14. トゥールーズ裁判所の提案と比べて異なるのは、「売主のために」という文言が挿入されている点である。

9) 以下の国務院における審議については、Fenet, supra note 3, t. 14, p. 31-32.

10) この「商品（marchandises）」および「作物（denrées）」は、後に現れるフランス商法典 632 条において、商行為概念の要素として採用される。そこでは、一般的な「動産」から、商取引に固有の目的物を区分するために用いられる。Cf. J.-M. Pardessus, Cours de droit commercial, tome 1, 2e éd., 1821, no 8, p. 7-8.

222　第3章　フランス民法典1657条による当然解除

は催告をすることなく遅滞に陥る旨の規定[11]を挙げて、ベグアンの指摘に反論する。しかし、カンバセレス（Cambacérès）が、この規定が商事に適用されないことを議事録に示すことで、あらゆる曖昧さが払拭されるであろうと述べる。こうして草案76条は商事事件に適用されないことが明言される。

　第2の争点は、買主の地位と売主の地位との不均衡である。ドゥフェルモン（Defermon）は、この条文により買主は売主の意のままとなると言う。例えば、100バレルの油を購入した者が3ヶ月後に引取に来たとき、売主は、売買は解約されたと主張して、買主を追い返すことができる。したがって、売主が引渡しをしないときには、買主にも売買を放棄する権能を与えねばならない。そうでなければ、売主はいつでも履行を求める権利を有するのに、買主はそれを奪われることになってしまう、と。以上のドゥフェルモンの指摘に対して、ベランジェ（Bérenger）は言う。「買主にのみ非行（faute）がある。売却物を引き取らないのは買主なのである。買主が引き取らないとき、売買を放棄したのである。買主は自己の懈怠（négligence）から何らかの権能を手に入れることはできない」。結局、買主にも同様の権利を認めるよう主張するドゥフェルモンの提案は採用されるに至らない。

　(3)　以上の議論を受けて、「商品」の文言を削除した草案76条が作成される[12]。立法府（Corps législatif）において、ポルタリス（Portalis）は、共和暦12年風月7日（1804年2月27日）、起草趣旨を次のように説明する。

　　「作物および動産物件に関しては、解除は当然にかつ事前の催告なく、売主のために、買主が売却物を引き取りその代金を支払うことを合意した期限の後に、生じる。／　不動産売買と作物および動産物件の売買との間にある違いの理由は明白である。作物および動産物件はいつも同じ利益をもって取引（commerce）[13]で流通するのではない。このような目的物の価格には大きな変化が見られ、わずかの遅滞でもしばしば取り返しのつかな

---

11)　共和暦12年霜月16日（1803年12月8日）に国務院において採択された草案40条であり、仏民1139条に相当するものである。Cf. Fenet, supra note 3, t. 13, p. 125.

12)　Fenet, supra note 3, t. 14, p. 82 et 102.

13)　先に本文で示したベグアンの発言ではcommerceを商取引と訳し、ここでは単に取引と訳出している。これは、カンバセレスが草案76条（仏民1657条）の商事適用を明示的に否定したことを考慮したからである。

第 1 節　仏民 1657 条の成立　**223**

い損害を引き起こすこともある。不動産は同様の難点を見せはしな
い。」[14]

　ポルタリスは、動産と不動産との性質の差異から、草案 76 条を説明する。
動産と不動産との区分を用いて同条を論じる態度は、続く共和暦 12 年風月 12
日（1804 年 3 月 3 日）の護民院総会（assemblée générale）におけるフォゥル
（Faure）の報告[15]でも、同月 15 日（1804 年 3 月 6 日）の立法府におけるグルニ
エ（Grenier）の演説[16]でも示される。

　(4)　以上の起草過程から、仏民 1657 条に基づく解除の例外性を正当化する
理由を引き出すなら、まず挙げられるべきは、動産取引と不動産取引との違い
ということになる。確かに、ポルタリスの述べるように、動産の価格は変化し
やすく、わずかの遅滞であっても大きな損害を引き起こす。しかし、動産取引
の性格をこのように理解するなら、国務院での議論において、その性格が典型
的に妥当する商事取引への適用が否定されたのは何故かとの疑問が生じる[17]。

　仏民 1657 条に基づく裁判外解除の例外性の理由として次に考えられるのが、
ベランジェの説明に見られる、売却物を引き取らないのは買主の非行あるいは
懈怠である、という点である。しかし、この点もまた十分な理由とは言えない。
買主に解除の原因がある点では代金支払義務の不履行の場合も同様であるにも
かかわらず、これを理由として同条に基づく裁判外の解除は認められない[18]
からである。

---

14)　Fenet, supra note 3, t. 14, p. 123-124.

15)　Fenet, supra note 3, t. 14, p. 162.

16)　Fenet, supra note 3, t. 14, p. 201.

17)　商事取引への適用の可否については、次節第 1 款で考察する。なお、J. Paramelle, De
l'obligation pour l'acheteur d'effets mobiliers de prendre livraison, 1927, p. 26-27 は、
1657 条による裁判外の解除が認められる理由として、価格が素早く変動する動産と比
べて不動産の価格はそれほど急速に変化しないことに言及すると同時に、商品の不断の
流通が取引の要請であることを挙げる。しかし、起草過程では商取引への適用が否定さ
れたことから、これら二つの理由を単に並列的に論じることはできない。

18)　L. Guillouard, Traités de la vente et de l'échange, tome 2, 1890, n° 635, p. 173-174; G.
Baudry-Lacantinerie/ L. Saignat, Traité théorique et pratique de droit civil, De la vente
et de l'échange, 3e éd., 1908, n° 603, p. 638. また、Cass. civ., 12 décembre 1876, D. 1877, 1,
228; S. 1877, 1, 459.

224 第 3 章 フランス民法典 1657 条による当然解除

　最後に挙げうるのが、同じくベランジェの説明に見られる、売却物を買主が引き取らないのは売買の放棄である、という点である。解除原因の特殊性にかかわるものであるが、簡単な言及にとどまるため、仏民 1657 条に基づく裁判外解除の例外的承認とどのような関係にあるのが明確ではない。

　以上のように、仏民 1657 条に関する起草過程の議論を見る限りでは、原則たる裁判解除に対する例外性を十分に把握しえない。そこで次款では、動産・不動産の区分および買主の引取義務違反への解除原因の限定という二点に留意しながら、裁判解除準則へと視野を広げて検討を進める。

第 2 款　裁判解除の適用事例

(1)　フランス民法典 1184 条 3 項の定める裁判解除準則は、起草過程において突然出現したものではなく、すでに古法時代の著作に見出すことができる[19]。例えば、ドマ（J. Domat）は、その著書『自然的秩序における民事諸法律』の第 1 巻第 1 章「合意について」、第 6 節「無効ではない義務の解除について」の第 11 項で不履行一般を原因として合意が解除されることを述べた後[20]、続く第 14 項において次のように述べる。

　　「合意の解除に任意の同意がないとき、解除を求める者は相手方を困惑させることはできず、合意を解除させるために、そして解除により命じられるであろうことを履行させるために、裁判所に訴え出ねばならない。」[21]

---

19)　本款で検討対象とする古法時代および起草過程における解除制度の法的状況、さらにそれ以前の沿革については、後藤巻則「契約解除の存在意義に関する覚書」比較法学 28 巻 1 号（1994 年）1-14 頁、福本忍「フランス債務法における法定解除の法的基礎（fondement juridique）と要件論 (1)」立命 299 号（2005 年）332-360 頁、武川幸嗣「解除の対第三者効力論 (1)」法研 78 巻 12 号（2005 年）8-20 頁、齋藤哲志「フランスにおける契約の解除 (1)」法協 123 巻 7 号（2006 年）119-158 頁等がすでに紹介・検討する。以下では、フランス民法典 1657 条に定められた裁判外解除の特質を明らかにするという視点から、それに必要な限りでの検討を行う。

20)　J. Domat, Les loix civiles dans leur ordre naturel, in: J. Rémy, Œuvres complètes de J. Domat, nouv. éd., tome 1, 1828, Liv. 1, Tit. 1, Sect. 6, n° 11, p. 154 は「契約当事者の一方の合意の不履行は、この者が自己の義務を履行できないのであれ、履行しようとしないのであれ、解除を引き起こす。解除条項が存在しなくとも、売主が売却物を引き渡していないかのようになる。この場合、合意は、必要があれば直ちに解除され、あるいは任意の期間の後にかつ不履行が引き起こす損害賠償を伴って解除される」とする。

第1節　仏民1657条の成立　**225**

　合意を解除させるために裁判所に訴え出ねばならないことが言明される。こ
こで、合意の解除が裁判によらねばならない理由は明確ではないが、この文章
に付された注で参照が指示された箇所では、これが示される。

　　「合意が無効となっても、これを求める者は、相手方が同意しないからと
　　いって、自らで自己の権利を取り戻すことはできない。何らかの抵抗があ
　　れば、無効を判断させて自己の権利を回復するために、あるいは無効によ
　　り命じられるであろうことを履行させるために、司法の権威（autorité de
　　la justice）に頼らねばならない。というのは、実力（force）を行使せねば
　　ならないとき、司法は、自らが行使する以外のいかなる実力も認めないか
　　らである。」[22]

　この記述は合意の無効に関するものであるが[23]、裁判によらねばならない
理由が示されている。それは、無効を求める契約当事者が自己の権利（の対
象）を相手方から実力で取り戻すことが許されないから、換言すれば自力救済
が禁止されるからである。合意の無効に関するこの記述を援用することで、ド
マは、自力救済禁止の原則を根拠に、解除が裁判によらねばならないことを説
明する。これは同時に、裁判解除の原則が妥当する典型的な場面として、契約
目的物の取戻を念頭に置くことを意味する[24]。同様の認識は売買を論じると
ころでも見られる[25]。

　自力救済禁止の原則を根拠とし、適用場面として契約目的物の取戻を念頭に
置く裁判解除の説明は、ドマの著作にのみ見られるものではない。パリのシャ
トレ裁判所（Châtelet de Paris）で活躍した実務家であるブルジョン（F. Bour-

21）Domat, supra note 20, Liv. 1, Tit. 1, Sect. 6, n° 14, p. 155.

22）Domat, supra note 20, Liv. 1, Tit. 1, Sect. 5, n° 16, p. 151-152.

23）ドマは、合意の外観しか存在していなかったことになる無効（nullité）と、存続して
　いた合意を消滅させる解除（résolution）とを区別する（Domat, supra note 20, Liv. 1,
　Tit. 1, Sect. 6, n° 1, p. 152）。売買に関する記述でも無効と解除とが区別されることを述
　べる（Domat, supra note 20, Liv. 1, Tit. 2, Sect. 12, n° 1, p. 191）。

24）齋藤・前掲注19）143-144頁。

25）Domat, supra note 20, Liv. 1, Tit. 2, Sect. 12, n° 2, p. 191 は、売買の解除に関する共通
　準則として、売買の原因がどのようなものであっても、また、占有をしているのが買主
　であってもあるいはその承継人であっても「売主が売却物を取り戻すことができるのは、
　司法の権威（autorité de la justice）によってのみである」とする。

226　第3章　フランス民法典 1657 条による当然解除

jon）は、買主の代金不払いの場合に売主が解除という手段を有することを述べた後[26]、次のように続ける。

　「売主は、こうして解除への道が開かれるにもかかわらず、買主が代金を
　支払わないことで、事実的な手段をとり、自己の売却した不動産につき自
　らの私的な権威で占有を回復することはできない。契約が解除条項
　（clause résolutive）を含んでいるとしても、そのような条項は威嚇的なも
　の（comminatoire）でしかない。したがって、売買契約のこのような解除
　には判決あるいは買主の同意を必要とすることになる。司法（justice）が
　このような条項から生じる権利を規律するのであって、売主が事実的な手
　段によって占有を自己に回復するのではなく、このような手段は公序
　（ordre public）に反しており、そのようなものとして常に禁止される。」[27]

　現在のフランス法では、解除条項と呼ばれる事前の合意により、裁判解除の
原則を回避することができる。しかし、古法時代にはそのような条項は一般に
威嚇的なものとされ、契約を解除するには、事前の合意の有無にかかわらず、
裁判によらねばならなかった[28]。この裁判解除の原則を説明するために、ブ
ルジョンは、事実的な手段による売却物の取戻が許されないこと、すなわち自
力救済禁止の原則を根拠に据え、したがって裁判解除準則の適用事例として相
手方からの契約目的物の取戻を念頭に置く。

　(2)　古法時代の代表的な著作が裁判解除の典型的な適用事例として契約目的
物の取戻を念頭に置いていたことに関して、注意を要する点がある。前款で指
摘した、動産と不動産との区分である。先に引用したブルジョンの記述は不動
産売買に関するものであり、動産売買に関する記述には裁判解除を述べるとこ
ろはない[29]。しかし、古法時代の代表的な学者であるポティエ（R. J. Pothier）
は、動産売買の例を用いて、裁判解除の原則を説明する[30]。したがって、動

---

26) F. Bourjon, Le droit commun de la France, et la coutume de Paris, nouv. éd., tome 1, 1770, Liv. 3, Tit. 4, Chp. 9, n° 1, p. 485.

27) Bourjon, supra note 26, Liv. 3, Tit. 4, Chp. 9, n° 2, p. 485-486.

28) J. Borricand, La clause résolutoire expresse dans les contrats, RTD civ. 1957, n° 7, p. 437-438.

29) Cf. Bourjon, supra note 26, Liv. 3, Tit. 2, Chp. 3, p. 460-461.

30) R. J. Pothier, Traité des obligations, Œuvres de Pothier par Bugnet, tome 2, 1848

第1節　仏民1657条の成立　**227**

産売買においても裁判解除の原則が排除されるのではない。

　もっとも、解除が裁判によらねばならないことの意義が動産売買と不動産売買とで同等の重みを有するとは限らない。このことは、売主解除権を定める仏民1654条以下の起草過程において提出された、エクス裁判所（Tribunal d'Aix）の鑑定意見に見られる[31]。鑑定意見は、仏民1654条以下に結実する共和暦8年草案売買編75-77条（本節第1款(1)を参照）について、売主の引渡義務違反に基づいて買主に裁判外の解除を認める草案の規定と対比して、売主にも同様の権能が認められねばならないことを主張した上で[32]、次のように述べる。

────────

（réimp. 1993), n° 672, p. 369 は、「例えば私があなたに蔵書を単純に（purement et simplement）〔明示の解除条件を合意に付加することなく：筆者〕売却したとしよう。あたなが私に代金を支払うのが遅れるとき、あなたが引き受けた合意代金支払義務の不履行は、私が引き受けた蔵書引渡義務を消滅させるであろう。／　しかし、私の義務のこのような消滅は当然に生じるのではなく、私があなたに与えた召喚状に基づいて下される判決（sentence）により生じることになる」として、動産の事例を持ち出す。

31)　以下、エクス裁判所の鑑定意見に関する記述については、Fenet, supra note 3, t. 3, p. 58-59.

32)　共和暦8年草案売買編30条および31条は、売主の引渡義務違反について、次のように定める（Fenet, supra note 3, t. 2, p. 337-338)。

　　共和暦8年草案売買編30条　不動産売買において、売主が当事者間で合意された期限に引渡しを行わないとき、裁判官は引渡しのための期間を付与できる。

　　売主が引渡しを行うことなくこの期間が経過するとき、買主は自己の選択に従い、売買の解除を請求できる。

　　あるいは、遅滞がもっぱら売主の行為による場合には、占有の付与を請求できる。

　　あるいは、売買の履行の障害が他人の行為によるときは、損害賠償を請求できる。

　　同31条　動産売買において、売主が合意された期限に動産を引き渡さないとき、買主は、売買を放棄する（se désister）か、売買の履行を求めるかの選択を有する。

　　以上の文言のみでは、第31条に定められた売買を「放棄する（se désister）」という選択肢が裁判上行使されるべきものであるかどうかは明瞭ではない。しかし、エクス裁判所はこれを裁判外で行使可能と理解した上で、この31条と対比して、売主にも裁判外の解除権を与えようとする。

　　もっとも、各裁判所の鑑定意見を経た後に示される草案では、一方では第31条は削除されており、他方では第30条が「不動産売買において」という限定を外し、第29条として「売主が当事者間で合意された時に引渡しを行わない場合において、その遅滞がもっぱら売主の行為によるときは、取得者は、その選択に従って売買の解除又は占有の取得を請求できる」という仏民1610条と同様の文言で定められている（Fenet, supra note 3, t. 14, p. 7. なお、この1610条は1184条の原則の一適用例であり、解除を選択する場合には裁判上の請求を要すると理解される。さしあたり、Baudry-Lacantinerie/

228 第3章 フランス民法典 1657 条による当然解除

「もっとも、動産売買について当事者たちを裁判上の争い（débats judi-
ciaires）に巻き込んではならない。動産売買の解決は常に急を要し、資産
家（les fortunes）に著しく影響することはありえない。／ したがって、
動産と不動産とを区別しなければならない。動産では、売買は、期限での
支払のないこと、あるいは引渡しのないことにより、当事者の各々から取
り消しうるであろう。／ 不動産では、売買の解除については、後にわれ
われが検討する条文で定められた諸準則に従うことになろう。」

当事者を裁判に巻き込むことを回避するとの観点から、動産売買と不動産売
買との区別を要求する。この考え方をもとに、以下のような条文を提案する
（マル番号は筆者による）。

エクス裁判所提案 75 条 ①　買主が合意された期限に代金を支払わない
とき、動産売買であるか不動産売買であるかで区別されねばならない。

②　動産売買の場合、売主はなおも自己の支配下（en son pouvoir）にあ
る動産の売買を解除（résoudre）して自由に処分するか、買主に契約の履
行を強いるかの選択を有する。

③　約束された時期に買主が引渡しを受けない場合も同様である。

④　動産が買主に引き渡された場合には、売主は代金の支払を買主に強
制する権利のみを有する。

⑤　不動産売買の場合、売主は売買の解除を請求できる。

エクス裁判所の提案する規定によれば、動産売買と不動産売買とを区別した
上で（第1項）、動産売買において売却物が売主の下にある場合、買主の代金
支払義務違反であれ、売却物の引取義務違反であれ、裁判によることなく売主
からの解除が認められる（第2項および第3項）。逆に、売却物が引き渡されて
買主の下に入るとき、売主の裁判外解除の権利は排除される（第4項）。動産
売買の解除に関する以上の規律は、不動産売買の解除には及ばない（第5項）。
このような規定構造は、売却物の取戻を主たる機能とする、換言すれば売却物
が買主の下にある事案を典型的な場面と想定する裁判解除が、その適用対象と

Saignat, supra note 18, n° 308-309, p. 309-311 を参照）。動産と不動産との区分が削除さ
れた理由は定かではないが、少なくとも、動産取引における裁判解除準則の比重が不動
産売買において相対的に軽いものであったことは確認できる。

第1節　仏民1657条の成立　　**229**

して主に不動産売買を念頭に置くことを、裏面から示す。

　(3)　ところで、エクス裁判所の提案は、その内容から見れば、動産売買における買主の引取義務違反に基づく裁判外解除を認める第3項が仏民1657条において実を結ぶのみである。提案された第2項および第4項の規律、すなわち動産売買における買主の代金支払義務違反を理由とする売主の解除権は売却物がなおも売主の下にある場合にのみ認められるという規律は、民法典には採用されていない。仏民1654条は動産売買と不動産売買とを区別せず、また売却物が売主の下にあるか否かに売主解除権の存否を左右させていないからである。

　もっとも、フランス民法典制定直後の著作には、エクス裁判所の構想と類似の見解が見られる。例えば、デルヴァンクール（C.-É. Delvincourt）やデュラントン（A. Duranton）といった19世紀初頭の著作では、仏民1657条に関する説明において、動産が引き渡された場合には、売主に残されるのは代金支払訴権および仏民2102条4号[33]による動産先取特権のみであるとされる[34]。仏民2102条4号によれば、代金支払期限の定めのない動産売買の場合、動産先取特権に追求力が認められ、売主は引渡後のわずかな期間に限ってであるが売却物を取り戻すことができる。したがって、機能的には、代金支払義務違反を理由に売買契約を解除して、すでに引き渡された売却物を取り戻す場合と類似する[35]。彼らは、仏民1657条が売却動産未引渡しの場合に解除を肯定している

---

33)　次のような規定である。

　　フランス民法典2102条　特定の動産の上に先取特権を認められる債権は以下のものである。

　　　…〔第1号～第3号、略〕…

　　　4.　未払いの動産物件の代金　ただし、債務者が期限付きで購入したか期限なしに購入したかを問わず、その物がなお債務者の占有にある場合に限る。

　　　売買が期限なしに行われた場合には、売主は、その物が買主の占有にある限りそれらの物件の返還を請求してその転売を阻止することもできる。ただし、その返還請求を引渡しから8日以内に行い、かつ、物件がその引渡しの行われたときと同一の状態にあることを条件とする。

　　　…〔第5号以下、略〕…

34)　C.-É. Delvincourt, Cours de code civil, tome 3, 1819, p. 76 et p. 387 n° 8; A. Duranton, Cours de droit français suivant le code civil, tome 16, 1833, n° 380, p. 403-404.

35)　機能のみでなく、沿革的にも、解除権と先取特権とは密接な関係にある。古法時代における法状況につき、武川・前掲注19) 13-20頁、齋藤・前掲注19) 127-130頁、福

ことから、売却動産既引渡しの事例には機能的に類似する売主の先取特権を割り当て[36]、売主の解除権を否定する[37]。

しかし、売却動産が引き渡された場合に売主の解除権を否定するこの見解に対しては、仏民 1654 条および 1184 条は動産と不動産とを区別していないこと、引取義務違反を理由に売買契約を解除できるのであるから、ましてや主たる義務である代金支払義務の違反を理由とする解除も認められること、取戻を認める先取特権と解除権とは別物であることなどを根拠とする反論が加えられる。結局、19 世紀の展開の中で、動産売買において買主による代金支払義務違反がある場合、売主の解除権は、売却動産が売主の支配下にあるか否かで区別されることなく肯定されることになる[38]。

(4) 以上のように、裁判解除が主たる適用場面として想定するのは、不動産売買における売主既引渡しの場合である。仏民 1654 条および 1184 条が動産売買における売主既引渡しの事例を適用対象から外すのではないが、しかしそのような場合には売却物の取戻を目指す解除権自体が否定されるという認識も見られ、少なくともフランス民法典起草当時には、裁判解除準則が対象とする典

　本・前掲注 19) 389-390 頁注 112 を参照。また、先取特権自体の沿革については、道垣内弘人『買主の倒産における動産売主の保護』（有斐閣、1997 年）73 頁以下、今尾真「動産売買先取特権による債権の優先的回収の再検討序説」早稲田法学会誌 45 巻（1995年）6 頁以下に詳しい。

36) 本節第 1 款(2)で検討した、国務院における審議に付された草案では、裁判外の解除を認める 76 条（仏民 1657 条に相当）に続いて、売主による取戻を認める先取特権に関する規定（ただし内容は別の箇所に譲るとの参照規定）が存在する。Cf. Fenet, supra note 3, t. 14, p. 14.

37) 先取特権に基づく取戻が認められるのは代金支払期限について定めのない場合のみであるため、デュラントンは、代金支払期限の存在する動産売買について売主は仏民 1184 条に従い解除できる、と説明する。Cf. Duranton, supra note 34, n° 204, p. 220.

38) C. B. M. Toullier/ J.-B. Duvergier, Le droit civil français, suivant l'ordre du code, tome 16, 1835, n° 436, p. 539-540; R. T. Troplong, Le droit civil expliqué suivant l'ordre des articles du code, De la vente, tome 2, 4ᵉ éd., 1845, n° 645, p. 119-120; C. Demolombe, Cours de code napoléon, tome 25, 1878, n° 502, p. 481-482; C. Aubry/ C. Rau, Cours de droit civil français, tome 4, 4ᵉ éd., 1871, § 356, p. 399 et note 28; V. Marcadé, Explication théorique et pratique du code civil, tome 6, 7ᵉ éd., 1875, n° I, p. 300; F. Laurent, Principes de droit civil, tome 24, 2ᵉ éd., 1876, n° 336, p. 324-325; L. Larombière, Théorie et pratique des obligations, tome 3, nouv. éd., 1885 (Réimp. 1997), Art. 1184, n° 42, p. 141-142.

型的な場面ではなかったと言える。このように理解するとき、買主の引取義務
違反を理由とする売主解除権を定める仏民1657条は、その適用場面としては、
売却動産がなおも売主の下にある事案を対象としており、以上に見た裁判解除
準則の想定する典型事例の外にある事案を対象とすることになる[39]。

　以上に加えて留意すべきは、裁判解除準則を定める仏民1184条3項が裁判
官による期間付与を認めている点である。すでに述べたように[40]、この規律
の背後には、合意の現実の履行を優先するという思考がある。この思考から仏
民1657条が定める裁判外解除を見るとき、その原因が買主の引取義務違反に
限定されていることの意味が浮かび上がる。買主の代金支払義務違反により生
じる売主の解除権は、買主が有する契約利益への期待を奪う帰結をもたらす。
それゆえ、履行の優先という観点から、仏民1654条（あるいは一般規定である
仏民1184条）に従い、契約の解除を裁判上請求させ、裁判官による履行期間付
与の契機を確保することが要請される。これに対して仏民1657条が定める売
主の解除権は、買主の履行への期待を奪うという点では同様であるが、ここで
解除の原因である買主の不引取は現実の履行への期待を買主自身が放棄してい
ると見ることが可能である。一般に価値の低いものとされる動産の取引であれ
ば、このような見方に対する障害も少ない[41]。そうすると、動産の引取義務
違反は、買主の立場を考慮しても、履行を優先させる要請の弱い解除原因であ
ると言える。

第3款　小　　括
　フランス民法典の起草過程を中心とした以上の考察から、仏民1657条にお

39）Paramelle, supra note 17, p. 26 は、前注17）で言及した1657条の根拠と並んで、売
　　主が物を所持しており、売買がまだ履行されていないことを挙げる。

40）第2部第1章第1節第1款(3)を参照。

41）J. de Maleville, Analyse raisonnée de la discussion du Code civil au Conseil d'État, tome
　　3, 2e éd., 1807, p. 344 は、1657条の理由として、動産は不動産よりも一般に価値の低い
　　ものであることを挙げる。マルヴィルはここで「動産の占有は価値なきものである
　　（Mobilium vilis est possessio）」の格言を示す。この格言につき、H. Roland/ L. Boyer,
　　Adages du droit français, 4e éd., 1999, p. 451 は、周知の有名な格言である「動産は価値
　　なきものである（Res mobilis res vilis）」の参照を求めるが（op. cit., p. 796 et s.）、そこ
　　には1657条への言及はない。

いて裁判外の解除が認められた理由は次のようなところにあると理解できる。第1に、仏民1657条の裁判外解除は、売却物が売主の下にある場合の動産売買を適用対象事例とする。これと対比すれば、仏民1184条および1654条で定められた裁判解除は、不動産売買における売主既引渡しの場面を主たる適用事案として想定している。第2に、仏民1184条および1654条の裁判解除準則の下で裁判官が期間付与権能をもって介在することで、合意の現実の履行が優先される。これと対比すれば、仏民1657条の裁判外解除は、解除原因としては現実の履行を受ける買主自身がそれを自ら放棄しているように見える引取義務違反であるゆえに履行の優先度が下がる。典型的な適用事例と解除原因というこの2点から見た相違を理由として、仏民1657条では、裁判解除の原則に対する例外則である当然解除が認められたと考えられる。

　ところで、仏民1657条の定める当然解除は、売却物に関する売主の自由を裁判解除と比べて素早く回復させるものである。この機能が迅速な取引の展開に有用であることは容易に推測できる。しかし、この機能がより有用となる商取引については、起草過程における議論では、同条の適用が明確に否定されていた。そこで、仏民1657条による解除が民法典施行後に急速に発展する取引社会の中でどのように理解され、また運用されたのかが問題となる。これが第2節の検討課題となる。

第 2 節　仏民 1657 条の様相

　フランス民法典 1184 条の裁判解除に対し、1657 条の当然解除は財貨の迅速な流通を可能とするものであり、民法典制定後に急速に発展する取引社会の中で有用であることは疑いない。本節では、19 世紀から 20 世紀初頭までの法状況を主たる素材にして、まずは 1657 条の適用範囲に関する歴史的変遷を検討し（第 1 款）、次いで具体的な運用状況を見る（第 2 款）。

第 1 款　適 用 範 囲

　⑴　民法典に 3 年遅れて登場した 1807 年のフランス商法典は、第 1 編第 7 章に商事売買の規定を設けた。しかし、そこで規定されたのは 109 条のわずか 1 箇条のみであり、それは売買契約の証拠に関するものであった。それゆえ、商事売買の解除は、原則として、民法典の規定により規律されることになる。しかし前節で見たように、買主の引取義務違反に基づく裁判外の解除を認めるフランス民法典 1657 条は、国務院の議論では、商事売買への適用を明確に否定されていた[1]。

　民法典施行後まもなくの文献は、起草過程に見られるこの認識を受け継ぐ。マルヴィル（J. de Maleville）は、国務院の議論を紹介し、これに異論を唱えてはいない[2]。トゥリエ（C.-B.-M. Toullier）は「この条文は決して商業に適用されない。卸売商人の慣行では、買主が商品の引取について遅滞に陥らない限り、いかなる売買も解約されない」と述べて[3]、1657 条の商事適用を否定する。商法学者パルドシュ（J. M. Pardessus）もまた、購入された作物および動産物件を引き取るために与えられた期限の到来のみで売買の解除が当然かつ催告なしに生じてしまうなら、売主は、物の価格が高騰する場合に、買主による引取が

1）前節第 1 款⑵を参照。

2）J. de Maleville, Analyse raisonnée de la discussion du Code civil au Conseil d'État, tome 3, 2ᵉ éd., 1807, p. 344–345.

3）C.-B.-M. Toullier, Le droit civil français, suivant l'ordre du code, tome 6, 5ᵉ éd., 1830, nᵒ 250, p. 258 note 2.

234 第 3 章 フランス民法典 1657 条による当然解除

ないという事実のみで 1657 条の原則を濫用できることになってしまう、と述べて、商事適用を否定する[4]。国務院の議論において、ベグアンは、商慣習と矛盾する 1657 条を商事事件に適用してしまうなら、売却物の相場が高騰する場合に売主があまりに有利に扱われることになるとの認識を示して、商事事件への適用を否定していた。パルドシュの認識はこれと同様のものである。

(2) 学説が仏民 1657 条の商事適用に対して否定的な態度をとるなか、実務は民法典施行後早々に逆の判断を下す。破毀院民事部は、1828 年 2 月 27 日の判決において[5]、1657 条の商事適用を肯定する。

事案は次のようなものである。1817 年 5 月 24 日、商人である売主が、商人である買主に対し、指定された分量のオート麦を同月 30 日に引き渡すという内容で売却した。指定された期日に売主は商品を引渡場所に持参したが、買主が現れず、引渡しを行うことはできなかった。数日後、オート麦の価格が高騰したので、買主は商品の引渡しを求めた。これに対して売主は、買主が合意の時期に引渡しを受けるために現れなかったのであるから、1657 条の文言に従い、売買は解除されると主張した。

ナンシー商事裁判所は、1827 年 6 月 14 日の判決において、売主の主張を受け入れた。買主が控訴したところ、ナンシー控訴院は翌月 11 日の判決において次のように述べて第 1 審判決を破棄した。

「民法典 1657 条は、合意において行為を要することなく期限の到来のみによって債務者が遅滞に陥る旨を定めていない限り、契約締結者は催告又はその他の相当な行為によって遅滞に陥るという一般原則に対する例外を含む。この例外は、それが定められた事案に限定されねばならず、他の事案に及ぶべきではない。前述の 1657 条が言及する作物および動産物件（denrées et mobiliers）が商事の合意の対象となる場合にこの規定を適用することは、この作物および動産物件の表現を誤用することになろう。民法典の起草者たちは、この条文を商取引に通用させる意図の下、作物および動産物件の文言を挿入するにとどまらず、商品（marchandises）の文言をその前に置いていたが、この条文の議論の際に、この表現によれば商事にも

---

4) J.-M. Pardessus, Cours de droit commercial, tome 2, 2ᵉ éd., 1821, n° 288, p. 311-312.

5) Cass. civ., 27 février 1828, S. 1828, 1, 42.

適用可能であること、しかしながら卸売商人の慣習ではいかなる売買も買主が商品引取について遅滞に陥る場合にしか解約されないことが指摘され、この指摘に基づいて、商品の文言を本条から削除し、作物および動産物件の文言のみを存続させて、本条が商事に適用されないことを議事録に示すことが合意された。この議論およびその結果から、作物および動産物件の売買が 1657 条により言い渡される解除に服するのは、売買が、合意の性質あるいは契約当事者らの属性により、買主の得ようとした消費ないし使用の目的物の売買と見なされる限りであり、買主が商事的な投機を必ず行うような目的物の売買と見なされる限りは異なる、ということになる。実際、1817 年 5 月 24 日の取引は、催告の必要なしに期限の到来のみによって解除されるという条項を含まず、そして、取引の性質ないし買主の特殊な状況により、純粋に商的な取引である。したがってナンシー商事裁判所がこの取引に行ったのは、民法典 1657 条の誤った適用でしかない。」

　民法典 1657 条が商事事件に適用可能か否かの判断は、条文解釈の次元では、「作物および動産物件の売買」の理解を通じて行われる。ナンシー控訴院は、この条文解釈の前提として、そもそも 1657 条が付遅滞の原則[6]に対する例外則であり、それゆえに厳格に理解されねばならないとの態度をとる。その上で、「作物および動産物件」の意義を確定するために、起草過程の議論に立ち返り、草案に存在した「商品」の文言が削除され、商事への適用が明確に否定されたことを確認する。そして、このような起草過程の議論から、「消費ないし使用の目的物の売買」と「商事的な投機を必ず行うような目的物の売買」とを区分し、1657 条が後者すなわち投機目的を要素とする商事売買[7]には適用されないとの結論を導き出す。

　以上の控訴審判決に対して、売主は、1657 条の違反を理由に破毀を申し立

6）次のような規定である。

　フランス民法典 1139 条　債務者は、あるいは催告又は相当な行為によって、あるいは行為の必要なしに期限の到来のみによって債務者が遅滞となる旨を合意で定めるときはその効果によって、遅滞に付される。

7）商事売買に関する当時の理解として、J.-M. Pardessus, Cours de droit commercial, tome 1, 2ᵉ éd., 1821, nᵒ 12, p. 13 を参照。そこでは、商行為となる売買は転売を目的とするものでなければならないとする。

236　第3章　フランス民法典1657条による当然解除

てた。破毀院は次のように述べて控訴審判決を破毀した。

　　「この条文は一般的なものであり、何の例外も含んでおらず、その内容は、
　　個人間の作物の取引と商人間の同様の取引とで、何らかの区別を求めるよ
　　うには見えない。さらに、商法典は、民法典の全章の公布から数年後に公
　　布されたが、1657条の規定に対する何らの例外も含んでおらず、そのよ
　　うな例外を作ることでナンシー控訴院は民法典のこの条文に違反してい
　　る。」

　民法典1657条の適用対象を示す「作物および動産物件の売買」という文言
に関して、ナンシー控訴院は、起草過程すなわち国務院における議論に立ち返
ることで、売買契約の類型を区分して、同条の商事事件への適用を否定した。
これに対して破毀院は、1657条の文言は一般的であり、その適用に際して民
事売買と商事売買とを区分する理由がないこと、そしてナンシー控訴院が持ち
出した国務院での議論に対して、民法典公布後に現れた商法典には1657条の
適用を除外する規定が存在しないことを挙げて、同条への商事事件への適用を
肯定する。

　この1828年の破毀院判決以後、商事売買に民法典1657条を適用する判決が
頻出する。破毀院レベルの判決のみを挙げれば、蒸留酒の売買において契約で
定められた期日の2日後に買主が現れ、試飲の後に不良品として引取を拒絶し、
1ヶ月後にあらためて現れたという事案で、破毀院審理部1848年6月6日判
決[8]は、1657条の規律は商法典により何ら排除されていないことを理由にして、
商事事件への適用を肯定する。また、1873年2月19日の破毀院審理部判決[9]
は、買主が5センチのカキ50万個を1ヶ月でおよそ5万個ずつ分割して引き
取るところ、期間の最終日になってほぼ全分量の引取に現れたが、一日では全
分量の引渡しは不可能であったという事案において、1657条は作物および動
産物件という「極めて一般的な表現により、民事売買と同様に商事売買も包括
しており、この点に関しては、民法典から数年後に公布された商法典が1657
条に抵触する規定を含んでいないだけに、なおさら何らかの区別を行うことは
できない」と述べて、商事売買において、同条に基づく売主の解除を認める。

────────────
　8）Cass. req., 6 juin 1848, S. 1849, 1, 65; D. 1848, 1, 219.
　9）Cass. req., 19 février 1873, S. 1873, 1, 273; D. 1873, 1, 301.

第 2 節 仏民 1657 条の様相　237

　さらに、1882 年 7 月 11 日の破毀院審理部判決[10]も、事案の詳細は不明である
ものの、ほぼ同様の判決理由で 1657 条の商事適用を肯定する。

　こうして 19 世紀末には、判例の態度は確定的なものとなる[11]。迅速で簡易
な契約離脱を可能とする 1657 条の裁判外解除を商取引に認めることは実務上
不可欠のものであった。

　(3)　1828 年の破毀院判決後の学説状況に目を転じると、同判決を意識しつ
つも、依然として、民法典 1657 条の商事適用を否定する見解がある。トゥリ
エ／ドゥベルジェ（C. -B. -M. Toullier/ J. -B. Duvergier）は、1828 年の破毀院判
決が 1657 条にある「作物および動産物件」の表現を一般的であるとした点に
ついて、本条を起草する際に国務院がこの表現を限定的なものとして用いたこ
とを指摘する。また、破毀院判決が民事と商事とを区分する理由がないとした
点に対しては、国務院は、商慣習が 1657 条を排除することを確認し、この慣
習が適切かつ合理的なものであることを認めていたとする。以上のように破毀
院判決に対して国務院における議論を対置した上で、破毀院よりも立法者を優
先せねばならない、と判断する[12]。

　これに対して、19 世紀中葉になると、1657 条の商事事件への適用を肯定す
る見解が現れ、商事事件への適用の可否をめぐる論争が生じる。肯定説の嚆矢
となるトロロン（R. T. Troplong）は、1828 年の破毀院判決と同様に、1657 条
は民事と商事とで何の区別もしていないこと、民法典より数年後に現れた商法
典も 1657 条に何の例外も設けていないことを挙げて、同条の商事適用を肯定
する[13]。

　10）Cass. req., 11. juillet 1882, S. 1882, 1, 472; D. 1883, 1, 304.

　11）他にも、Cass. req., 17 février 1903, S. 1903. 1. 403; D. 1903. 1. 191 など。

　12）以上につき、C.-B.-M. Toullier/ J.-B. Duvergier, Le droit civil français, suivant l'ordre
　　du code, tome 16, 1835, n° 475, p. 583-584.

　13）R. T. Troplong, Le droit civil expliqué suivant l'ordre des articles du code, De la vente,
　　tome 2, 4ᵉ éd., 1845, n° 680, p. 149. なお、トロロンに先立って、É. Vincens, Exposition
　　raisonnée de la législation commerciale, et examen critique du code de commerce, tome
　　2, 1834, p. 75 は、国務院の議事録では民法典 1657 条の商事適用が明確に否定されてい
　　るが、「法律は存在しており、議事録は決して権威とならず、商事立法は異なることを
　　何も定めていない。したがって存続するものは一般準則である」として、同条の商事適
　　用肯定説を示唆している。

238　第 3 章　フランス民法典 1657 条による当然解除

　注目すべきは、以上に加えて、トロロンが、1657 条の商事適用を否定する
見解に対し、より実質的な反論を述べている点である。先に見たように、19
世紀初頭の商法学者バルドシュは、商事事件に 1657 条を適用して当然解除を
認めてしまうなら、売主が売却物の価格高騰に乗じてこれを他人に有利に売却
できてしまうという懸念を示していた。これに対してトロロンは、まず、買主
が合意の期限に商品を引き取らない場合、売主が当然解除の手段を利用して商
品を他者に処分して相場の高騰から利益を受けても、買主は期限に商品を引き
取らないことで取引を放棄したと見なされるので売主を非難できない、という
起草過程にも見られた考え方を前提におく。その上で、商業では、民事事件以
上に、商人が商品相場を利用して利潤を獲得し、また予期せぬ相場下落が招く
損失を補う機会を確保せねばならないという商業の性質を持ち出す。そして、
この観点から、引取期限後に相場の下落が生じた場合についてバルドシュの見
解に従えば、「売主が投機家（spéculateur）ではなく単なる個人であるなら、
1657 条に従って見事な投機をなしえたであろうが、売主が職業としての投機
家（spéculateur par état）であるゆえに投機が禁じられる」という不当な帰結
が生じると述べて、1657 条の商事適用を否定するバルドシュの見解を批判す
る[14]。

　商業の性質から 1657 条の商事適用を肯定するトロロンの見解に対し、商法
学から反駁を加えるのが、ドゥラマール／ル・ポワトヴァン（E. Delamarre/
Le Poitevin）である。彼らは、先に見た 1828 年の破毀院民事部判決を次の三
つの根拠、第 1 に 1657 条の文言は一般的であること、第 2 に民事取引と商事
取引とで区別する理由がないこと、第 3 に民法典から数年後に現れた商法典に
は 1657 条に対する如何なる例外も含まれていないことの三つの根拠からなる
と見て[15]、各々の根拠に対して批判を加える。先のトロロンの議論と関係す
るのは、第 2 の根拠に関する批判である[16]。

---

14)　Troplong, supra note 13, n° 680, p. 150-151.

15)　E. Delamarre/ Le Poitvin, Traité théorique et pratique de droit commercial, tome 4,
　　nouv. éd., 1861, n° 245, p. 432.

16)　第 1 の根拠に関しては、おおよそ次のように述べる。作物（denrées）と商品（mar-
　　chandises）とは、一般的な用語法ではほとんど異ならないが、商法の用語法では同じ
　　意味ではない。商品という語は名詞というよりも、商人が転売のために購入する作物と、

第 2 節　仏民 1657 条の様相　　239

　ドゥラマール／ル・ポワトヴァンによれば、トロロンが 1657 条の当然解除を買主による取引放棄の推定により正当化するのは、論点先取りの不当前提である[17]。個人間あるいは消費者と小売商人との間で行われる売買に 1657 条が適用される場合には、売主の催告の手間と当然解除によって買主に生じる損害の僅少さゆえに、相当の根拠がある[18]。このような民事売買に対して、商人間で行われる商事売買では投機（spéculation）が重要であり、この場合に引取期限の経過のみを理由とする当然解除を認めることは、買主に甚大な損害を引き起こす。買主は当該売買から得られる利益を失うのみでなく、転売相手に対して損害賠償の義務を負うからである。また、売主が誠実なら売買契約を解除する前に買主に催告をするであろうし、仮に引取期限を過ぎても売主には損害は生じない。というのは、売主がすでに代金を受領している場合には損失は生じないし、売主が代金の支払を受けておらず、売主の下にある商品の価格が下落したとしても、売主は買主に催告を行い、その後に裁判官の許可を得て買主の危険と計算のもとで商品を売却し、不足分を買主に請求できるからである[19]。

　先に見たように、トロロンは、転売による投機という商業の性質ゆえに、簡易で迅速な契約解除を認める 1657 条を商取引に適用してよいと考えていた。この解除により、売主は、別の当事者と新たな取引が可能となる。したがって、

　　生産者が商人又は消費者に売却する作物とを区別するための形容詞である。作物と商品とを区分することは、商法典 632 条が定める商事管轄の最も重要な基礎であり、立法者が marchandise の語を削除したときから、1657 条を商事売買に適用することはできない。立法者は 1657 条の表現を限定的な意味で用いていた。以上につき、Delamarre/ Le Poitvin, supra note 15, n° 246, p. 432-433.

　　第 3 の根拠に関しては、おおよそ次のように述べる。商法典を施行する 1807 年 9 月 15 日の法律は、商事に関するすべての古法を廃止するが、慣習に関しては何も述べておらず、また、商法典は売買について証拠に関する唯一の規定を置くのみである。それゆえ、商事売買を規律する慣習が保持されており、この慣習こそが、引取期限の徒過のみを理由とする解除権を売主に認めないという、国務院の議論で現れたものである。商法典登場後も妥当するこの慣習に基づき、1657 条を商事売買に適用すべきでない。以上につき、Delamarre/ Le Poitvin, supra note 15, n° 249, p. 438-440.

17）Delamarre/ Le Poitvin, supra note 15, n° 247, p. 434.

18）Delamarre/ Le Poitvin, supra note 15, n° 243, p. 429-430 et n° 247, p. 434.

19）Delamarre/ Le Poitvin, supra note 15, n° 247, p. 434-436.

240 第3章 フランス民法典1657条による当然解除

ここでは、販売を行う商人売主にとっての当然解除の有用性が考慮されている。
これに対して、ドゥラマール／ル・ポワトヴァンは、思考の出発点において、
商事売買と民事売買とを区別する。民事売買では、その対象となる動産の価値
が僅少であることから、買主の不引取が取引の放棄を意味するとの考え方が妥
当し、売主による当然解除が肯定されてよい。しかし商事売買では、対象とな
る動産の価値が僅かとは言えず、転売による投機を前提とする商人が当然解除
により被る損失は大きい。それゆえ彼らは1657条の適用を否定する。トロロ
ンの見解と対比すれば、ドゥラマール／ル・ポワトヴァンの見解では、購買を
行う商人買主にとっての当然解除の不利益が重視されている。19世紀中葉の
商法学では、ドゥラマール／ル・ポワトヴァンの見解を中心に、1657条の商
事適用を否定する見解が優勢を占める[20]が、その基礎には、商人を商行為概
念により規律し、その商行為の中核に転売目的のための購買を置く、したがっ
て商人が買主として現れるフランス商法典の基本構想[21]との連続性を見出せ
る。

しかし、商法学が一枚岩であったのではない。商法を民法との関係で論じる
マッセ（G. Massé）は、商人および商業の利益を強調しながらも、異なる角度
から1657条を捉えて同条の商事適用を肯定する。彼は、1657条の商事適用を
否定する見解が二つの主たる根拠、すなわち国務院の議論において1657条に
与えられた限定的な意味から引き出される根拠と、商業の利益から引き出され
る根拠とに依拠すると理解し[22]、これに批判を加える。ここで関係するのは、
後者の根拠に対する批判である[23]。

---

20) J. Bédarride, Commentaire du Code de commerce, Livre I, Titre 7: Des achats et
   ventes, 1862, n°s 299 et s., p. 383 et s.; I. Alauzet, Commentaire du Code de commerce et
   de la législation commerciale, 2 éd., tome 3, 1871, n°s 1170-1171, p. 118-121; I. Alauzet, Du
   caractère du droit commercial, in: Revue de législation et de jurisprudence, tome 21, 1844,
   p. 330-331.

21) 商行為を列挙する商法典632条は、その冒頭に、転売のために行う作物およびその他
   の商品の「購入」を挙げる。この「売りのための買い」とも言える商行為の歴史的ない
   し思想史的意味については、水林彪「ナポレオン法典における civil と commercial」飯
   島紀昭ほか編『市民法学の課題と展望』（日本評論社、2000年）115頁以下を参照。

22) G. Massé, Le droit commercial dans ses rapports avec le droit des gens et le droit civil,
   tome 3, 3e éd., 1874, n° 1837, p. 383-384.

第2節　仏民1657条の様相　　**241**

　マッセは、商業の利益は商人の利益であり、それは正義と公平であるとする。そしてその内実を、合意の期限に商品を引き取らないことで義務違反を犯したのは買主なのであるから、その義務違反により生じた状況を売主が利用することは正当なことである、と考える。それでは、売主にのみ当然解除の権利が与えられるのはなぜか。マッセは、売却物がすでに引き渡された事案と対比して、これに答える。売主が商品をすでに引き渡し、買主による代金支払義務の違反がある場合には、解除は当然に生じず、裁判所の判決を要することになるが、この帰結は売主が買主の信用に従ったからである。また、売主が目的物をすでに引き渡した場合には、当然解除を主張することはできない。買主が物を所持しており、売主が買主に物の返還を求めるには権原（titre）が必要であり、この権原となりうるのは、売買の解除を言い渡す判決のみだからである[24]。

　以上のようなマッセの理解に従えば、1657条による当然解除は、裁判解除の原則を離れて売主を特別に優遇する手段ではなく、商品未引渡しという事案の特殊性ゆえに認められる手段となる[25]。1657条の裁判外解除を事案の特殊性といういわば中立的な要因に由来するものと考えるゆえに、売主が商品価格の相場変動を有利に利用する結果を招くとしても、それは商業において正義と

23）前者については、おおよそ次のように述べて、1657条の商事適用を肯定する。すなわち、確かに国務院における審議の議事は起草者たちが規定に与えようとした射程の重要な指針であるが、それが権威をもつのは議事録に解決する権限のある問題においてのみである。しかるに、民法典はその規定が商事に適用されるか否かを商法典に先送りするのみなのであるから、民法典の議事録がさらに進んで商事の問題を扱うことはできず、商法典のみが民法の規律に対する例外を設けるべきである。したがって、商法典が民法典に抵触する規定をもたないとき、民法が商法となり、民法典1657条は民事売買と同様に商事売買も規律することになる。また、民法典1657条が「作物および動産物件」と定め、「商品」を排除している点については、確かにあらゆる作物および動産物件が商品となるのではないが、しかし商品となりうるのは動産物件なのであるから、あらゆる商品が動産物件である。したがって、特別の例外が存在しない限り、商品は一般に動産物件という名称の下で理解される。しかし、この特別の例外は民法典1657条には見当たらない。以上につき、Massé, supra note 22, n° 1837, p. 384-385.

24）以上につき、Massé, supra note 22, n° 1837, p. 385-386.

25）先に1657条の商事適用を肯定する見解として本文で取り上げたトロロンも、効果について論じる文脈においてであるが、裁判所の介在なく当然に生じるこの解除の理由を「売主が物を所持しており、売買が履行されていないこと」に求める。Troplong, supra note 13, n° 677, p. 146.

242　第3章　フランス民法典1657条による当然解除

公平にかなうものとなる。

　(4)　民法典1657条の商事売買への適用の可否をめぐる論争は、19世紀末から20世紀初頭にかけて、民法学でも商法学でも、1657条の商事への適用を肯定する見解が支配的なものとなることで、収束に向かう[26]。

　商事適用否定説の主要な論拠の一つは、国務院における議論の際にカンバセレスが1657条の商取引への適用を明確に否定した点にあった。この点については、これまでと同様に、民法典公布後に現れる商法典に同条を排除する規定が含まれていないことが挙げられるのみでなく、さらに進んで、起草過程における国務院の位置付け自体が問われることになる。すなわち、国務院は厳密な意味での立法者ではなく、したがってその議事録は解釈者を拘束するものではないと理解されることになる[27]。これと入れ替わるようにして、同じく起草過程に属する立法府での審議の際にポルタリスが行った起草趣旨説明が取り上げられることになる。ポルタリスは不動産に比して動産は価格変動が激しく、「同じ利益でもって取引（commerce）で流通するのではない」と述べ、不動産と動産との性質の相違から、1657条を説明していた[28]。19世紀末には、国務

---

26)　民法典1657条の商事適用を肯定する民法学の文献として、V. Marcadé, Explication théorique et pratique du code civil, tome 6, 7ᵉ éd., 1875, nᵒ II, p. 309 note 1; F. Laurent, Principes de droit civil, tome 24, 2ᵉ éd., 1876, nᵒ 312 bis, p. 305; L. Larombière, Théorie et pratique des obligations, tome 3, nouv. éd., 1885（Réimp. 1997), Art. 1184, nᵒ 50, p. 148; L. Guillouard, Traités de la vente et de l'échange, tome 2, 1890, nᵒ 637, p. 174-177; T. Huc, Commentaire théorique et pratique du code civil, tome 10, 1897, nᵒ 173, p. 238; G. Baudry-Lacantinerie/ L. Saignat, Traité théorique et pratique de droit civil, De la vente et de l'échange, 3ᵉ éd., 1908, nᵒ 596, p. 632-633; A. Colin/ H.Capitant, Cours élémentaire de droit civil français, tome 2, 5ᵉ éd., 1928, p. 487; L. Josserand, Cours de droit civil positif français, tome 2, 1930, nᵒ 1129, p. 537-538.

　また、同条の商事適用を肯定する商法学の文献として、A. Laurin, Cours élémentaire de droit commercial, 3ᵉ éd., 1890, nᵒ 101, p. 69; P. C. J. B. Bravard-Veyrières/ C. Demangeat, Traité de droit commercial, tome 2, 2. éd., 1892, p. 475; E. Thaller, Traité élémentaire de droit commercial, 4ᵉ éd., 1910, nᵒ 1041, p. 524 note 1; L. Lacour/ J. Bouteron, Précis de droit commercial, tome 1, 3ᵉ éd., 1925, nᵒ 807, p. 594; C. Lyon-Caen/ L. Renault, Traité de droit commercial, tome 3, 5ᵉ éd., 1923, nᵒ 121, p. 118-119.

27)　Laurent, supra note 26, nᵒ 312 bis, p. 305; Guillouard, supra note 26, nᵒ 637, p. 177. また、J. Paramelle, De l'obligation pour l'acheteur d'effets mobiliers de prendre livraison, 1927, p. 65.

第2節　仏民1657条の様相　　**243**

院におけるカンバセレスの発言よりも、立法府で行われた、商業をも意味する commerce という語[29]を含むポルタリスの趣旨説明が重視されることになり、1657条の商事適用を肯定するにあたって、この説明は「民事売買よりも商事売買に当てはまる」と認識される[30]に至る。

　また、1657条の商事売買への適用を肯定する見解が勢力を増す過程で、同条が定める売主の当然解除の根拠付けそれ自体も変化する。起草過程では、売主にのみ認められる当然解除という法的手段は、民事売買を想定しつつ、期限に売却物を引き取らない買主による「取引の放棄」という観点から説明されていた。しかし、期限での引取がないことを取引の放棄と理解することは、19世紀中葉の商法学者が示したように、高額の動産商品を購入する商人買主にとっては事態に即したものではない。そこで1657条の商事適用を肯定しようとする19世紀末から20世紀初頭の民法および商法学説は、転売目的をその属性とする商事売買の特性に依拠して、同条の定める当然解除を説明しようと試

28）前節第1款(3)を参照。

29）前節第1款注13）に示したように、国務院においてカンバセレスが仏民1657条（草案76条）の商事適用を明確に否定したことを考慮して、ポルタリスの起草趣旨説明にある commerce を、単に「取引」と訳出した。ポルタリス自身の用語法を見れば、国務院の草案を立法府に付議する際に付加された序論で、commerce de la vie civil と commerce proprement dit とを明確に区別し、後者は民法典というもののプランの中に入れることのできないものとする（P. A. Fenet, Recueil complet des travaux préparatoires du code civil, tome 1, 1827（réimp. 1968）, p. 512-513. ポルタリス（野田良之訳）『民法典序論』（日本評論社、1947年）80頁）。ここでは、民事の commerce と商事の commerce という理解がなりたつ。もっとも、不動産と動産との区分によって純粋に民事的な物と商事的な物との区分が与えられ、動産は commerce の分野に属し、不動産は loi civile の管轄に属するという記述も見られる（Fenet, *op. cit.*, p. 508. ポルタリス・前掲・73頁）。ポルタリスが起草趣旨説明において用いた commerce の意味を確定することはできないが（Paramelle, supra note 27, p. 65-66 は、ポルタリスが起草趣旨説明に commerce の語を用い、その説明をもとに立法府での投票が行われたのであるから、立法者たちは商事売買を十分に視野に入れていたとする）、19世紀末になり、彼の起草趣旨説明が1657条の商事適用否定論を反駁する際の重要な根拠の一つとして用いられたことは確かである。なお、commerce の語源史に関する近時のものとして、J.-L. Sourioux, La vie du mot «commerce», in: Livre du bicentenaire du Code de commerce, 2007, p. 53 et s.を参照。

30）Guillouard, supra note 26, n° 637, p. 177; Baudry-Lacantinerie/ Saignat, supra note 26, n° 596, p. 632-633.

244　第3章　フランス民法典 1657 条による当然解除

みる。

　その試みの内実は多様である。例えば、売却商品に代わって他の商品を受け入れるための場所の確保を強いられること[31]、商品の腐食や悪化を回避すること[32]、商品の価格変動から利益を受け、またそれにより生じる危険から身を守ること[33]、などである。いずれの説明も、転売を生業とする商人が売主として登場する局面での、当然解除の有用性に焦点を合わせている。

　こうして 20 世紀も中葉になると、1657 条を商事事件に適用することは判例および学説が一致して認めるところとなり[34]、1657 条の商事適用の可否をめぐる論争は「もはや歴史的意義しかない」[35]と評されることになる。

　(5)　以上に見てきたように、フランス民法典 1657 条の適用範囲は、19 世紀の時の経過の中で、国務院の議論で明確に示されたその境界を越えて拡大した。判例は早々に国務院の意思表明とは逆の立場を示し、商事売買への 1657 条の適用を肯定した。これに対し、学説は、民法典制定直後は、国務院において示された認識と同様に、商事売買への 1657 条の適用を否定していた。しかし、19 世紀中葉には、転売による投機という商業の特質に対する理解の相違を背景にして、商事売買への同条の適用の可否が論じられる。そして 19 世紀末から 20 世紀初頭には、1657 条による裁判外の解除はむしろ商取引にこそ相応しいものと認識されるに至る。本章の冒頭で示した、フランス民法典において例外則となる 1657 条を実務上の諸利益から説明する見解は、ここに位置する。

---

31)　A. M. Demante/ É. Colmet de Santerre, Cours analytique de code civil, tome 7, 1873, n° 102 bis, p. 128; G. Baudry-Lacantinerie/ L. Barde, Traité théorique et pratique de droit civil, Des obligations, tome 2, 3ᵉ éd., 1907, n° 922, p. 114; M. Planiol/ G. Ripert, Traité élémentaire de droit civil, tome 2, 10ᵉ éd., 1926, n° 1525, p. 531 のほか、Guillouard, supra note 26, n° 637, p. 174-175; Baudry-Lacantinerie/ Saignat, supra note 26, n° 594, p. 631.

32)　Planiol/ Ripert, supra note 31, n° 1525, p. 531; Colin/ Capitant, supra note 26, p. 486.

33)　Larombière, supra note 26, Art. 1184, n° 50, 148; Colin/ Capitant, supra note 26, p. 486; Laurin, supra note 26, n° 101, p. 69; Thaller, supra note 26, n° 1041, p. 524 note 1; Lyon-Caen/ Renault, supra note 26, n° 121, p. 119; Lacour/ Bouteron, supra note 26, n° 807, p. 594; Baudry-Lacantinerie/ Barde, supra note 31, n° 922, p. 114.

34)　M. Planiol/ G. Ripert/ J. Hamel, Traité pratique de droit civil français, tome 10, 1. partie, Contrats civils, 2ᵉ ed., 1956, n° 291, p. 361; G. Ripert, Traité élémentaire de droit commercial, 2ᵉ éd., 1951, n° 2257, p. 866.

35)　J. Hémard, Les contrats commerciaux, 1953, n° 268, p. 143.

第2節　仏民1657条の様相　245

　前節において、フランス民法典上は例外となる裁判外解除が認められた理由
の一つとして、1657条の解除原因たる引取義務違反が買主による引取の放棄
と見なしうると考えられたことを確認した[36]。確かに、動産を一般に価値な
きものとする民事売買では、このような理解は妥当しうる。しかし、商事売買
では、動産を価値の低いものとして扱い、引取義務違反を買主による取引放棄
と評価することはできない。それゆえ学説は、実務上の要請に応じて商事売買
への1657条の適用を肯定する際に、商業の性質ないし実態に即した説明を試
みる。このような変化の基礎には、豊富な需要と供給のある市場を前提とし、
転売による利潤獲得を目的とするがゆえに、当該契約における現実の履行の優
先度が相対的に低い19世紀的な商事売買があることを看過できない。引取義
務違反が商事売買において有する意義は、民法典起草時に1657条の適用対象
として想定された民事動産売買におけるそれとは異なれども、当該契約におけ
る現実の履行に対する優先度というより抽象的な次元で共通している。

第2款　運用状況

　(1)　商事売買への適用が肯定され、自らの機能を存分に発揮できる領域を拡
大した1657条は、現実にはどのように運用されたのか。普通法たる1184条が
定める裁判解除との関係に留意しつつ、要件および効果に関する議論状況を一
瞥する[37]。

　仏民1657条に基づき解除が法律上当然に、すなわち裁判外で生じるための
第1の要件は、解除される売買が作物および動産物件を対象とすることである。
この要件は「動産物件 (effets mobiliers)」という、不動産と比べて開かれた文
言を含むために[38]、広く理解される。有体物でも無体物でもよく、また特定
物でも種類物でもよい[39]。しかし、文言上明らかなように、不動産の売買に

---

36)　前節第3款を参照。

37)　仏民1657条をめぐる以下の記述については、北居功「売買における買主の引取遅滞
　　制度の意義と機能」法学政治学論究4号（1990年）159頁以下〔同『契約履行の動態理
　　論I』（慶應義塾大学出版会、2013年）184頁以下〕も参照。

38)　不動産と動産との区分およびその変化に関して、片山直也「財産」北村一郎編『フラ
　　ンス民法典の200年』（有斐閣、2006年）182-184頁を参照。

39)　Laurent, supra note 26, n° 314, p. 306-307; Guillouard, supra note 26, n° 638, p. 177;

246 第3章 フランス民法典1657条による当然解除

は適用されない[40]。したがって、不動産売買においては、当事者たちの特別の合意のない限り、引取義務違反であっても普通法たる1184条が適用され、解除には裁判上の請求を要する。

第2の要件は、引取のため合意された期限が存在することである。この「引取（retirement）」概念については、20世紀初頭から立木伐採取引の事例を素材に議論が展開し[41]、観念的な引渡しをも含む法的な意味での占有の移転ではなく、売主の店舗から商品を持ち去るなどの物の物理的な移転と理解される[42]。

引取のための期限は、1657条が「合意された期限（terme convenu）」と定めるとおり、両当事者の合意に基づくものでなければならない。引取期限が合意により明示的に定められていない場合、引取期限に関する慣習が存在すれば、当事者たちが反対の意思を示していない限り、その慣習に従う黙示の合意の存在が認められ、売主には1657条に基づく裁判外解除の権利が与えられる[43]。

問題は、引取期限に関する合意も、それを補う慣習も存在しない場合である。この場合について、付遅滞を定める仏民1139条[44]において催告と合意とが同

Baudry-Lacantinerie/ Saignat, supra note 26, n° 595, p. 631-632; Lyon-Caen/ Renault, supra note 26, n° 122, p. 119; Planiol/ Ripert/ Hamel, supra note 34, n° 288, p. 355.

40) Troplong, supra note 13, n° 677, p. 147 は、動産売買と比べて、不動産売買では、価格の変化は僅かの遅滞で回復しがたい損害を引き起こすほどに激しいものではない、と述べる。

41) 詳しくは、北居功「民法四一三条と買主の引取遅滞制度との関係（1）」法研70巻7号（1997年）36頁以下〔同『契約履行の動態理論 I』（慶應義塾大学出版会、2013年）203頁以下〕を参照。

42) C. Giverdon, Les obligations fondamentales de l'acheteur, in: J. Hamel (dir.), La vente commerciale de marchandises, 1951, n° 43, p. 277-278 のほか、Planiol/ Ripert/ Hamel, supra note 34, n° 289, p. 358; Hémard, supra note 35, n° 265, p. 142.

43) Laurent, supra note 26, n° 315, p.307-308; Guillouard, supra note 26, n° 633, p. 172; Baudry-Lacantinerie/ Saignat, supra note 26, n° 597-598, p. 633-634; Lyon-Caen/ Renault, supra note 26, n° 123-124, p. 119-120; Planiol/ Ripert/ Hamel, supra note 34, n° 288, p. 356; Giverdon, supra note 42, n° 52, p. 284. 例えば、Paris, 26 décembre 1918, D. 1920, 2, 40 は、鉄くずの商事売買において引取期限が定められていない場合、商取引は商慣習により規律されるとして、売買後即座に引き取るとの慣習に従い、1657条により売主のために解除が当然に生じることを肯定する。

44) 前注6）を参照。

視されていることを根拠にして、売主が買主に行う催告が引取期限の合意に代わると考え、売主のために裁判外の解除が生じるとする見解がある[45]。しかし、支配的な見解によれば[46]、契約当事者の一方的な意思に由来する催告と両当事者の推定的な合意に依拠する解除とは異なること、あるいは1657条は例外規定であるゆえにそれが想定する事案に限定して適用されねばならないことを理由に、売主が買主に売却物の引取について催告を行ってもなお解除は当然に生じず、売主が売買契約を解除するには、普通法たる1184条に従い、裁判上の請求を要する。下級審判決には、売主が引取の期限を付した催告を行い、この期限を過ぎてもなお買主が売却物を引き取らない場合に1657条による解除を肯定するものも見られるが[47]、破毀院は、引取期限が合意で取り決められていない場合、この期限に関する当事者の合意を裁判外で送達された催告でもって代えることはできないと述べ、支配的な見解と同様の立場をとる[48]。例外則である1657条の裁判外解除は、条文の定めに厳格に従い、合意による引取期限の存在する事案に限定される[49]。

---

45) Troplong, supra note 13, n° 679, p. 147-148; Toullier/ Duvergier, supra note 12, n° 474, p. 582.

46) C. Demolombe, Cours de code napoléon, tome 25, 1878, n° 545, p. 523-524; C. Aubry/ C. Rau, Cours de droit civil français, tome 4, 4ᵉ éd., 1871, § 356, p. 395 note 3 のほか、Massé, supra note 22, n° 1835, p. 381-382; Marcadé, supra note 26, n° II, p. 308-309; Laurent, supra note 26, n° 311, p. 303 et n° 316, p. 308; Larombière, supra note 26, Art. 1184, n° 50, p. 147; Guillouard, supra note 26, n° 632, p. 171-172; Huc, supra note 26, n° 173, p. 238; Baudry-Lacantinerie/ Saignat, supra note 26, n° 597, p. 633-634; Josserand, supra note 26, n° 1128, p. 537; Lyon-Caen/ Renault, supra note 26, n° 123, p. 119-120; Lacour/ Bouteron, supra note 26, n° 807, p. 594; Hémard, supra note 35, n° 269, p. 144; Giverdon, supra note 42, n° 52, p. 284.

47) Douai 8 janvier 1846, S. 1846, 2, 252; Bordeaux 8 décembre 1853, S. 1854, 2, 395（2ᵉ espèce）. もっとも、後者は、売主が買主に引取期限を定めて催告をしていることから、1657条の適用に際して両当事者の合意による引取期限ではなく、売主の催告による期限でもよいとする判決として引用される（例えば、Planiol/ Ripert/ Hamel, supra note 34, n° 288, p. 356 note 6; Giverdon, supra note 42, n° 52, p. 284 note 2. なお、両者ともに判決の出典を595頁とするが、判決内容から見て誤記と思われる）が、実際には引取期限に関する慣習の存在が肯定されている。

48) Cass. civ., 17 décembre 1879, D. 1880, 1, 133; S. 1880. 1, 217. また、Cass. req., 14 avril 1886, S. 1890, 1, 438 も参照。

49) 近時の教科書である J. Ghestin/ J. Huet, Traité de droit civil, Les principaux contrats

248　第3章　フランス民法典1657条による当然解除

　第3に、合意された期限での引取のないことが買主の「所為（fait）による」ものでなくてはならない[50]。この要件は1657条の文言から直ちに明かになるものではない。しかし、引取のないことが買主の責めに帰される（imputable）場合にのみ、この裁判外解除という特別なサンクションが理解できるとされる[51]。

　引取のないことが買主の所為によるか否かは、事実審裁判官が専権的に評価する事実問題である[52]。例えば、破毀院審理部1920年12月20日判決[53]は、継続して引渡しが行われる受注取引において、売主が商品を買主の処分に委ねることのないまま合意の期限に引取が行われなかったという事案において、その期限を徒過したのは、各引渡時期を買主が選んで売主に知らせねばならなかったのにこれを怠ったからであったということから、1657条に基づく売主からの解除を認めている。

　したがって、逆に、引取のないことが売主の所為によるものなら[54]、1657

---

　　spéciaux, 1996, n° 11435, p. 395 は、引取のために定められた期限が存在するか否かは決定的なことではなく、重要なのは、買主が引取をしない場合に負うリスクを認識していること、売主が迅速に自由を回復できることである、と述べ、厳格な解釈をゆるめる方向を示唆する。

50)　Planiol/ Ripert/ Hamel, supra note 34, n° 288, p. 356-357.

51)　Giverdon, supra note 42, n° 52, p. 285.

52)　Planiol/ Ripert/ Hamel, supra note 34, n° 288, p. 357. 破毀院は、買主による引取の期限が定められ、その期限の前に買主が売主の引渡しに必要な袋を渡すことになっていたが、袋を引き渡すことのないまま引取期限が経過した事案で、控訴院が当事者の意思および諸事情に従い合意を解釈して、売主に袋を与えることが引取の第一の最も重要な作業であると判断したことが、事実審裁判官の専権的な評価権能に属し、破毀院のコントロールを免れる、と判断した（Cass. req., 1 mai 1928, S. 1928, 1, 259）。

53)　Cass. req., 22 décembre 1920, S. 1921, 1, 197; D. 1921, 1, 37（2e espèce）.

54)　引取のないことが買主の所為によるものでもなく、しかし売主の所為によるものでもない場合、すなわち不可抗力（force majeure）による場合にはどのように判断されるのか、という問題が生じる。この点について比較的詳しく論じる Giverdon, supra note 42, n° 54, p. 286-287 は、まず、普通法たる1184条の解除が不可抗力に起因する不履行の場合でも適用されることを確認した上で、例外則たる1657条の解除が普通法上の解除の強化された適用の一つであるゆえに、不可抗力による不引取の場合にも適用されるのか、と問う。この問いに対して彼は、1657条はむしろ懈怠ある買主（acheteur négligent）に対する特別のサンクションとして分析され、買主はこの懈怠を理由に売主に損害を引き起こし、この損害を回避するために売主は契約を当然に解除されたものとする

条に基づく解除は認められない[55]。例えば、破毀院民事部 1929 年 4 月 13 日判決[56]は、4 ヶ月間で 400 樽のワインを売主がある駅まで送付して引き渡し、買主の運送人がこれを貨車に積み込むという方法で引き取る契約において、合意の期限までに全量の引取が行われなかったが、その期限を経過したのは、売主が初回の 100 樽の引渡後、この駅で行われている発送作業の中断を理由として、買主の運送人による商品の受領および買主の住所への転送の可否を事前に知らせない限りは商品を引渡駅まで送付できないと連絡し、これに対して買主が駅内の混雑を理由に分割して送付するように返信したにもかかわらず、売主が商品を送付しなかったからであるという場合、売主が商品を買主の処分に委ねるために必要な手段をとるという自らに課された義務を怠っているので、1657 条は適用されないと判断する。

　ところで、先に見たように、1657 条で定められた引取は物の物理的な移転を意味するため、売主は、合意された期限を経過しても売却物が自己の支配下にあるという客観的で定型的な事実を理由に売買契約を解除できる。このとき、買主の所為によるという第 3 の要件は、原則たる裁判解除と比べて迅速かつ簡易な手段である 1657 条の解除を、事後的な裁判の形式の下で制限するものとして作用する。別言すれば、1657 条による解除が、裁判所の判断にさしあたりは左右されないという意味で確実な手段でもあることを示している。

　(2)　以上の要件が満たされた場合、仏民 1657 条に基づく解除は「法律上当然に（de plein droit）」生じる。もっとも、期限に引取がないことによって自動

ことができるのだから、この懈怠が買主の所為によらない不可抗力の場合には、1657 条ではなく、法の一般原則（債務の相互性）に基づく 1184 条の解除が存在する、と説く。

55) Guillouard, supra note 26, n° 635, p. 173; Baudry-Lacantinerie/ L. Saignat, supra note 26, n° 601, p. 636; Josserand, supra note 26, n° 1128, p. 537; Lyon-Caen/ Renault, supra note 26, n° 126, p. 120-121.; Lacour/ Bouteron, supra note 26, n° 807, p. 594; Planiol/ Ripert/ Hamel, supra note 34, n° 288, p. 357.

56) Cass. civ., 13 avril 1929, D. H. 1929, 265; S. 1929, 1, 246. 他にも、Cass. civ., 16 mai 1922, D.1922. 1. 130（2ᵉ espèce）; S. 1922. 1. 358 は、引取のないことが売主の所為に基づくゆえに 1657 条の当然解除を否定する（商品引渡しの期限が 1914 年 8 月中であるのに、期限到来前の同月 10 日に戦争によって契約は解消された旨を書留郵便でもって買主に知らせた事案）。

250 第3章 フランス民法典 1657 条による当然解除

的に解除の効果が生じるのではない。1657 条が示すように、この解除は「売
主のために（au profit du vendeur）」生じる。売主にとって 1657 条の当然解除
は一つの権能であり、自らに利益のあるときは、合意の期限を過ぎても、買主
に対して引取を求めることができる[57]。売主が部分的な引渡しを行っても、
この解除権を放棄したことにはならない[58]。売主が引取の期限を定めて催告
をして付遅滞の手続を取っても同様である[59]。履行を求める行為が 1657 条に
よる解除権の放棄に当たるか否かは、事実審裁判官が専権的に判断する[60]。

　売主が 1657 条に基づいて売買契約を解除するとき、売主はこれに加えて買
主に損害賠償を求めることもできる。1657 条は裁判上の請求という点を別と
すれば 1184 条の一適用でしかなく、1184 条によれば解除とともに損害賠償を
請求できるからである。したがって、売主は、売買契約を解除した上で、商品
保管費用の償還を求めることも、また被った損害の賠償を求めることもでき
る[61]。1657 条の定める例外側の効果は、裁判上の請求なく解除できるという
点にのみあり、その他の効果については普通法たる 1184 条に従う。

　ところで、1657 条に基づく解除が買主による売却物の引取のない事案を対
象とすることから、単発的な売買契約を想定するならば、売却物の返還請求に
関する問題は生じない。問題が生じるのは引取が数回に分けて行われる売買契
約の場合である。学説は次のように説明する。すなわち、初回の引取が行われ
なかった場合には、残りの引取についても解除の効力が及び、売主は売却物す
べてに関して処分の自由を回復する。初回以降のある時点で引取が行われない
場合には、残りの引取分については同様に解除の効力が及び、すでに買主に引
き取られた商品については買主がその価値を売主に弁済しなければならな

---

57) Baudry-Lacantinerie/ Saignat, supra note 26, n° 600, p. 635; Planiol/ Ripert/ Hamel,
　　supra note 34, n° 289, p. 358. また、Cass. req., 17 février 1903, D. 1903, 1, 191; S. 1903, 1,
　　403.

58) Planiol/ Ripert/ Hamel, supra note 34, n° 289, p. 360.

59) Hémard, supra note 35, n° 269, p. 144.

60) Cass. civ., 20 janvier 1908, D. 1908, 1, 125; S. 1908, 1, 310.

61) Laurent, supra note 26, n° 310, p. 302-303 et n° 317, p. 308-309; Guillouard, supra note
　　26, n° 636, p. 174; Huc, supra note 26, n° 173, p. 239; Lyon-Caen/ Renault, supra note 26, n°
　　127, p. 121; Planiol/ Ripert/ Hamel, supra note 34, n° 289, p. 358-359; Hémard, supra note
　　35, n° 271, p. 145.

い[62]。継続的契約に対する観念が一定程度成熟した後[63]には、前者の場合には遡及効を伴う解除（résolution）が、後者の場合には遡及効を有さない解約（résiliation）が妥当すると説明するものもある[64]。

（3）　売主に裁判外の解除を認めることで、売主は売却物の処分の自由を迅速かつ確実に回復し、別の買主にあらためて売却できることになる。売主にとって有用なこの手段が、相手方たる買主に不履行ないし義務違反があることのみを理由とするなら、代金支払義務違反の事案においても認められてよいことになる。実際、古くには、買主による代金不払いの場合にも売主に1657条に基づく当然解除を認める見解も存在する[65]。

しかし、1657条が普通法に対する例外則であることから厳格に解釈され、買主の代金不払いに基づく当然解除は一般に否定される[66]。合意された期限での買主による代金不払いが不能であることにより、売主のために解除が当然に生じるのではない旨を示す裁判例もある[67]。

もっとも、このような厳格な解釈が、実務上、1657条による解除の有用性をどの程度限定するかは、注意を要する。商事売買にはしばしば期限が付され[68]、信用売買であれば買主による代金支払義務違反よりも引取義務違反が時間的に先行することになる。また、代金支払のために付された期間が、事実問題として、引取期限の黙示の合意を含むと評価されることもあり得る[69]。1657条に基づく裁判外の解除は、規範の局面で厳格に解釈されてもなお、実

62）Baudry-Lacantinerie/ Saignat, supra note 26, n° 599, p. 634-635; Lyon-Caen/ Renault, supra note 26, n° 125, p. 120.

63）本文で扱われている時代のフランスにおける、継続的契約に関する一般的な理解状況として、中田裕康『継続的売買の解消』（有斐閣、1994年）122頁以下を参照。

64）Hémard, supra note 35, n° 269, p. 144.

65）A. Duranton, Cours de droit français suivant le code civil, tome 16, 1833, n° 386, p. 407.

66）Guillouard, supra note 26, n° 635, p. 173-174; Baudry-Lacantinerie/ Saignat, supra note 26, n° 603, p. 638.

67）Cass. civ., 12 décembre 1876, D. 1877, 1, 228; S. 1877, 1, 459.

68）Lyon-Caen/ Renault, supra note 26, n° 150, p. 138.

69）Planiol/ Ripert/ Hamel, supra note 34, n° 288, p. 355 は、代金支払期限が同時に引取期限でもあることを指摘する。また、Cass. civ.（sect. comm.）, 21 avril 1950, S. 1951, 1, 47 は、引取期限に関する合意がなくとも、代金支払期限の合意がありそれが引取期限と密接に結びついていることから、当事者意思の解釈として引取期限の存在を認める。

際の運用においては多くの動産売買でその機能を発揮できる。

　（4）　フランス民法典 1657 条が定める裁判外解除は、普通法である 1184 条の定める裁判解除と対比すれば、裁判所の判断にさしあたりは左右されない、契約からの迅速かつ簡易で確実な離脱を認める。この機能を実務上の根拠として商事売買への適用も肯定されたことを考えるなら、1657 条の守備範囲を広げ、積極的に活用する道が開かれてもよい。このような観点から 1657 条の運用の状況を見れば、規範の次元では、同条の定める裁判外解除の要件は例外則ゆえに厳格に解釈され[70]、裁判解除の原則に取って代わることはなかった。しかし他方で、事実の次元では、1657 条の定める裁判外解除は、問題をかかえた取引からの離脱を認めて新たな取引の締結を可能とする手段として、十全に機能するものであった。

---

70) Hémard, supra note 35, n° 269, p. 143; Giverdon, supra note 42, n° 48, p. 281 et n° 55, p. 288.

第3節 ま と め

（1）　買主の引取義務違反を理由として、フランス民法典1657条が売主に与える裁判外解除の権利は、起草過程では、不動産取引と価格変動の激しい動産の取引とは性格を異にすること、義務違反ないし不履行を犯したのが他ならぬ買主であること、合意された期限での不引取は買主による売買の放棄と見なしうることにより、説明されていた（第1節第1款）。これらの意味を探るべく、裁判解除の原則に考察を加え、フランス民法典1184条およびその適用たる1654条が不動産売買における売主既引渡しの場合を主たる適用事案として想定していること、また、裁判官による履行期間の付与により合意の現実の履行を優先させるものであることを確認した（第1節第2款）。そして、これとの対比で、1657条に基づく裁判外解除が原則を排除して認められる理由を、第1に、売却物が売主の支配下にある場合の動産売買を適用対象事案とすること、第2に、解除原因たる引取義務違反が現実の履行を受ける買主自身による取引の放棄と評価しうるものであり、現実の履行を優先させる要請が低いものであること、の2点に求めた（第1節第3款）。

　以上のような理由からフランス民法典の内部に設けられた1657条は、起草過程では、商事売買への適用を明確に否定されていた。しかし、1657条の定める裁判外解除が、売却物に関する売主の自由を裁判解除に比して簡易かつ迅速に回復させるものであり、この機能が取引関係の迅速な処理にとって有用であることは疑いない。かくして19世紀の展開の中で、起草過程では明確に否定されていた商事売買への適用が、まずは判例により、やがて学説においても肯定されるに至り、これに応じて学説は裁判解除の原則を排除して1657条に基づく裁判外解除が認められる理由を、商取引の実態に即した観点から把握することになる。その変化の基礎には、フランス民法典起草時に念頭に置かれた民事の動産売買とは性質が異なるものの、現実の履行の優先度が低いという抽象的な次元で共通点を有する商事売買が存在した（第2節第1款）。

　例外則たる1657条は、商事売買への適用が肯定されることで、少なくとも起草時の認識から見ればその適用範囲を拡大した。しかし、裁判によらない解

254　第3章　フランス民法典 1657 条による当然解除

除の簡便性あるいは迅速性にもかかわらず、その機能を発揮するための入口である要件については限定的に解釈される方向にあった。1657 条の定める裁判外解除は、規範としてはそれが有する機能を足がかりとして 1184 条の定める裁判解除にとって代わることはなく、条文の想定する事案に厳格に限定して運用された。しかし、それでも、信用売買などの場面を念頭に置けば、実際の運用において十分に機能するものであった（第2節第2款）。

　(2)　本章の検討を踏まえるなら、1657 条において例外的に裁判外の解除が認められる理由は、次の2点に整理できる。

　第1に、動産未引渡しという適用事案の特殊性である。動産売買において不履行が生じた場合、不動産に比べて価値が低いという動産の性質から見れば、簡易な清算が求められる。返還請求の対象物が買主の支配下にあるとき、その請求の権原として解除を言い渡す判決を要するが、対象物が売主の下にあるならば返還請求を観念する実益は少ない。

　第2に、引取義務違反という解除原因の特殊性である。一般的には価値の低い動産を対象とする民事売買では、現実に履行を受けて売却物を使用する買主自身による不引取は取引の放棄と同視された。これに対して、商事売買においてはその主たる取引対象である動産は必ずしも価値の低いものとは言えないものの、転売による利潤の獲得を目的とする商人売主の立場から、買主の不引取より生じる事態の不都合が指摘され、この事態を回避するものとして、裁判によらない簡易かつ迅速な解除の有用性が説かれた。以上のように、民事と商事とでは論理は異なるものの、買主による引取義務違反は、現実の履行の優先度が相対的に低い。

　以上を要するに、適用事案類型の特殊性を前提とする解除原因の特殊性ゆえに、1657 条は、契約解除の正当性を事前に審査する裁判解除の原則から離れて、それを事後的に審査する例外則として承認されまた維持されたと言える。

　(3)　普通法たる 1184 条による裁判解除から見れば、1657 条による当然解除には、迅速で簡易な契約からの離脱という機能的な有用性がある。それにもかかわらず、1657 条は厳格な解釈の下で運用された。先の検討が正しいとするなら、1657 条による当然解除の機能的有用性が厳しく律される規範上の要因は、適用事案類型を前提とする解除原因の特殊性に求めうる。このとき、その

ような解除原因を特殊なものとする規範上の基礎は、裁判解除準則である。裁判解除準則は例外を許さないものではないが、例外を認めてもなおそれを規律する。ここに、契約の拘束力を背後に有する裁判解除準則の力強さを垣間見ることができるように思われる。

結　　語

　本書の課題は、20世紀初頭までのドイツ法およびフランス法における一般的な法定解除の歴史的展開を素材に、その基礎にある論理を明らかにすること、そしてこの論理との連関においてわが国の法定解除制度を把握することにあった。以下、本書における検討をまとめ、この課題に取り組む。

　⑴　第1部の検討の出発点では、19世紀前中期ドイツの諸法源、すなわち1794年のプロイセン一般ラント法、1811年のオーストリア民法典、普通法（学）、商法（学）といった法源を素材に、解除制度に関連する法状況を見た。各法源において、法定解除の形式は様々であったが、いずれにおいても、契約の解除と同様の帰結すなわち不履行を被った当事者が相手方の履行を拒絶しかつ自己の負担する反対給付義務から免れるという帰結は認められていた（第1章）。

　そのような中、ドイツ民法典における法定解除制度の成立にとって決定的な歩みとされる、1861年の一般ドイツ商法典の解除制度が現れる。一般ドイツ商法典では、法定解除は事前の通知を要件とし損害賠償とは異なる法的手段として定められたが、起草過程を対象とした考察では、それが「売りのための買い」又は「買いのための売り」によって「投機」を行い「利潤」を獲得する商業のために現れたこと、換言すればまさに商法的なものであったことを指摘した（第2章第2節）。ドレスデン草案の起草過程における、一般ドイツ商法典の解除制度への対応からも、このような指摘を裏付けることができた（第2章第3節第2款）。

　そのドレスデン草案では、一般ドイツ商法典の解除制度ではなく、当時の普通法（学）に見られた法的構成である「無益性解除」が採用された。この法的構成のもとでは、債務者からの遅れた給付が債権者にとって無益である場合に限り、損害賠償の特殊な形式として、解除と同様の帰結が認められる。この構

258　結　語

成は、給付の無益性に個別具体的な判断を要する点で解除を例外的な法的手段とするものであり、また、有効に成立した契約の消滅を認めない点で契約の拘束力の原理を遵守するものであった（第2章第3節第1款）。

　かくして、19世紀中葉には、法定解除について、一般ドイツ商法典の解除と普通法（学）の「無益性解除」とが存在することになる。本書では前者を商法的解除、後者を民法的解除と呼んだが、商事法ではなく民事法であるドレスデン草案において商法的解除を否定して民法的解除が採用された事実に、当時の「民法」という観念のもとでの後者の前者に対する優位を見出した（第2章第4節）。

　しかし、19世紀中葉のドイツに見られた両解除のこのような関係は、そのままの形では維持されない。19世紀末の民法典編纂では、普通法（学）上の「無益性解除」から徐々に離れて、逆から言えば一般ドイツ商法典の解除規定の諸特徴を徐々に組み入れて、ドイツ民法典の法定解除制度が現れた。本書では、このような起草の経緯を民法的解除と商法的解除との交錯過程として、これを経て現れた解除制度を両解除の混合物として、以上を総じて「民法の商化」として捉えた（第3章）。

　(2)　ドイツにおける法定解除制度の展開に関する以上の検討と対比して、第2部のフランス法についての検討を整理すると、次のようになる。

　契約の解除について定める1804年のフランス民法典1184条は、自然法的法典編纂として併せて論じられるプロイセン一般ラント法およびオーストリア民法典の規定と対比すれば、解除に裁判を要するという点で類似する。しかし、フランス民法典1184条は、不履行を被った契約当事者に解除を申し立てる権利を率直に認める点で両法典と決定的に異なるものである。また、19世紀ドイツ普通法（学）では、解除は損害賠償制度を基礎とし、契約を消滅させることなく反対給付義務からの解放という帰結に至る構成であるのに対し、フランスでは民法典1184条の一般的な解釈において判決による契約それ自体の消滅を認めており（第1章第2節）、ここに大きな相違が見られる。

　フランス民法典において解除が裁判によらねばならない点は、ドイツ民法典あるいはその歴史的前提であるドイツ一般商法典の規律と異なるものである。しかし、裁判解除にとって重要な意義を有する裁判官の評価権能に焦点を合わ

せてみれば、解除につき個別具体的な判断が常に要求され（第1章第1節）、この要請は契約の拘束力と関連するものであった（第1章第2節）。ここに、ドイツ民法典の今一つの歴史的前提である普通法（学）上の「無益性解除」と共通する特徴を見出すことができる。この点は第1部第2章第4節で民法的解除と呼んだものの核心でもあるゆえ、フランス民法典の裁判解除は言葉上のみならずその実質においても民法的解除として把握することができる。

　商法的解除たる一般ドイツ商法典の解除において、その生成の原動力となったのは、取引の迅速な展開という経済的要請である。この要請自体は19世紀のフランスにも存在したであろう。実際、裁判によることなく売買契約の解除を認めるフランス民法典1657条については、起草過程における議論と異なり、取引の迅速さが求められる商事売買への適用が認められるに至る。しかし1657条の当然解除は民法典においては裁判解除の例外則であり、規範の局面では、19世紀の法展開を通じてその位置付けを変える解釈論が積極的に展開されることはなかった（第3章）。この点で、19世紀フランスにおける法定解除制度の展開の中にも、民法的解除の優位を見出すことができる。

　20世紀初頭のドイツ民法典では、一般ドイツ商法典の解除規定にならって催告を要件とする解除権が定められ、それは意思表示により行使するものとされた。これに対しフランスでは、20世紀となってもなお、裁判解除が原則の地位を占めていた。確かに、19世紀末から20世紀初頭には、裁判によることなく契約関係から離脱することを認める裁判例が見られた。また、当時の文献には、付遅滞を理由に契約からの離脱を認めるような記述も見られた。しかしそれらは事実上の離脱に過ぎず、規範の次元において契約による拘束を解くには判決による解除を要した（第1章第2節および第2章）。

　(3)　独仏法における19世紀から20世紀初頭にかけての法展開を対象とする以上の考察からは、一般的な法定解除には性格の異なる二つの論理が作用していることが分かる。

　一つは、契約の拘束力の原則との関係において把握することができる。契約の解除を裁判によらねばならないとするフランスでは、解除の正当化には司法による個別具体的な判断を要し、この判断である判決をもってようやく契約による拘束が断たれるのであり、それゆえにまた、契約を解除する権能は法を司

260　結　語

る者としての司法にある。少なくとも 20 世紀前期までは維持されるこのような枠組みにおいては、両当事者の意思関係である契約を一方的に解消することは規範構成としては容易ではなく、契約の拘束力の原理が解除制度の骨格を支えると言える。

　これに対して、ドイツでは、19 世紀普通法（学）は遅れた給付の無益性を解除の要件とすることで司法による個別具体的な判断を必要としていたところ、一般ドイツ商法典において単なる遅滞と催告とを解除の要件とし、これがドイツ民法典に受け継がれることで、司法による判断は後景に退き、解除は簡易かつ確実な法的手段となるに至る。ここで注視すべきは、フランス民法典の契約解除とは大きく異なる以上のような要件枠組みあるいは行使方法の変化にもかかわらず、その基層で維持された思考である。すなわち、契約の解除を損害賠償制度を基礎として法的に構成した普通法（学）の論理は、有効に成立した契約による拘束はたとえ司法であっても断つことはできないという思考の表れであると理解できるのであり、このような意味において当事者の意思関係を基礎とする契約の拘束力の原理をより実直に維持するものである。

　もう一つの論理は、迅速な取引の展開という観点から把握することができる。それは、本書の検討対象に即して言えば、一般ドイツ商法典の解除制度に見ることができる。そこでは、投機による利潤獲得という経済的要請に重きが置かれ、この要請を基礎にして法的関係を規律しようとする。それゆえ、取引の展開に支障を来すとき、拘束されるはずの契約関係から当事者の一方が可能な限り簡易かつ確実に離脱して別の取引を行うことを可能にする手段——経済的に言えば資本の自由な展開を可能にする手段——を、端的に、法律上適法なものとして原則化する。このような性格を有する手段が、19 世紀ドイツでは、まずは商法典において現れ、やがて民法典において一般的地位を獲得する。意思表示による解除権の行使という規律も、この流れに逆らうものではない。

　これに対して、フランスでは、19 世紀初頭の民法典で定められた裁判解除の原則を 20 世紀になっても維持する。もっとも、迅速な取引の展開という要請に背を向けるわけではない。本書が検討したかぎりで言えば、買主の引取義務違反を理由とする当然解除を定める 1657 条がこの要請に応える[1]。とはいえ、当事者の一方が契約から簡易かつ確実に離脱して別の取引を行うことを可

能にする手段——経済的に言えば資本の自由な展開を可能にする手段——は、民法の一般原則としてではなく、事案類型と解除原因により限定された例外的なものとして位置づけられる。契約から簡易に離脱する手段についてのこのような位置付けは、問題となる事案類型は異なるものの、20世紀になって現れる緊急性を理由とする契約の破棄を認める判例法理にも当てはまる[2]。

　以上を図式的にまとめるなら、「契約の拘束力の原理を指向する論理」と「契約からの簡易かつ確実な離脱を受容する論理」ということになる。序論で述べたように、契約に基づく義務からの解放が解除の第一次的機能であり、歴史的に見てもっとも古い課題であるとするなら、後者の論理はこの課題を果たす方向で作用する。これに対して前者の論理は必ずしもそうではなく、むしろ逆方向に作用する。本書で取り扱った法定解除の形成と展開の過程において、契約からの簡易かつ確実な離脱を受け容れる論理は、19世紀中葉からの経済社会の勢力拡大を背景にしてその強さを増大させる。しかし、フランスにおいてもドイツにおいても、契約の拘束力の原理を等閑視することはなかった。裁判解除を原則としながら、必要な場合に限って個別に裁判外の解除を例外的に認めるフランス法の展開は、また、催告と意思表示による解除を原則的地位に置きながらも、その解除によって契約の拘束力を解消し尽くすのではないドイツ法の展開は、抗いようのない経済社会の要請に対して、法の原則——ここでは契約の拘束力の原理であり、それは契約当事者の意思関係と司法（国家権力）との緊張関係の中に位置する——に照らしながら応えていく苦悩の過程であったように思われる。

　(4)　独仏解除法の形成と展開に見られる基本的な論理を以上のように把握できるとするなら、わが国の法定解除はどのような姿でわれわれの目に飛び込んでくるであろうか。ここまでの行論から明らかなように、わが国の法定解除制度は「契約からの簡易かつ確実な離脱を受容する論理」が強く作用して形成さ

1）あるいは、売主の引渡義務違反を理由にして買主が契約関係から実際上離脱することを認める代替取引も挙げることができる。代替取引については、本書第2部第1章第2節注75）を参照。

2）もっとも、労働法との関係には注意を要する。労働法においては、一方的意思による契約終了を原則とするからである。本書第2部第2章第2節第2款2(1)を参照。

262　結　語

れたものと言える。契約に基づく義務からの解放が解除の第一次的機能である
ことからすれば、19世紀末の明治の立法作業においてこの論理を基礎に据え
ることは十分に理解できる。裏を返して述べるなら、この論理にとって阻害要
因となりうる「契約の拘束力の原理を指向する論理」が強く作用しないからこ
そ、契約の拘束力からの解放という機能を当時の他の立法よりも純化させた、
夾雑物の少ない法定解除制度を作り上げることができたと言える。

　もちろん、契約の拘束力の原理が継受されなかったのではなく、したがって
またこれを指向する論理が法定解除制度の内部において全く作用しなかったの
ではない。例えば、フランス法由来の恩恵上の期限がこれと同趣旨であるとい
う観点からドイツ法由来の催告要件へと変化する展開には、契約の拘束力を可
能なかぎり維持しようとする思考を見出すことができる。

　しかし、より基層へと目を向けてみよう。本書の序論で見たように、裁判解
除から催告と意思表示とによる解除へという明治期の展開は、法典調査会にお
ける起草趣旨説明担当者であった穂積の言葉を借りれば、人民の取引に「干
渉」するフランスの裁判解除から、取引を人民の「自治」に委ねるドイツの催
告と意思表示による解除への展開であった。確かに、契約の解除に裁判所への
提訴を要求することと比べれば、催告と意思表示による解除は解除の正当性に
対する司法の判断を後回しにするのであるから、取引を人民の「自治」に委ね
る態度と言える。しかし、ドイツにおける法定解除制度の展開には、催告と意
思表示による解除を作り出した論理と共に、契約による拘束を解かない規範構
成に基礎を据える普通法（学）の論理が作用しており、後者の論理は取引すな
わち契約には当事者の「自治」に完全に委ねられない領域があることを意味す
る。また、フランスの裁判解除の骨格の中心に契約の拘束力の原理が見出せる
とするならば、そこからの論理的な一帰結として裁判所の判断を要するとの規
範構成が現れるのであって、それは必ずしも人民の取引に国家が「干渉」する
ゆえのものでもない。18世紀末から20世紀初頭の独仏解除法において作用し
た「契約の拘束力の原理を指向する論理」は、19世紀末の日本では、立法事
業という性格も手伝って、前面に現れることはなかった。

　(5)　もっとも、本書の序論で述べたように、以上の(4)は単なる見通しに過ぎ
ず、法典継受後のわが国の法展開に検討を加えることでようやく論証される。

この作業は、本書の考察結果を実定法学において意味あるものとするためには不可避のものでもある。一般的な法定解除をめぐる今日の議論状況からすれば、契約の拘束力を指向する論理を基礎に据えてこの作業を行うことが今後の、しかも喫緊の課題となる。

　しかしまた、課題は前にのみあるのではない。以上の(4)の前提であり、本書の検討結果でもある、(3)で示した二つの論理についても、独仏法における法定解除の展開に更なる検討を加えることで、異なる側面あるいは別の論理が現れるかもしれない。とりわけ、本書では、法形式の極めて異なる独仏法定解除法の展開を二つの論理から、すなわちいわば類において把握したが、そうすると独仏法における相違は何に由来するのかという疑問が直ちに生じる。本書の検討からは、一般的な解除を法律によって定めた時期、その際に主たる対象として念頭に置かれた契約類型などが原因として考えられるが、様々な連関に留意した慎重な検討を要する。

　またもちろん、独仏法における法定解除の歩みが、本書における検討の終着点で止まるわけではない。その後の法展開において、わが国ではまだ十分に知られていない具体的な問題に取り組み、また、すでに知られた具体的な問題を立体的に捉え直す作業が求められる。それは、先に示した喫緊の課題にとって有益な作業であると同時に、本書で見出した論理の形態転換と布置連関を確認する作業でもある。

　多くの、しかも困難な課題が残されたままである。このことを書きとどめて、本書の結びとしたい。

索　引

あ　行

悪意占有者……………………………………19
悪意の抗弁……………………………………31
意思自治の原則……………………………160
意思主義………………………………………99
意思表示解除（又は意思表示による解除）…6, 9,
　　　　　　　126, 153, 215, 261, 261
一部不能………………………123, 128, 134
一般ドイツ商法典（ADHGB）………………66
一方的商行為…………………………53, 55, 69
一方的破棄…………………………………198
請　負…………………………141, 142, 211
営業的商行為…………………………………68
オーストリア民法典（ABGB）………………17
恩恵上の期限………………………5, 6, 262

か　行

解雇権濫用法理……………………………197
解　除
　一般ドイツ商法典（第一草案）における──
　　　　　　　　　　　　　　　80-81
　一般ドイツ商法典（第二草案）における──
　　　　　　　　　　　　　　　　92
　一般ドイツ商法典（第三草案）における──
　　　　　　　　　　　　　　　　95
　オーストリア民法典における──……………23
　旧民法における──……………………………5
　ドイツ民法典における──…………………14
　ドイツ民法典（部分草案）における──
　　　　　　　　　　　　　122-126
　ドイツ民法典（第一草案）における──…134
　ドレスデン草案における──………………111
　フランス民法典における──………152, 218
　プロイセン一般ラント法における──…18-19
　プロイセン（商法）草案における──………72
　──の基礎…………………………………182
　──の機能……………………3, 4, 15, 201
　──の正当性………101, 105, 140, 182, 193, 254
　──の訴権的性格………………84, 97, 99
　──の法的構成…………………15, 90, 97, 133
解除条件……………………72, 77, 78, 83, 131
解除条項………………………………153, 226

解除約款………………………………33, 34, 110
解約（résiliation）……………………197, 251
価格差額の訴え………………………56, 57, 62
瑕疵担保責任…………………………111, 125
瑕疵担保解除…………………125, 131, 133, 137
過　責…………………………106, 141, 142
間接効果説………………………………4, 135
完全賠償説……………………………………91
鑑定意見
　エクス裁判所の──………………………227
　トゥールーズ裁判所の──………………220
　破毀裁判所の──…………………………157
期間の定めのある役務賃貸借………198, 211
期間の定めのない役務賃貸借………………197
危険負担………………………1, 136, 167
帰責性……………………………142, 143-147
供給契約（又は供給取引）…54, 55, 82, 85, 96
共和暦8年草案………………157, 219, 227
緊急性………………………………………210
継　受……………………………4, 6, 262
形成権……………………………………99, 126
継続的契約…………………………………251
契約締結前の状態の回復（解除の目的としての）
　　　　　　　　　　　　　121, 131
契約の拘束力……………………104, 105, 137,
　　　　187, 193, 194, 207, 216, 260
契約は守られるべし（pacta sunt servanda）…110
契約不履行抗弁………………………………34
決定的な不履行……………………………160
権　原……………………………………241
原状回復…………………………3, 4, 16, 136
牽連性………………180, 181, 184, 185, 193
後悔権……………………………93, 95-97, 103
公権力たる司法（又は司法権者としての公権力）
　　　　　　77, 99, 102, 118, 140, 179
公　序………………………………………226
衡　平……………………158, 159, 184, 193
コーズ………………………166, 180-185, 193
国債取引…………………………56, 57, 110
護民院…………………………………158, 223

さ　行

催告解除（又は催告による解除）
　……………………………6, 9, 153, 261, 262
裁判解除（又は裁判による解除）
　…………………6, 9, 77, 83, 156, 261, 262
裁判解除準則（又は裁判解除の原則）
　………………………………152, 212, 252, 256
裁判官
　――の期間付与権能………………156, 169
　――の契約解消権能………………176-182
　――の評価権能……………161, 169, 182
債務者遅滞………………………28, 111, 122
差額取引……………………………………57
市場価格………………………………………58
失権の留保………………………………113, 130
重大な不履行……………………………1, 2
種類物………………………………………69, 245
種類物売買……………………………………191
商営業……………………………………53, 68
召喚状………………………………………190
商　業……………………………………48, 50
条件の論理………………………………………177
商行為主義（又は客観主義）……43, 45, 46, 62, 68
商事売買……78, 81, 91, 96, 108, 112, 115, 233-245
商人主義（又は主観主義）……43, 45, 46, 53, 62, 68
商　品………………………………………221
商法（の概念）……………………………48, 50
商法の解除………………………………117, 150
消滅条項………………………………59, 87, 92
所有権……………………………………59, 77, 83
自力救済禁止……………177, 214, 225, 226
信用売買………………………………………251
推定的意思……………178, 181, 184, 185
絶対的商行為……………………………53, 68
折衷主義………………………………………68
善意占有者………………………………19, 124
全部不能………………123, 128, 129, 134
占　有
　――の移転………………………79, 246
　――の回復………………………………226
訴訟開始令状………………………………189
損害の填補（解除の目的としての）……125, 135

た　行

代替取引（remplacement）………………191

代替物…………………………………69, 113, 114
代替物売買………………………………112, 115
遅滞の終了………………………59, 77, 84
註釈学派（19世紀フランスの）……170, 173, 183
直接効果説………………………………4, 149
賃貸借……………25, 141, 142, 166, 196
追履行……………………60, 61, 186, 214
通知（要件）………60, 80, 84, 89, 97, 139
通知による一方的解除………………8, 153, 216
定期行為………………106, 114, 115, 142
帝国司法庁………………………………139
ドイツ商法典……………………………………43
ドイツのための一般商法典草案（フランクフルト
　草案）…………………………………………51
ドイツ民法典………………………………121, 215
ドイツ連邦………………………………………51
投　機……………50, 54, 61, 88, 89, 96, 99,
　　　　　　118, 119, 235, 239, 244
　――購入…………………………………54
　――売却…………………………………54
動産先取特権………………………………229
動産と不動産との区分…………223, 226, 230
動産取引………………………………………69
当然解除………………………168, 213, 218
取引（Umsatz）………………………………50
取引（commerce）…………………222, 242
取引所…………………………………………57
ドレスデン草案……………………………105

な　行

任意解約権………………………………………211

は　行

引　取………………………………20, 79, 246
引渡し…………………………………………79
不可抗力………………………………166, 183
付遅滞……………………………188, 214, 246
普通法……………………………………211, 245
物権的効力………………………………131, 137
不動産取引……………………………54, 68, 110
不当利得………………………………137, 144
不　能……………20, 60, 123, 160, 165
不能一元論……………………………………123
フランス商法典………………43, 45, 46, 233, 240
フランス民法典1134条………159, 178, 198, 207

フランス労働法典……………………208, 211
プロイセン一般ラント法（ALR）……………17
返還義務の範囲……………………………145
ボアソナード草案………………………5, 7
穂積陳重………………………………6, 262

ま 行
民法的解除………………………………117, 150
民法と商法との関係……………44, 70, 112
民法の商化………………………………148
無益性（給付の)……………………39, 60, 101
無益性解除………101, 104, 105, 115, 134, 140
無責不履行………………………………165
黙示の解除条件…………………………178
黙示の条件構成…………………………176
──からの離脱………………………180

や 行
約定解除………………………………113, 137
──と法定解除との相違………………145

ら 行
履行期間の付与………………156, 187, 214
履行の提供……………………………186-188
履行利益………………………4, 38, 122
立法府…………………………………158, 222
労働契約………………………………208
労働法…………………………………211
ローマ法………………………36, 103, 122

わ 行
我妻栄……………………………………7, 8

● 著者紹介

杉本　好央（すぎもと　たかひさ）

京都府生まれ
2002 年　東京都立大学大学院社会科学研究科博士課程満期退学
現　在　大阪市立大学大学院法学研究科准教授

（主要著作）

「ロェスレル草案における解除構想」高橋眞・島川勝編『市場社会の変容と金融・財産法』（成文堂、2009 年）

「『債権法改正の基本方針』における法定解除制度と判例・実務・制定法」池田真朗・平野裕之・西原慎治編『民法（債権法）改正の論理』（新青出版、2010 年）

「民法改正案における法定解除制度の諸相」龍谷法学 49 巻 4 号（2017 年）

「19 世紀ドイツの定期行為における民事と商事」水林彪・吉田克己編『市民社会と市民法』（日本評論社、2018 年）

（大阪市立大学叢書 64）

独仏法における法定解除の歴史と論理
Geschichte und Grundsätze des gesetzlichen
Rücktritts im deutschen und französischen Recht

2018 年 6 月 10 日　初版第 1 刷発行

著　者　　杉　本　好　央

編　者　　大阪市立大学大学院
　　　　　法学研究科
　　　　　代表者　勝田卓也

発行者　　江　草　貞　治

発行所　　株式会社　有　斐　閣

　　　　　郵便番号　101-0051
　　　　　東京都千代田区神田神保町 2-17
　　　　　電話　(03)3264-1314〔編集〕
　　　　　　　　(03)3265-6811〔営業〕
　　　　　http://www.yuhikaku.co.jp/

制作・株式会社有斐閣学術センター
印刷・精文堂印刷株式会社　製本・牧製本印刷株式会社
© 2018, Takahisa Sugimoto. Printed in Japan
落丁・乱丁本はお取替えいたします
★定価はカバーに表示してあります。
ISBN 978-4-641-04821-8

JCOPY　本書の無断複写（コピー）は、著作権法上での例外を除き、禁じられています。複写される場合は、そのつど事前に、(社)出版者著作権管理機構（電話03-3513-6969, FAX03-3513-6979, e-mail:info@jcopy.or.jp）の許諾を得てください。

● 大阪市立大学法学叢書 ●

原　竜之助著	地方行政改革の基本問題
水島蜜之亮著	アメリカ最低賃金法
山崎時彦著	名誉革命の人間像
本多淳亮著	米国不当労働行為制度
高田卓爾著	公訴事実の同一性に関する研究
吉富重夫著	政治的統一の理論
谷口知平著	親子法の研究
松本三之介著	国学政治思想の研究
西原寛一著	商事法研究　第一巻
下山瑛二著	国の不法行為責任の研究
石本泰雄著	中立制度の史的研究
谷川　久著	海事私法の構造と特異性
鈴木禄弥著	居住権論
南　博方著	行政裁判制度
阿南成一著	現代の法哲学
小室直人著	上訴制度の研究
牧　英正著	日本法史における人身売買の研究
池田　清著	政治家の未来像
植林　弘著	慰藉料算定論
高橋敏雄著	違法性の研究
内藤乾吉著	中国法制史考証
三浦正人著	国際私法における適応問題の研究
黒田了一著	比較憲法論序説
栗城寿夫著	ドイツ初期立憲主義の研究
神谷不二著	現代国際政治の視角
甲斐道太郎著	土地所有権の近代化
南　博方著	行政訴訟の制度と理論
石部雅亮著	啓蒙的絶対主義の法構造
岩崎　稜著	保険料支払義務論
種谷春洋著	アメリカ人権宣言史論
吉野　悟著	ローマ所有権法史論
光藤景皎著	刑事訴訟行為論
山口　定著	現代ファシズム論の諸潮流

小　高　　剛著	住民参加手続の法理
毛利敏彦著	明治六年政変の研究
田　島　　裕著	議会主権と法の支配
伊藤昌司著	相続法の基礎的諸問題
遠田新一著	代理法論理の研究
藤田勝利著	航空賠償責任法論
本間輝雄著	英米会社法の基礎理論
松本博之著	証明責任の分配
米沢広一著	子ども・家族・憲法
平井友義著	三〇年代ソビエト外交の研究
浅田和茂著	科学捜査と刑事鑑定
平岡　　久著	行政立法と行政基準
佐々木雅寿著	現代における違憲審査権の性格
木下秀雄著	ビスマルク労働者保険法成立史
高橋英治著	従属社会における少数派株主の保護
野田昌吾著	ドイツ戦後政治経済秩序の形成
王　　　　晨著	社会主義市場経済と中国契約法
北村雅史著	取締役の競業避止義務
桐山孝信著	民主主義の国際法
国友明彦著	国際私法上の当事者利益による性質決定
生熊長幸著	物上代位と収益管理
稲継裕昭著	公務員給与序説
高　橋　　眞著	損害概念論序説
高田昌宏著	自由証明の研究
三　島　　聡著	性表現の刑事規制
北　村　　亘著	地方財政の行政学的分析
勝田卓也著	アメリカ南部の法と連邦最高裁
高田賢治著	破産管財人制度論
宇羽野明子著	政治的寛容
高橋英治著	会社法の継受と収斂

別冊

| 商法研究室編 | 改正株式会社法施行の実態調査 |
| H・ロンメン著
阿南成一訳 | 自然法の歴史と理論 |